Dr. med. Margret Huth

Gesundheitslehre für Erzieher

BARDTENSCHLAGER VERLAG MÜNCHEN

© 1977, 2. Auflage
Bardtenschlager Verlag GmbH München
Umschlag: Maria Nöhmeier
Textzeichnungen: Christiane Huth
Gesamtherstellung: Landsberger Verlagsanstalt Martin Neumeyer,
Landsberg

ISBN 3-7623-0018-6

INHALT

Vorwort

Da ich während meiner sechsjährigen Unterrichtstätigkeit am Frö-
bel-Seminar Mannheim, Fachschule für sozialpädagogische Berufe, kein passendes Lehrbuch für das Fach „Gesundheitslehre"
fand, habe ich mich entschlossen, dieses Buch zu schreiben. Ich
habe versucht, den Inhalt mit den Lehrplänen der einzelnen Bundesländer abzustimmen. Da es ausgezeichnete Lehrbücher für Biologie gibt, ist dieses Gebiet in das Buch nicht einbezogen. Ich
hoffe, daß für die Bundesländer, die Biologie nicht in ihren Lehrplänen haben, die eingearbeiteten anatomischen Abbildungen zur
Auffrischung der in der Schule erworbenen Kenntnisse genügen
und eine schnelle Orientierung ermöglichen.
Es würde den Rahmen des Buches sprengen, auch noch eine Ver-
bandslehre, das Schienen von Knochenbrüchen, detaillierte Ab-
handlungen über Beatmung und Herzmassage zu bringen. Ich halte
es für unerläßlich, daß der Erzieher einen Erste-Hilfe-Kurs besucht
und sich dort praktische Kenntnisse in entsprechenden Übungs-
stunden erwirbt.
In den letzten Jahren besuchen auch junge Männer die sozialpädagogische Fachschule, deshalb habe ich sowohl vom Erzieher
wie von der Erzieherin gesprochen. Es mögen sich natürlich immer
weibliche wie männliche Erzieher angesprochen fühlen.
Der Oberstufe (1976) des Fröbel-Seminars möchte ich für die An-
regung danken, verschiedene Ausdrücke zum besseren Verständ-
nis gesondert zu erklären. Die Aufstellung befindet sich am Schluß
des Buches.
Unserer Tochter Christiane danke ich für die Anfertigung der Zeich-
nungen.
Dem Verlag möchte ich für das stets bereitwillige Eingehen auf
meine Wünsche bei der Ausstattung des Buches herzlichen Dank
sagen.
Von dem Buch erhoffe ich, daß es die bestehende Lücke im Unterricht ausfüllen möge zum Besten der zu betreuenden Kinder.

Mannheim, im Mai 1976 Dr. Margret Huth

1 Maßnahmen der Sozialhygiene zur Gesunderhaltung des Kindes

1 MASSNAHMEN DER SOZIALHYGIENE ZUR GESUNDERHALTUNG DES KINDES

Die Erhaltung der Gesundheit wird durch eine ständige körperliche Kontrolle durch den Arzt, Gesundheitserziehung des einzelnen, durch Aufklärung und gesunde Lebensverhältnisse erreicht. Aufgrund einer Gesundheitsbildung sollte jeder Bürger nach vernünftigen gesundheitlichen Regeln leben und sich der Verantwortlichkeit gegenüber seiner Gesundheit bewußt sein.

Der Beginn der Gesundheitserziehung liegt bereits im Kleinkindalter, z. B. auch im Kindergarten, und führt durch alle Lebensjahrzehnte. Es ist nötig, auf Risikofaktoren wie mangelnde Hygiene, Fehlernährung, Bewegungsmangel, Alkohol und Nikotin immer wieder hinzuweisen, da als Folgezustände Erkrankungen (Blutdruckerhöhung, Diabetes, Herzerkrankungen, Krebs) auftreten. Auch durch Leichtsinn und Unvernunft (Unfälle), Unwissenheit und Nachlässigkeit (fehlende Impfungen) werden Erkrankungen ausgelöst. Durch Vorsorge und eine gesunde Lebensführung sind Krankheiten mindestens teilweise vermeidbar.

1.1 Gesundheitsvorsorge

1.1.1 Vorsorgeuntersuchungen

Durch die Gesundheitsvorsorgeuntersuchungen soll eine Früherfassung und Frühbehandlung von Erkrankungen möglich gemacht werden. Die Vorsorgeuntersuchungen sind in der Bundesrepublik Deutschland kostenlos und werden von niedergelassenen Ärzten und Kliniken vorgenommen.

1.1.1.1 Vorsorgeuntersuchungen in der Schwangerschaft

Schwangerschaft, Geburt und Wochenbett sind Zeitabschnitte, die einer besonderen gesundheitlichen Betreuung bedürfen. Aus diesem Grunde werden seit 5 Jahren Schwangerschaftsvorsorgeuntersuchungen durchgeführt. 8–12 Untersuchungen werden während der Schwangerschaft vorgenommen.

Bei der ersten Untersuchung wird das Vorhandensein einer Schwangerschaft festgestellt und der voraussichtliche Geburtstermin errechnet (Erster Tag der letzten Regel. 3 Monate zurück, 7 Tage dazu = voraussichtlicher Geburtstermin). Eine genaue medizinische Vorgeschichte (Anamnese) der Schwangeren wird erhoben. Bei den weiteren Untersuchungen wird der Leibesumfang gemessen, die Lage des Kindes bestimmt und die kindlichen Herztöne abgehört. Während der Schwangerschaft findet eine laufende Kontrolle des Körpergewichts, des Blutdrucks und des Urins statt. Blutgruppe und Rh-Faktor werden bestimmt. Alle Untersuchungsergebnisse werden in den Mutterpaß eingetragen.

Während der Schwangerschaft sollte wenigstens eine zweimalige zahnärztliche Kontrolluntersuchung stattfinden.

Bei gesondert gelagerten Fällen, wenn z. B. bereits eine Geburt eines mongoloiden Kindes vorliegt, kann schon während der Schwangerschaft Erb-Diagnostik an Humangenetischen Instituten oder Kinderkliniken vorgenommen werden.

Die Vorsorge für das Kind beginnt bereits in der Schwangerschaft durch diese Untersuchungen.

1.1.1.2 Mütterberatung

Die Mütterberatung wird in regelmäßigen Abständen in verschiedenen Bezirken der Städte und auf dem Lande abgehalten. Dabei wird das Kind einer gesundheitlichen Kontrolle unterzogen. Die Mutter wird über die Pflege und Ernährung ihres Kindes beraten. Sie erhält kostenlos Vitamin-D-Präparate gegen Rachitis.

1.1.1.3 Vorsorgeuntersuchungen des Kindes

Die seit 1971 eingeführte Vorsorgeuntersuchung für das Kleinkind umfaßt 7 Untersuchungen. Jede Mutter erhält bei der Geburt ein Gutscheinheft „Untersuchungsheft für Kinder". Die Gewißheit, daß geringfügige Störungen in den ersten Lebensmonaten zu bleibenden Gesundheitsschäden werden können, hat den Bundesausschuß der Ärzte und Krankenkassen veranlaßt, dieses Früherkennungsprogramm auszuarbeiten.

20–30 % aller Neugeborenen werden als Risikokinder bezeichnet, da Komplikationen während der Schwangerschaft oder bei der Geburt aufgetreten sind. Diese Risikokinder müssen besonders gewissenhaft zur Untersuchung vorgestellt werden, um eine eventuelle Schädigung frühzeitig zu erkennen und eine Behandlung einzuleiten. Ein Risikokind bedeutet keinesfalls ein geschädigtes Kind. Es sind Kinder mit einem, wie der Name sagt, gewissen Risiko, daher ist eine vermehrte Kontrolle nötig.

Die erste Untersuchung des Neugeborenen erfolgt sofort nach der Geburt. Dabei wird die Lebensfähigkeit festgestellt. Die zweite, die Basisuntersuchung, wird vor der Entlassung aus der Klinik gemacht. Hierbei werden an Hand eines standardisierten Fragebogens neben einer gewissenhaften Ganzuntersuchung auch Früherkennungsteste für angeborene Stoffwechselstörungen vorgenommen. Da der größte Prozentsatz (in den Städten über 90%) aller Geburten in der BRD in der Klinik stattfindet, wird also fast jedes Neugeborene einer Erst- und Zweituntersuchung unterzogen.

Zeitpunkt der Untersuchungen

1. direkt nach der Geburt
2. vor der Entlassung aus der Klinik
3. in der 4.–6. Lebenswoche
4. im 4.–6. Lebensmonat
5. im 9.–12. Lebensmonat
6. im 21.–24. Lebensmonat
7. im 4. Lebensjahr.

Bei diesen Vorsorgeuntersuchungen wird besonders auf Wirbelsäulenveränderungen, Hüftgelenksverrenkungen, Veränderungen im Zentralnervensystem mit motorischen Bewegungsstörungen geachtet. Die Entwicklung der Sinnesorgane wird mit Seh-, Gehör- und Sprachprüfungen getestet. Der altersgemäße geistige und sprachliche Entwicklungsstand wird überprüft. Eine Rachitisprophylaxe wird verabfolgt.

1.1.1.4 Untersuchungen für die Aufnahme in den Kindergarten

Nach dem Kindergartengesetz vom 12. 9. 1972 wird in Baden-Württemberg jedes Kind vor der Aufnahme in den Kindergarten untersucht. Die Kindergartengesetze der anderen Bundesländer enthalten die gleiche Forderung. Als Aufnahmeuntersuchung kann auch die letzte Untersuchung aus dem Vorsorgeprogramm gelten. Eine Schutzimpfung gegen Diphtherie muß nachgewiesen werden.

1.1.1.5 Schulärztliche Untersuchungen

Vor der Aufnahme in die Schule erfolgt eine Einschulungsuntersuchung durch den Schularzt zur Feststellung der Schulreife. Dabei wird die für die Schulaufnahme nötige körperliche und geistig-seelische Reife geprüft. Der Arzt achtet auf Haltungsschäden, Augenfehler, Schwerhörigkeit, Sprachfehler, Zahnschäden, Kieferanomalien (Schulzahnarzt), psychische Kontaktstörungen und vorhandene Erziehungsschwierigkeiten (möglichst durch einen Psychologen). Bei der Einschulungsuntersuchung werden geistig und körperlich behinderte Kinder für die Sonderschule ermittelt und dorthin überwiesen.

Im 4. und 9. Schuljahr wird nochmals eine Untersuchung vorgenommen. Auch eine regelmäßige schulzahnärztliche Untersuchung soll erfolgen.
Bei der Schulentlassungsuntersuchung wird die Arbeitsfähigkeit festgestellt und unter Berücksichtigung der körperlichen Eignung der Berufswunsch erwogen.
Bei Aufnahme eines Berufes muß nach dem Jugendarbeitsschutzgesetz eine erneute Pflichtuntersuchung durchgeführt werden.

Nach diesen häufigen gesundheitlichen Kontrollen übernimmt dann der Bürger in Eigenverantwortlichkeit weitere Vorsorgemaßnahmen.

1.1.1.6 Krebsvorsorgeuntersuchungen

Sie werden bei der Frau vom 30. Lebensjahr an kostenlos durchgeführt. Dabei wird eine gynäkologische Untersuchung mit einem zytologischen Test und eine Brustuntersuchung vorgenommen.
Die Befundhäufigkeit liegt bei 2,5–3 %.
Bei Männern ist eine Krebsuntersuchung der Genitalien ab 40. Lebenjahr möglich.

Die Vorsorgeuntersuchungen sind ein hervorragendes sozialmedizinisches Angebot, was aber die Bevölkerung zu wenig ausnutzt.
Nur 20–25 % der Kinder, nicht eingerechnet die beiden ersten Vorsorgeuntersuchungen in der Klinik, werden zur Untersuchung dem Arzt vorgestellt. Ähnlich schlechte Ergebnisse liegen bei der Schwangerenvorsorge vor.

1973 nahmen an der Krebsvorsorgeuntersuchung 41 % aller Frauen und 12 % aller Männer teil.

Ein großer Teil des nicht zur Untersuchung kommenden Personenkreises geht aus Angst nicht zum Arzt. Eine unverständliche Einstellung, denn gerade ein negatives Untersuchungsergebnis würde sie von der Angst „Krebs" befreien. Sollte tatsächlich Krebs vorliegen, dann ist eine frühzeitige Behandlung, meist Operation, die einzige Rettung.

Ein reiches Angebot zur Vorsorge wird durch mangelnde Einsicht, Bequemlichkeit und ungenügende Aufklärung nicht ausgenutzt und könnte doch von so großem Erfolg sein.

1.1.2 Impfungen

Seit der Einführung von Impfungen ist ein deutlicher Rückgang der Infektionskrankheiten zu verzeichnen. Der Erfolg der Pockenimpfung ist so groß, daß man hofft, die Pocken in einigen Jahren in der ganzen Welt ausgerottet zu haben.

Die Impfung als Vorbeugemaßnahme ist für Erkrankungen wie Kinderlähmung, Tetanus und Pocken der einzige Schutz, den wir haben, denn eine erfolgversprechende Behandlung ist für diese Erkrankungen nicht vorhanden. Alle entwickelten segensreichen Impfungen sind aber zwecklos, wenn die Bevölkerung von ihnen keinen Gebrauch macht.

Einige Impfungen, wie die Schluckimpfung gegen Kinderlähmung und die Diphtherie-Tetanus-Impfung, werden kostenlos vom Gesundheitsamt durchgeführt. Andere Impfungen werden auf Wunsch der Eltern vom Hausarzt vorgenommen. Da es in der BRD keine Pflichtimpfungen mehr gibt, muß man durch ausreichende Aufklärung der Eltern, zu der auch der Erzieher beitragen soll, eine freiwillige Impfung erreichen.

Alle Impfungen müssen in den *Impfpaß des Kindes* eingetragen werden, der zu jeder Impfung vorgelegt werden soll. Besonders im Dauerheim muß darauf geachtet werden, daß Impfungen im Impfpaß dokumentiert sind, und der Impfpaß bei jeder Verlegung, ebenso wie alle anderen Unterlagen, dem Kind mitgegeben wird. Nur so ist eine Kontrolle über bereits stattgefundene Impfungen möglich.

Zum *Zeitpunkt der Impfung* kann man grundsätzlich sagen, daß die Impfung nur dann vorgenommen werden soll, wenn das Kind gesund ist und sich auch nicht in der Inkubationszeit einer Infektionskrankheit befindet. Falls Krampfkrankheiten oder Allergien bei dem Kind bekannt sind, muß das dem Impfarzt mitgeteilt werden. Auf besondere Vorsichtsmaßnahmen bei den einzelnen Impfungen weist der Impfarzt hin. Zwischen den Impfungen soll mindestens ein Abstand von 4–6 Wochen liegen. Nach der Impfung kann als Nebenerscheinung leichtes Fieber über 1–2 Tage auftreten und braucht die Eltern nicht weiter zu beunruhigen. Kommt es aber zu hohem Fieber, zu Krämpfen oder Kreislaufstörungen, so sollte unbedingt sofort ein Arzt benachrichtigt werden.

1.1.2.1 BCG-Impfung

Sie ist eine Impfung gegen die Tuberkulose und ist anzuraten, wenn in der Familie oder in der zukünftigen Umgebung des Säuglings eine Person mit einer Tuberkulose lebt.

Die BCG-Impfung wird im allgemeinen in den ersten 8 Tagen nach der Geburt vorgenommen. Der Impfstoff wird in die Haut am linken Oberschenkel eingespritzt. An der Impfstelle bildet sich ein linsengroßes Knötchen, welches manchmal einschmilzt und immer eine kleine Narbe hinterläßt. Die dazugehörigen Lymphknoten in der Leistenbeuge können anschwellen. Die Impfung sollte in Situationen besonderer Gefährdung auch bei Schulkindern und Jugendlichen vorgenommen werden (s. S. 150).

1.1.2.2 DPT-Impfung
(Diphtherie-Pertussis-Tetanus-Impfung)

Im 4.–6. Monat wird die DPT-Impfung verabfolgt. Nach neuesten Erkenntnissen wird nur noch für Risikogruppen (Säuglingsheime, schlechte soziale Verhältnisse) die Keuchhustenimpfung empfohlen. Man spricht von Vierfachimpfung, wenn in dem Gemisch noch Impfstoff gegen Kinderlähmung enthalten ist. Bei der Fünffachimpfung wird gleichzeitig Masernimpfstoff gespritzt. Diese Impfungen müssen dreimal im Abstand von 4–6 Wochen vorgenommen werden. Im ersten Lebensjahr erfolgt eine Wiederholung. Der Impfstoff wird meist in den linken Oberarm gespritzt.

1.1.2.3 Schluckimpfung gegen Kinderlähmung

Ab 4. Monat kann auch schon die erste Schluckimpfung gegeben werden. Dabei bekommt der Säugling einen Impfstofftropfen direkt in den Mund getropft. Das größere Kind erhält den Impfstoff, der lebende, aber abgeschwächte Erreger enthält, auf einem Stück Zucker.

Das Kind muß dreimal an der Schluckimpfung teilnehmen um eine Grundimmunisierung zu erreichen. Eine Wiederholung der Impfung erfolgt im 4. Schuljahr. Später ist alle 8–10 Jahre eine Wiederholung angezeigt. Auch Erwachsenen wird diese Impfung bis zum 40. Lebensjahr empfohlen, denn bis zu diesem Lebensalter wurden Erkrankungen beobachtet. Die Schluckimpfung ist besonders jungen Erwachsenen anzuraten, die viel mit Kindern Kontakt haben, wie z. B. der Erzieher.

Die Schluckimpfungstermine werden öffentlich bekannt gegeben und finden im Herbst und im Frühjahr jeden Jahres kostenlos statt.

1.1.2.4 Masern-Impfung

Die Masern-Impfung im ersten Lebensjahr mit Tot-Impfstoff verleiht einen Schutz für die Dauer eines Jahres. Danach sollte sich eine einmalige Impfung mit Masern-Lebend-Impfstoff anschließen. Dieser Schutz hält dann lebenslang an.

1.1.2.5 Pocken-Schutzimpfung

Seit 1975 ist die Pockenimpfung keine gesetzlich vorgeschriebene Impfung mehr, und wird nicht mehr von den Gesundheitsämtern für Säuglinge und Kleinkinder ausgeführt. Das Impfgesetz von 1874, das die Impfung in den beiden ersten Lebensjahren vorschrieb, wurde ausgesetzt.

Zwischen dem ersten und dritten Lebensjahr liegt der günstigste Zeitraum für die Pockenschutzimpfung. Eine Wiederholung ist im 12. Lebensjahr nötig.
Eine Auffrischung ist erforderlich, wenn Pockenfälle in der Umgebung auftreten, oder wenn Personen in Länder reisen wollen, die

eine erneute Pockenschutzimpfung verlangen. Das sind alle asiatischen, afrikanischen und südamerikanischen Staaten.

Die Impfung wird gewöhnlich am linken Oberarm ausgeführt. An der Impfstelle bildet sich eine Rötung, dann ein Bläschen, das eintrocknet, eine Borke bildet und schließlich eine Narbe hinterläßt. Die Impfung war erfolgreich, wenn sich ein Bläschen und Kruste gebildet hat.
Bei der Zweitimpfung bildet sich meist nur eine kleine rote Stelle, in einzelnen Fällen allerdings nochmals eine Impfpustel, die mit Narbenbildung abheilt.
Bei einer Drittimpfung verläuft die örtliche Reaktion etwa ebenso.

Die wichtigste Impfkomplikation bei der ersten Pockenschutzimpfung ist die Impf-Encephalitis (Gehirnentzündung). Sie tritt vermehrt im späteren Kindesalter und bei Erwachsenen auf. Man sollte deshalb eine Pockenerstimpfung unbedingt vor dem dritten Lebensjahr vornehmen. 8 Tage vor jeder Impfung wird eine Vorimpfung vorgenommen, um einen möglichst komplikationslosen Impfverlauf zu erreichen. Die Impf-Encephalitis wurde nur bei Erstimpfungen, niemals bei der zweiten und allen weiteren Pockenimpfungen beobachtet.

1.1.2.6 Diphtherie-Tetanus-Impfung

Die Diphtherie-Tetanus-Impfung wird als Zweifachimpfung 5 Jahre nach der vollständigen Impfung im Säuglingsalter aufgefrischt, z. B. beim Eintritt in den Kindergarten. Die Diphtherie-Impfung wird nur bis zum 12. Lebensjahr vorgenommen. Tetanus soll bei Kindern alle 5 Jahre, bei Erwachsenen alle 10 Jahre aufgefrischt werden. Bei den vielen Verletzungen des Kindesalters ist dieser Impfschutz dringend nötig. Doch auch in höherem Alter sollte man sich bei der großen Zahl von Verkehrsunfällen weiterhin regelmäßig impfen lassen.

1.1.2.7 Tollwut-Impfung

Eine allgemeine Empfehlung zur Tollwutimpfung ist nicht angezeigt. Die Impfung muß aber sofort eingeleitet werden, wenn der Verdacht oder die Gewißheit einer Infektion besteht.

1.1.2.8 Typhus-, Paratyphus- und Cholera-Impfungen

Diese Impfungen wird man nur bei Auslandsreisen in gefährdete Gebiete und bei eingeschleppten Fällen in der Umgebung in Anspruch nehmen.

1.1.2.9 Rötel-Impfung

Seit 1969 wird in der BRD die Rötelschutzimpfung durchgeführt. Obwohl die einmalige Impfung mit lebenden, abgeschwächten Erregern erfolgt, ist der Geimpfte für seine Umgebung, also auch für andere schwangere Frauen, nicht ansteckend. Eine Schwangerschaft darf 8 Wochen vor und 8 Wochen nach der Impfung nicht auftreten. Um diese Gewähr zu haben, wird angeraten, in diesem Zeitraum die Anti-Baby-Pille zu nehmen. Der nach der Impfung gebildete Antikörperspiegel bleibt, soweit sich das über einen Beobachtungszeitraum von 7 Jahren sagen läßt, in ausreichender Höhe erhalten. Nach amerikanischen Berechnungen müssen für ein Kind mit Rötelschäden 30 000 bis 50 000 Dollar ausgegeben werden. Bei uns würden die Kosten etwa gleich hoch sein. Ein vom Staat durchgeführtes Impfprogramm würde nur einen Bruchteil dieses Betrages ausmachen und könnte viel Not ersparen.

In der BRD werden vereinzelt schulklassenweise 12–14jährige junge Mädchen geimpft.
Dem gefährdeten Personenkreis (Erzieherinnen, Lehrerinnen, Kinderkrankenschwestern) ist zu raten, sich beim Hausarzt für eine Antikörperspielgelbestimmung zu melden und eine Impfung, wenn nötig, machen zu lassen. Haben sich junge ungeimpfte Frauen in den ersten Monaten der Schwangerschaft mit Röteln infiziert, so kann der Arzt ein Rubeola-Hyperimmun-Globulin spritzen. Die Erfolge sind unsicher.

1.1.2.10 Impfplan für Kinder

Zeitraum	Art der Impfung
Neugeborenes	BCG-Impfung
ab 4.–6. Monat	DPT*-Impfung, dreimal im Abstand von 4–6 Wochen
ab 4. Monat	Schluckimpfung, zweimalige Wiederholung bei nächsten Impfterminen
ab 1. Lebensjahr	1. Pockenschutzimpfung
ab 1. Lebensjahr	Masern-Lebend-Impfung
mit 16–18 Monaten	DT- oder DPT-Auffrisch-Impfung
6. Lebensjahr	DT-Auffrischimpfung
10. Lebensjahr	Schluckimpfung (Auffrischimpfung)
12. Lebensjahr	2. Pockenimpfung
ab 12. Lebensjahr	Tetanus-Auffrischimpfung. Alle 5–10 Jahre Wiederholung
20. Lebensjahr	Schluckimpfung (Auffrischimpfung)

* Impfung gegen Keuchhusten wird nur noch für Risikogruppen empfohlen.

1.1.3 Vorschriften aus dem Bundesseuchengesetz (BSG) und dem Schulseuchenerlaß

§ 48 BSG   **Meldepflicht von übertragbaren Krankheiten**

Tritt in einem Kinderheim, Kindergarten, Kindertagesstätte, Lehrlingsheim, Jugendwohnheim, Schule, Schülerheim, Schullandheim, Ferienlager oder einer ähnlichen Einrichtung (in der Folge kurz „Kinderheim" genannt) eine meldepflichtige Krankheit (Scharlach, Hepatitis infectiosa, Kinderlähmung, Typhus, Paratyphus A und B, Ruhr, Tollwut, Tuberkulose, Diphtherie, Pocken, Tetanus) oder eine übertragbare Krankheit (Keuchhusten, Krätze, Masern, Mumps, Röteln, Windpocken, Borkenflechte) oder ein hierauf gerichteter Krankheitsverdacht auf, so hat der Leiter das für die Einrichtung zuständige Gesundheitsamt zu benachrichtigen. Entsprechendes gilt im Falle der Verlausung.

§ 45 BSG   **Hausverbot**

Personen, die an einer meldepflichtigen oder übertragbaren Krankheit leiden, dürfen Räume, in denen Kinder und Jugendliche sich aufhalten, nicht betreten und nicht Veranstaltungen eines Kinderheimes besuchen. Entsprechendes gilt im Falle der Verlausung.

Schulseuchenerlaß

Das Hausverbot ist wirksam, bis nach dem Urteil des behandelnden Arztes oder des Gesundheitsamtes eine Weiterverbreitung nicht mehr zu befürchten ist.

§ 45 BSG   **Ausscheider**

Ausscheider dürfen nur mit Zustimmung des Gesundheitsamtes und unter Beachtung der vorgeschriebenen Schutzmaßnahmen die Räume des Kinderheimes betreten und die zum Heim gehörenden Einrichtungen benutzen.
Ausscheider ist eine Person, die Krankheitserreger dauernd oder zeitweilig ausscheidet, ohne krank oder krankheitsverdächtig zu sein.

§ 45 BSG   **Kontakt von Personal mit Erkrankten**

Personal, das außerhalb des Kinderheimes wohnt und Kinder und Jugendliche, die Schulen oder Tagesstätten besuchen, dürfen die Einrichtungen nur mit Zustimmung des Gesundheitsamtes und unter Beachtung der vorgeschriebenen Schutzmaßnahmen besuchen, wenn in ihrer Wohngemeinschaft eine meldepflichtige übertragbare Krankheit oder Diphtherie, Hepatitis oder Scharlach aufgetreten ist.

Schließung von Kindergärten usw.

§ 46 BSG

Die zuständige Behörde (Ortspolizeibehörde) kann beim Auftreten übertragbarer Krankheiten auf den Vorschlag des Gesundheitsamtes die Schließung von Schulen, Kindertagesstätten und ähnlichen Einrichtungen anordnen.

Schulseuchenerlaß **Schließung und Wiedereröffnung von Kindergärten usw.**

Die Heimleitungen haben beim Auftreten von Infektionskrankheiten die Weisungen des Gesundheitsamtes zu befolgen. Das Landesjugendamt und das Jugendamt sind unverzüglich zu benachrichtigen. Ebenso ist die Wiedereröffnung der Einrichtung anzuzeigen.

§ 47 BSG **Laufende Überwachung des Personals, insbesondere Tuberkuloseüberwachung**

Fach- und Hilfskräfte in Kinderheimen usw. haben vor Aufnahme ihrer Tätigkeit und jährlich einmal der zuständigen Behörde durch Vorlage eines Zeugnisses des Gesundheitsamtes nachzuweisen, daß bei ihnen eine ansteckungsfähige Tuberkulose der Atmungsorgane nicht vorliegt. Das Zeugnis muß sich auf eine Röntgenaufnahme der Atmungsorgane stützen. Wird die Wiederholungsuntersuchung von einem sonstigen Arzt und nicht vom Gesundheitsamt durchgeführt, so ist dem Gesundheitsamt unverzüglich eine Abschrift des ärztlichen Befundberichtes zu übersenden.

§ 17 und **Vorschriften für Einrichtungen, in denen Gemeinschafts-**
§ 18 BSG **verpflegung ausgegeben wird**

Personen, die in Kinderheimen mit der Zubereitung von Speisen und Getränken beschäftigt sind, dürfen diese Tätigkeit nur ausüben, wenn sie durch ein Zeugnis des Gesundheitsamtes, das nicht älter als ein Jahr ist, nachweisen, daß sie

a) nicht an Typhus abdominalis, Paratyphus A und B, Enteritis infectiosa, Ruhr, Hepatitis infectiosa oder Scharlach erkrankt oder dessen verdächtig sind,

b) nicht an ansteckungsfähiger Tuberkulose oder an ansteckenden Hautkrankheiten erkrankt sind,

c) nicht Erreger von Typhus abdominalis, Paratyphus A und B, Enteritis infectiosa (Salmonollose) oder Ruhr dauernd oder zeitweilig ausscheiden oder dessen verdächtig sind.

Durch regelmäßige Wiederholungsuntersuchungen ist zu überprüfen, daß die in a), b) oder c) genannten Hinderungsgründe nicht vorliegen. Verweigert jemand die Untersuchung, so darf er nicht weiterbeschäftigt werden.

§ 69 BSG **Straf- und Bußgeldvorschriften**

Ordnungswidrig handelt, wer vorsätzlich oder fahrlässig die Pflicht zur Benachrichtigung des Gesundheitsamtes verletzt oder trotz des Verbotes des Gesundheitsamtes die Räume und Einrichtungen eines Kinderheimes usw. betritt.

Die Ordnungswidrigkeit kann mit einer Geldbuße bis zu 5000,– DM geahndet werden.

1.2 Gesundheitsfürsorge

1.2.1 Das Bundessozialhilfegesetz

In der BRD werden jährlich 35 000–40 000 Kinder mit körperlichen und geistigen Behinderungen geboren. Von ihnen sind 4000 bis 5000 so schwer geschädigt, daß sie während ihres Lebens immer auf fremde Hilfe angewiesen sind.
Hilfe findet das behinderte Kind durch den Staat aufgrund des Bundessozialhilfegesetzes aus dem Jahre 1961, 1969 und 1974.

Zur Gruppe der behinderten Kinder gehören: die zerebralgeschädigten Kinder, sprachbehinderte, sehschwache und blinde Kinder, gehörlose und schwerhörige Kinder. Außerdem rechnet man dazu körperbehinderte Kinder, wobei die Behinderung angeboren, durch eine Erkrankung oder einen Unfall erworben sein kann.
Im Gesundheitsamt sind Beratungs- und Fürsorgestellen, die Hilfe für das behinderte Kind einleiten. Das zuständige Sozialamt gewährt Unterstützung.
Das Kind wird spezialärztlichen Untersuchungen und Behandlungen in Praxis und Krankenhaus zugeführt. Es erhält Hilfsgeräte, Prothesen, Schienen, orthopädische Schuhe und Fahrstühle. Für die Kinder können Heilverfahren beantragt werden, sie kommen zu Kuren und Erholung.
Als Eingliederungsmaßnahmen erhalten sie eine Förderung in Sonderkindergärten, Sonderschulen, Sprach-, Blinden- und Heilpädagogischen Schulen. Eine Berufsausbildung in Rehabilitationszentren oder beschützenden Werkstätten für Körperbehinderte bereitet sie auf ein möglichst selbständiges Leben vor.
Besonders schwere Fälle kommen in Landesanstalten für Körperbehinderte zur Aufnahme.

Die Eltern von behinderten Kindern erhalten Pflegegeld oder Steuervergünstigungen. Es wird Hilfe bei der Wohnungssuche gewährt. Die nachgehende Fürsorge stellt fest, ob weitere Hilfen nötig oder gewährte Hilfen zweckmäßig verwendet wurden. Der Staat versucht jeden Behinderten, so gut es geht, zu fördern, damit ihm die Leiden erleichtert werden und er sich in das Gesellschaftsleben und das Berufsleben einordnen kann und sich als vollwertiges Mitglied unserer Gesellschaft fühlt.

Auch freie Wohlfahrtsverbände und private Vereine nehmen sich der Behinderten an. In jeder größeren Stadt findet man Zusammenschlüsse von Menschen, die es sich zur Aufgabe gemacht haben, behinderten Menschen in Privatinitiative zu helfen. Diese Organisationen beraten Eltern behinderter Kinder und betreiben Aufklärungsarbeit bei der Bevölkerung. Sie sammeln Geld zur Beschaffung von Spiel- und Arbeitsmaterial, zum Ankauf von Schulbussen und zum Bau von Kindertagesstätten, Schulen und Heimen. Mit Hilfe dieser Vereine können Eltern mit ihren behinderten Kindern in besonderen Heimen und Pensionen Ferien machen.

Vereine, die das behinderte Kind betreuen:

Bundesvereinigung Lebenshilfe für das geistig behinderte Kind. 355 Marburg-Cappel, Raiffeisenstraße 18.

Verein zur Förderung und Betreuung spastisch gelähmter Kinder e.V. 4 Düsseldorf, Kirchfeldstraße 149.

Deutsche Vereinigung für die Rehabilitation Behinderter, e. V. 69 Heidelberg-Schlierbach, Zechnerweg 1 a.

Deutsche Vereinigung für Gesundheitsfürsorge im Kindesalter. 6 Frankfurt, Cronstettenstraße 25.

Außer diesen genannten Vereinen gibt es noch zahlreiche Gruppen, die sich um die Hilfe für die Behinderten bemühen.

1.2.2 Verschickung von Kindern

Es gibt verschiedene Möglichkeiten der Verschickung zur Wiederherstellung der Gesundheit oder zur Kräftigung des kindlichen Körpers.

1. *Heilverschickung.* Sie ist vorgesehen für kranke Kinder. Die Kinder kommen in geeignete Sanatorien und Kurheime zur Ausheilung ihrer Erkrankung, z. B. bei Tuberkulose, Asthma, rheumatischen Erkrankungen.

2. *Genesungsverschickung.* Diese Art der Verschickung ist für Kinder nach Erkrankungen und zur allgemeinen Kräftigung gedacht. In guter Luft, ausreichender Ernährung und anderen optimalen Bedingungen soll sich das Kind erholen.

3. *Erholungsverschickung*. Dabei liegt kein nachweislicher körperlicher Grund vor, sondern soziale Gesichtspunkte.

4. *Stadtranderholung*. Das ist eine Möglichkeit für Kinder, die nicht verreisen und nicht verschickt werden können. In den Schulferien können sich diese Kinder tagsüber unter geeigneter Anleitung (Erzieher) in lärm- und staubgeschützten Gebieten am Stadtrand aufhalten und sich einem Freizeitprogramm widmen.

1.3 Auswirkungen der Umweltverschmutzung, besonders für das Kind

Die biologische Umwelt mit ihren Einflüssen ist für die Entwicklung und das Leben des Menschen von Bedeutung. Die nach dem Zweiten Weltkrieg sprunghaft angestiegene Industrialisierung und Technisierung führte zu einer immer bedrohlicher werdenden Umweltverschmutzung. Den Mensch erreichen diese Verunreinigungen direkt durch die Luft, das Wasser oder über den veränderten Boden, die Pflanzen und Tiere. Der einzelne Bürger kann sich dagegen nicht schützen. Es ist Aufgabe des Staates, durch Gesetze und Maßnahmen für einen ausreichenden Umweltschutz, und damit für die Erhaltung des biologischen Gleichgewichts zu sorgen. Nur so kann eine ausreichende Gesundheitssicherung gewährleistet werden. Reine Luft, sauberes Wasser, weniger Lärm sind wichtige Forderungen, um den Fortbestand der Menschheit zu garantieren.

Umweltschutz fängt im kleinen an und kann von jedem Bürger in seinem persönlichen Bereich betrieben werden. Die Erzieherin kann z. B. den Kindern beibringen, daß man seinen Kaugummi nicht auf die Straße spuckt, Papier wegwirft oder leere Becher und Büchsen im Wald liegen läßt. Schon das Kindergartenkind kann lernen, seinen Teil zu einer menschenwürdigeren Umwelt beizutragen.

1.3.1 Die Bedeutung der Wasserhygiene

Anforderungen, die an das Trinkwasser gestellt werden: Trinkwasser muß von Krankheitserregern und gesundheitsschädlichen Stoffen frei sein. Trinkwasser unterliegt den Bestimmungen des Lebensmittelgesetzes und des Bundesseuchengesetzes. Nach diesen

Gesetzen ist es verboten und strafbar, für andere Trinkwasser zu gewinnen, oder es so zu behandeln, daß sein Genuß für die menschliche Gesundheit schädlich ist. Auch die Verunreinigung der Flüsse durch Abwässer wird durch entsprechende Gesetze verhindert.

1.3.1.1 Trinkwasser

Trinkwasser muß frei sein von Krankheitserregern (Paratyphus, Ruhr, Poliomyelitis, Typhus, Hepatitis) und darf keine schädigenden Mengen von gelösten und ungelösten Stoffen enthalten wie Blei, Cyan, Arsen, Fluor und Cadmium. Auch radioaktive Stoffe wären äußerst gefährlich.

Trinkwasser muß keimarm sein. Zur Überprüfung werden deshalb Wasserproben entnommen und auf normale Darmbakterien untersucht. Werden in 100 ccm Wasser keine Darmkeime gefunden, so kann das Wasser als Trinkwasser verwendet werden. Ist in 1 ccm Grundwasser die Gesamtkeimzahl höher als 99, so spricht das für eine ungenügende Filtration, eine unsachgemäße Speicherung oder eine sekundäre Verschmutzung.

Trinkwasser muß klar, farblos, kühl, geruchlos und von gutem Geschmack sein.

Trinkwasser sollte in genügender Menge und ausreichendem Wasserdruck vorhanden sein. Fließt zu wenig Wasser aus der Leitung, besteht die Gefahr, daß sich die Menschen nicht gründlich waschen, Obst und Gemüse ungereinigt essen und ihre Wohnräume, Badezimmer und Toiletten mangelhaft säubern.

1.3.1.2 Wasserverunreinigungen durch Krankheitserreger

In der BRD sind 85 % der Bevölkerung an ein öffentliches Wasserversorgungsnetz angeschlossen. Es existieren aber immer noch auf dem Lande zahlreiche Einzelbrunnen, deren Wasserqualität nur lückenhaft durch die Gesundheitsbehörden geprüft wird. Gelangen Krankheitserreger in das Wassereinzugsgebiet der Brunnen, so können sich die Erreger schlagartig ausbreiten. Bei einer Epidemie deckt sich oft das Krankheitsfeld mit dem Wasserfeld, d. h. dem Wassereinzugsgebiet des Brunnens. Bakterien oder Viren kommen über die Abwässer in das Grundwasser der Brunnen und infizieren so den Menschen.

1.3.1.3 Wasserverunreinigungen durch Pestizide

Schädlingsbekämpfungsmittel oder Pestizide werden heute allgemein in der Land-, Forst- und Weinwirtschaft zur Bekämpfung von Milben, Insekten und Pilzen eingesetzt. Es besteht eine Verordnung über die Zulassung von Höchstmengen an Pestizidrückständen in und auf Lebensmitteln, die auch bei wiederholter Aufnahme keine Schäden verursachen. Dennoch gelangen auf unkontrollierte Weise Rückstände der Pestizide – vom Regen abgespült – in den Boden, wo sie sich anreichern können und über Pflanzen und Tiere in den menschlichen Körper gelangen. Auch sickern die Pestizide durch bis zum Grundwasser, das als Trinkwasser verwendet wird.

Ebenso können die Pestizide über Schwemmwasser in Bäche und Flüsse geraten und hier zur Verseuchung des Fischbestandes führen. Über Fischmehl gelangen die Pestizide in Hühner und andere Schlachttiere und schließlich in den Menschen, wo sie in den Fettdepots (Frage der Freisetzung bei Abmagerungskuren) abgelagert werden. In den Zivilisationsländern enthält z. B. das Körperfett des Menschen einige Milligramm DDT (heute verboten) pro Kilogramm Fett.

1.3.1.4 Fluoridierung des Trinkwassers

Die Fluorzulage zum Trinkwasser als Prophylaxe gegen Zahnkaries ist nach wie vor umstritten. In keinem deutschen Oberflächen- oder Grundwasser kommt eine ausreichende (in bezug auf die Karies-Vorbeugung) Fluormenge vor. Es müßte eine Fluorzugabe von 1 mg/Liter erfolgen (s. S. 51).

1.3.1.5 Die Abwasserbeseitigung

Die Herkunft der Abwässer in der öffentlichen Kanalisation ist unterschiedlich. Teilweise sind es häusliche Abwässer (menschliche Ausscheidungen, Bade-, Wasch-, Spül- und Aufwischwasser). Der Anteil der industriellen und gewerblichen Abwässer ist in der öffentlichen Kanalisation geringer als der der häuslichen Abwässer, da die Betriebe ihre Abwässer häufig aufbereiten und wieder verwenden, oder sie werden in Gewässer abgeleitet, was allerdings zu einer erheblichen Verunreinigung der Gewässer geführt hat.

Phosphate aus Waschmitteln gelangen trotz Kläranlagen in die Gewässer und verursachen starken Algenwuchs (Düngung der Gewässer). Werden flüssige Abfallstoffe ungereinigt und unbehandelt in Flüsse und Bäche abgelassen, so verunreinigen sie das zur Versorgung des Menschen nötige Wasser und zerstören darin das Leben der Pflanzen und Tiere.

Im Zeltlager und auf dem Campingplatz muß auch zum Abwaschen des Geschirrs und der Töpfe Trinkwasser benutzt werden. Werden nämlich Töpfe und Schüsseln in Fluß- oder Seewasser gespült, so können im Wasser enthaltene Erreger in die Gefäße kommen. Bei der Aufbewahrung von Nahrungsmitteln in diesen Behältern können sich einzelne Erreger explosionsartig vermehren und beim Verzehr der Speisen zu Erkrankungen führen, z. B. entstehen in 8 Stunden aus 10 Salmonellen (Erreger des Paratyphus und des akuten Brechdurchfalls) bis zu vielen Millionen Keime.
Mit der Zunahme der Bevölkerung und Erhöhung des Lebensstandards hat der Wasserverbrauch und entsprechend auch die anfallenden Abwässer zugenommen. Die Bereitstellung und Beseitigung der entsprechenden Wassermengen ist für jede Kommune eine differenzierte Aufgabe.

In den hochindustrialisierten Ländern müssen wir uns besonders um einen effektiven Umweltschutz bemühen. Das ist zum Überleben nötig. Wir sollten aber nicht vergessen, daß der größte Teil der Weltbevölkerung weder genug Wasser noch ausreichend Nahrung hat. Diese lebenswichtigen Güter werden durch die Bevölkerungszunahme immer knapper. Durch die parallel zur wirtschaftlichen Entwicklung in der dritten Welt bestehende Anhebung des Lebensstandards werden aber abermals mehr Wasser und Lebensmittel verbraucht. Ein Kreislauf mit neuen ungelösten Problemen zeigt sich auf.

1.3.2 Die Dunstglocke der Städte

Über unseren Städten und Industriegebieten hängt eine Dunstglocke, die Staub, Gase (Kohlenmonoxyd, Schwefeldioxyd, Schwefelwasserstoff) und Wasserdampf enthält. Die Verunreinigung der Luft entsteht bei Verbrennungsvorgängen durch die Industrie, den Verkehr und durch die Beheizung der Büro- und Wohnhäuser.

Die Weltgesundheitsorganisation definiert die Luftverschmutzung folgendermaßen: „Luftverunreinigung liegt vor, wenn sich ein luftverunreinigender Stoff oder mehrere luftverunreinigende Stoffe in solchen Mengen und so lange sich in der Außenluft befinden, daß sie für Menschen, Tiere, Pflanzen und Eigentum schädlich sind, zur Schädigung beitragen oder das Wohlbefinden oder die Besitzausübung unangemessen stören können."

Die Staubteilchen haben eine Größe von $0,5\,\mu$ bis 1 mm. Staubteilchen unter $5\,\mu$ können in unsere Lunge gelangen. Der Großstadtstaub besteht zu 30 % aus Ruß, zu 60 % aus Mineralien wie Kalzium, Natrium, Eisen, Aluminium, Blei und Kupfer. Beim Kind ist die Lunge noch staubfrei, aber schon beim 15jährigen ist etwa 150 mg Staub eingelagert. Beim Erwachsenen in Industriegebieten enthält die Lunge ungefähr 3 g Staub. Die Lunge hätte einen noch viel größeren Staubgehalt, wenn beim Einatmen durch die Nase nicht ein Großteil in der Nasenschleimhaut abfiltriert würde (Schmutz im Taschentuch). Ein Teil des eingeatmeten Staubes wird mit Hilfe der Flimmerhaare der Bronchien wieder aus der Lunge entfernt. Erwachsene und Kinder leiden als Folge der Luftverschmutzung in besonders luftverunreinigten Gebieten häufig an Erkrankungen der Atmungsorgane: Luftwegsinfektionen, chronische Bronchitis, Asthma.

1.3.2.1 Maßnahmen zur Reinhaltung der Luft

Zur Reinhaltung der Luft wird der Industrie eine Abgasreinigung mit Hilfe von Sedimentationskammern und Filtern zur Auflage gemacht. Neuerdings werden auch Abgasmessungen bei privaten Ölheizungen durchgeführt. Mit Hilfe von Meßinstrumenten ist eine exakte Messung der Luftverschmutzung (der Schwefeldioxyd-Gehalt) möglich, was besonders in smoggefährdeten Gebieten wichtig ist. Bei gefährlichen Konzentrationen von Schadstoffen wird Smogalarm gegeben, womit aufgrund von Fahrverbot und Stillegung in der Industrie eine momentane Reduzierung der Abgase erreicht wird.

Zur Reinhaltung der Luft erfolgt die Anwendung anderer Verfahrenstechniken und anderer Rohstoffe in der Industrie, die weniger Luftverschmutzung verursachen. Weiterhin versucht man die Abgase durch möglichst hohe Schornsteine zu verdünnen. Außerdem wird ein Standort für Industriewerke gesucht, der die Wohngebiete durch Abgase möglichst wenig beeinträchtigt.

Auch Verkehrsabgase will man durch eine Weiterentwicklung der Automotoren und des Benzins qualitativ verbessern. Der Bleigehalt der Luft hängt entscheidend vom Bleigehalt des Benzins und der Verkehrsdichte ab. Die Autoabgase enthalten außerdem Kohlenmonoxyd, was an Verkehrsknotenpunkten zu lebensgefährlichen Konzentrationen führen könnte. Besonders Automotoren im Leerlauf geben sehr viel Kohlenmonoxyd ab, wodurch es zu gewollten oder ungewollten Vergiftungen mit Todesfolge kommen kann.

Eine völlig reine Luft existiert heute nirgends mehr auf der Erde. Selbst über den Ozeanen lassen sich Staubteilchen nachweisen.

Gute Luft haben wir in waldreichen Gegenden und im Gebirge. Die Wälder sind Sauerstoffspender, die für unser Leben wichtig sind. Die Pflanzen nehmen mit Hilfe des Chlorophylls und des Lichts Kohlendioxyd auf und assimilieren es zu Kohlenhydraten. Gleichzeitig geben sie Sauerstoff ab. Es ist bedenklich, daß immer mehr Wälder auf der Erde gerodet und dadurch ständig die lebensnotwendigen Sauerstoffspender reduziert werden.

1.3.2.2 UV-Strahlen

Durch die Dunstglocke der Städte können die UV-Strahlen des Sonnenlichts kaum dringen. Die UV-Strahlen sind aber zur Umwandlung des in der Haut liegenden Provitamin Ergosterin zu Vitamin D nötig. Beim Fehlen von Vitamin D tritt beim Säugling und Kleinkind die Rachitis auf. In den Tropen und sonnigen Hochgebirgslagen, wo keine Dunstglocke vorhanden ist, findet man keine Rachitis, da die Sonnenbestrahlung aureichend ist, und die UV-Strahlen genügend auf den kindlichen Körper treffen. Die UV-Strahlen der Höhensonne sind ein gewisser Ersatz für die fehlende Sonne.

1.3.2.3 Die Rachitis oder englische Krankheit

Die Vorbeugung gegen Rachitis beginnt bereits in der Schwangerschaft. Ab 6. Schwangerschaftsmonat sollte die Mutter 500–1000 Einheiten Vitamin D täglich erhalten. Für den Säugling bekommt die Mutter ein Vitamin D_3-Präparat bereits in der Entbindungsklinik, bei der Mütterberatung oder in der Sprechstunde des Arztes. Das Präparat wird in Tropfen mit täglicher Dosierung oder als Tabletten, die dann als Stoß verabfolgt werden, gegeben. Die tägliche Dosierung der Tropfen beträgt 1000 Einheiten. Beim Tablettenstoß erhält der Säugling über das erste Lebensjahr verteilt 35–40 mg Vitamin D_3.
Mit Hilfe des Vitamin D_3 erfolgt die Calciumresorption aus dem Darm und eine Kalkeinlagerung in den Knochen. In der Wachstumslinie oder -zone wird Knochengrundsubstanz gebildet, die unter Einwirkung von Vitamin D verkalkt. Ist das Vitamin D, wie bei der Rachitis, nicht vorhanden, so wird Knochengrundsubstanz im Überschuß produziert, was sich äußerlich am Knochen durch eine Auftreibung bemerkbar macht.

Die ersten Zeichen der Rachitis sind Weichheit der Schädelknochen, besonders am Hinterkopf, Auftreibungen an den Hand- und Fußgelenken, an der Knochen-Knorpelgrenze der Rippen, was als „Rosenkranz" bezeichnet wird. Die große Fontanelle schließt sich verspätet (normal mit 18 Monaten). Der Zahndurchbruch ist verzögert. Als Spätfolge tritt eine Verbiegung der Knochen auf. Man findet O- und X-Beine, Plattfüße, Wirbelsäulenverbiegungen und Beckenverengungen (das plattrachitische Becken).

Die Behandlung der Rachitis erfolgt mit Vitamin D_3, Höhensonne und Kalkzufuhr. Der Säugling soll so viel wie möglich an Licht und Sonne.
Ein natürliches Vorkommen von Vitamin D haben wir in Lebertran, Eigelb, Milch und Butter.

Noch vor 60 Jahren hatte fast jedes Kind eine leichte Rachitis. Die Rachitis war die häufigste Ursache für spätere lebenslängliche Verkrüppelungen.

1.4 Wohnungshygiene

1.4.1 Gesundheitliche Gesichtspunkte zum Bau und Einrichtung von Kindergärten, Horten und Heimen

1.4.1.1 Lage der Kindereinrichtungen

Eine freie gesunde Lage, umgeben von Wiese und Grünanlagen, sollte eine Selbstverständlichkeit sein. Der Bau von Kindergärten, Hort oder Heim in der Nähe von Fabriken, die gesundheitsschädliche Abgase erzeugen, an Verkehrsknotenpunkten mit viel Lärm und Autoabgasen, ist abzulehnen. Der Spielplatz oder die Spielwiese um den Kindergarten soll möglichst groß sein, weil es besonders für Stadtkinder die einzige Auslaufmöglichkeit ist.

Bei der Anlage eines Spielplatzes im Kindergarten rechnet man mit 4 qm pro Kind, was aber nur eine Mindestgröße sein sollte. Bei der Bepflanzung im Kindergarten muß beachtet werden, daß keine giftigen (s. S. 242) und keine stachligen Gewächse angepflanzt werden. Die Sitzgelegenheiten an den Sandkästen müssen aus splitterfreiem Holz sein.

1.4.1.2 Die Räume des Kindergartens

Die Spielräume sollen luftig, trocken, sonnig und lichtdurchflutet sein. Für ausreichenden Sonnenschutz ist bei Südlage zu sorgen. Die Höhe von 270 cm ist für die Spielräume angebracht. Die Größe der Räume ist mit 2 qm pro Kind zu berechnen. Neben Spielräumen, Toiletten, Fluren mit Kleiderablage, Küche und Dienstzimmer, sollte ein Schlafraum, der auch für Bewegungsspiele und Gymnastik benutzt werden kann, vorhanden sein. Eine Sitzgelegenheit zum Schuhwechsel soll im Flur bei der Kleiderablage sein. Die Mäntel usw. werden in belüfteten Spinden oder Garderoben untergebracht.

Der Schlafraum soll ausreichend groß sein, die Liegen nicht zu eng stehen. Jedes Kind hat seine eigene, mit Namen gezeichnete Bettwäsche, die möglichst oft gewechselt werden soll. Das Bettzeug wird für jedes Kind in einem Schrank untergebracht. Der Schrank soll durch eine offene Seite oder durch Löcher in der

Schranktür luftig sein. Der Schlafraum soll ruhig liegen und kein Durchgangszimmer sein. Für ständige Frischluftzufuhr wird durch geöffnete Oberlichter gesorgt. Die Fenster müssen abgedunkelt werden können.

Für das Personal müssen ein Dienstzimmer und eigene sanitäre Räume vorhanden sein. In jedem Kindergarten muß ein Isolierraum zur vorübergehenden Absonderung eines krankheitsverdächtigen Kindes vorhanden sein. Das Dienstzimmer muß, wenn kein Extraraum da ist, vorübergehend für diesen Zweck verwendet werden.

1.4.1.3 Belüftung der Räume

Für die Belüftung eignen sich am besten Oberlichter. Bei Anwesenheit von mehreren Personen in einem Raum, wie das im Kindergarten oder Hort der Fall ist, ist eine ständige Erneuerung der Luft notwendig. Die verbrauchte Luft steigt auf und kann durch die gekippten Oberlichter entweichen. Frische, sauerstoffreiche Luft strömt in den Raum.

Schlechte verbrauchte Luft „riecht" durch die Ausdünstungen der Menschen. Der Sauerstoffgehalt nimmt ab, was man an auftretender Müdigkeit und Gähnen bemerken kann. Durch Abgabe von Feuchtigkeit durch die Haut und die Atmung nimmt die Luftfeuchtigkeit zu. Bei kleinen geschlossenen Räumen schlägt sich die Feuchtigkeit an den Fensterscheiben nieder. Die Raumtemperatur steigt durch die Anwesenheit vieler Menschen an. Auch wenn viele Menschen im Raum sind, darf keine schlechte Luft vorhanden sein.

Die Fensterbank muß in den nicht ebenerdigen Räumen wenigstens 60 cm hoch sein. Der untere Teil der Fenster soll bis zur durchschnittlichen Kopfhöhe der Kinder (etwa 110 cm) feststehend sein. Hat man Fenster in dieser Höhe, die sich aber öffnen lassen, so sollte man einen verschließbaren Sicherheitsfenstergriff anbringen. Alle erreichbaren Scheiben müssen aus Sicherheitsglas sein. Das ist besonders vordringlich bei Glastüren.

Einrichtung von Toilettenräumen s. S. 49.

1.4.1.4 Fußboden

Der Fußboden soll gut wischbar sein, leicht zu pflegen, gleitsicher und nicht statisch aufladend. Er muß auch mit Desinfektionslösung zu behandeln sein. Teppichboden ist abzulehnen, da Knete, Farbe und andere Flüssigkeiten schlecht zu entfernen sind.

1.4.1.5 Heizung

Die Raumtemperatur der Aufenthaltsräume sollte bei 20–22 Grad liegen. In den Schlafräumen, Toiletten und anderen Nebenräumen genügt eine Temperatur von 18 Grad. In den Waschräumen ist eine Temperatur von 22–23 Grad angebracht. Die Beheizung der Räume erfolgt meist durch Zentralheizung. Heizkörper, an denen sich Kinder verbrennen oder stoßen können, müssen eine Verkleidung haben.

1.4.1.6 Möbel

Die Möbel sollen eine glatte Oberfläche haben und möglichst abwaschbar sein (Desinfektion). Tische und Stühle müssen der jeweiligen Größe des Kindes angepaßt sein. In einer Spielgruppe sind Kinder unterschiedlicher Größe bei gleichem Alter, deshalb ist eine individuelle Zuteilung von Stühlen und Tischen notwendig. Bei der Auswahl von Arbeitstischen im Hort sollte man von waagerechten Tischplatten wieder zu leicht schrägen übergehen. Auch im Hort ist auf eine individuelle Höhe von Stühlen und Tischen zu achten. Durch einen zu niedrigen Arbeitstisch treten Verkrampfungen der Muskulatur des Schultergürtels auf, Rundrücken und Wirbelsäulenverbiegungen werden gefördert. Ideal wären verstellbare Stühle und Schreibflächen, die den unterschiedlichen Bein- und Armlängen der Schulkinder angepaßt sind.
Der „kindsichere Kindergarten" s. unter Unfallverhütung.

1.4.2 Die familiengerechte Wohnung

Die Wohnung ist nicht eine Unterkunft, sondern ein Heim für die Familie. Hier soll sich jedes Familienmitglied heimisch fühlen und seinen eigenen Bereich haben.
Als Grundnorm der Wohnungsgröße berechnet man pro Person

einen Wohnraum. Die Nutzwohnfläche wird pro Person mit 20 qm angegeben. In der Wohnung soll jedes Familienmitglied seinen eigenen Wohnbereich haben. Besteht räumlich nicht die Möglichkeit, daß jedes Kind ein eigenes Zimmer hat, so sollte doch wenigstens ein Teil eines Raumes dem Kind gehören, den es selbst ausgestalten darf. Das Kleinkind wird hier seine Spielecke haben, das Schulkind benötigt hier einen Arbeitsplatz, wo es in Ruhe seine Schularbeiten machen kann.

Nach dem 2. Weltkrieg waren von 10 Millionen Wohnungen zweieinhalb Millionen zerstört. 1947 hatten 45 % der Kinder kein eigenes Bett, 37 % mußten zu dritt in einem Bett schlafen und 10 % schliefen auf dem Fußboden. Mitte der 60er Jahre wurde bereits der Wohnungsbestand der Vorkriegszeit überschritten. Auf 100 Einwohner entfallen heute 37 Wohnungen. Jede Wohnung ist also im Durchschnitt von 2,8 Personen bewohnt. Zur Zeit stehen in der BRD 400 000 Wohnungen leer, die nicht zu vermieten oder zu verkaufen sind. Trotzdem leben nach dem Gutachten „Familie und Wohnen" des Wissenschaftlichen Familienbeirates der Bundesregierung 45 % aller Kinder unter 18 Jahren in Wohnungen, die der Mindestnorm nicht entsprechen.

Die Güte der Wohngegend hängt von der Umweltqualität ab. Ein Leben ohne Geruchs- und Lärmbelästigung sollte in der Wohnung möglich sein. Ideal ist die Wohnung, wenn das Schlafen bei geöffnetem Fenster möglich ist, und Terrasse, Balkon und Garten ohne Lärmbelästigungen benutzt werden können. Die Wohnung sollte so gut isoliert sein, daß ein Familienleben mit gemeinsamen Spielen, Musizieren usw. gestaltet werden kann, ohne die Nachbarn zu stören.

Das Hochhaus ist zum Wohnen mit Kindern unter 10 Jahren ungeeignet. Das Kleinkind kann das Hochhaus nicht selbständig verlassen und den Spielplatz aufsuchen. In etlichen Hochhäusern dürfen Kinder unter 6 Jahren den Fahrstuhl nicht bedienen. Aus einer höher gelegenen Etage ist der Sicht- und Hörkontakt zur Mutter, der bei einem Aufenthalt des Kleinkindes im Freien notwendig ist, nicht gegeben. Die Folge davon ist ein seltenerer Aufenthalt an der frischen Luft. Das Kind hat weniger Berührung mit der Natur. Das natürliche Erleben beim Spiel mit Sand, Wasser, Erde und

Pflanzen erfährt es nicht. Das Kind hat auch einen geringeren Kontakt zu anderen Kindern und dadurch seltener Gelegenheit, soziale Verhaltensweisen zu üben. Die Hochhauskinder werden später selbständig, ihre Aktivität ist durch den ständigen Aufenthalt in der Wohnung eingeschränkt. Es besteht die Gefahr, daß die Kinder mit der Zeit den natürlichen Bewegungsdrang verlieren und zu phantasielosen, inaktiven Stubenhockern mit allen gesundheitlichen Folgen werden. Eine natürliche Abhärtung durch die unterschiedlichen Lufttemperaturen im Freien, die Ausbildung der Muskulatur, das Trainieren der Herztätigkeit und die Kräftigung der Atemmuskulatur unterbleibt.

Das Wohnen im Hochhaus in Stockwerken, die nur mit dem Fahrstuhl erreicht werden können, ist mit Kindern möglichst zu vermeiden.

2 Gesundheitserziehung

2 GESUNDHEITSERZIEHUNG

Schon immer haben sich die Menschen um Lebensregeln zur Erhaltung der Gesundheit bemüht. Über Jahrtausende wurden in allen Religionen gesundheits- und religiöse Riten miteinander verbunden (Fußwaschungen, Fasten, Verbot des Genusses von Schweinefleisch und Alkohol). Ärzte legten ihre Erkenntnisse über die Erhaltung der Gesundheit in Schriften nieder, die zunächst nur den Herrschern, später aber breiten Volksschichten zugänglich waren.

Aus der hippokratischen Schule (Hippokrates 460–377 v. Chr., griechischer Arzt) wurde in der Schrift über die Diätetik neben der Zubereitung der Nahrung auch über Gymnastik, kräftigende Leibesübungen, Bäder, Massage, Licht-, Luft- und Wasseranwendung berichtet. Auch die Erkenntnis, daß „wohlbeleibte Leute eher eines schnellen Todes sterben als magere", finden wir dort schon.

Gegen Ende des Mittelalters werden hygienische Ratschläge mit religiösen Gedanken verbunden und richten sich an die gesamte Bevölkerung, die man am besten im gemeinsamen Gottesdienst erreichte. Die Schriften aus dieser Zeit werden deshalb auch als „Pastoralmedizin" bezeichnet. 1573 propagierte Joachim Struppius eine öffentliche Gesundheitspflege in seinem Buch „Nützliche Reformation zu guter Gesundheit und christlicher Ordnung". Zur Gesundheitsaufklärung wurden schon damals Plakate hergestellt, so z. B. von Dürer über die Lues. Ein des Lesens Kundiger las sie den Bürgern vor und erklärte sie.

Später übernahmen die Ärzte selber die medizinische Aufklärungsarbeit, wie z. B. May in Mannheim. Er stieg nach dem Gottesdienst auf die Kanzel und sprach zu den versammelten Bürgern. In seinem Buch „Medizinische Fastenpredigten" kann man seine Reden über den Einfluß der Luft, der Speisen, der Getränke, insbesondere der geistigen (Alkohol), der Ruhe und der Leibesbewegung, des Schlafens und Wachens, der Ausleerungen, der Tugenden und der Laster auf den Menschen nachlesen.

Johann Peter Frank (1745–1821) gilt als Begründer der öffentlichen Gesundheitspflege. In 6 Bänden schreibt er über Ernährung, Kleidung, Wohnungshygiene, die Aufgaben der von ihm eingeführten Gesundheitspolizei und viele vorbeugende Maßnahmen zur Verhütung von Erkrankungen und Seuchen.

Der Bückeburger Leibarzt Faust (1755–1842) schrieb 1794 den „Gesundheitskatechismus zum Gebrauche in den Schulen und im häuslichen Unterricht", der als Gesundheitserziehung obligatorischer Unterrichtsstoff für alle Schüler in den Bückeburger Landen wurde. Faust war der Meinung, daß das Gesundheitsverhalten bereits in der Jugend eingeübt werden müsse.

In Hufelands 1844 erschienenem Buch „Physische Erziehung der Kinder" finden wir Kapitel über „Kaltes Waschen", „Laue Bäder", „Das tägliche Luftbad", was als Anweisung für Mütter zur Abhärtung und Gesunderhaltung ihrer Kinder gedacht war.

So bemüht man sich schon fast 200 Jahre speziell um die Gesundheitserziehung von Kindern. Haben sich aufgrund der veränderten Umwelt die Ansichten im einzelnen auch gewandelt, so ist der Grundgedanke einer vernünftigen und gesunden Lebensweise noch immer gültig.

Heute wird Gesundheitserziehung in der Bundesrepublik Deutschland auf vielfältige Weise betrieben. Im Rundfunk und Fernsehen, in Zeitungen und Zeitschriften, auf Plakaten und in Filmen wird allgemein oder unter einem bestimmten Gesichtspunkt für die Erhaltung der Gesundheit geworben. In Schulen, Berufsschulen und bei bestimmten Berufsausbildungen wird das Fach „Gesundheitslehre" unterrichtet. So wichtig diese vielfältigen Initiativen sind, so erfolgt doch die beste Gesundheitserziehung durch das vorbildliche Verhalten von Eltern, Erziehern und Lehrern. Der Erzieher sollte sich bei seiner Tätigkeit an die medizinischen Erkenntnisse auf dem Gebiet der Gesundheitsvorsorge und Krankheitsverhütung halten. So sollte er bedenken, daß der gesundheitliche Zustand eines Kindes von genügend Licht, Luft, Bewegung, Schlaf und Entspannung, ausreichender Hygiene, vernünftiger Ernährung, einem ausgeglichenen Seelenleben und guten sozialen Verhältnissen abhängt. Bei Mißachtung einer gesunden Lebensführung treten Störungen auf, die sich als nervöse Reizbarkeit, Schlaflosigkeit, Kopf- und Magenschmerzen, Erbrechen, Kreislaufstörungen, Angstzustände und Verhaltensstörungen bemerkbar machen. Wird daraufhin die Lebensweise nicht geändert, so entwickeln sich schließlich ernsthafte Erkrankungen aus diesen anfänglich harmlosen Störungen.

2.1 Freizeitgestaltung

Zur Gesunderhaltung des menschlichen Körpers gehört die Erkenntnis, daß zwischen Arbeitsphasen Ruhepausen eingeschaltet
werden müssen. Richtige Freizeitgestaltung, die den individuellen
Wünschen des Menschen entspricht, ist wichtig für die Erholung
des Körpers und des Geistes. Der Mensch muß vor allem das Gefühl
haben, daß er seinen persönlichen Wünschen nachgehen kann und
dabei keinem Zwang unterliegt. Gesundheitliche Gesichtspunkte
sollten aber bei der Freizeitgestaltung berücksichtigt werden, d. h.
die Beschäftigung in der Freizeit sollte ein Ausgleich zur sonstigen
Tätigkeit sein. Für Menschen, die sich den ganzen Tag in geschlossenen Räumen aufhalten müssen (Büro, Geschäft, Schule), wäre
ein Hobby mit viel Bewegung an der frischen Luft aus medizinischer Sicht das Beste. Bei der für die meisten Menschen bestehen-
den Unrast sollte in der Freizeit eine Phase der Ruhe, möglichst in
der Natur, zur Erholung der geistigen Leistungskraft und des Ner-
vensystems eingeschaltet werden.

Zur Erholung gehört natürlich auch der regelmäßige *Jahresurlaub,*
der für jedes Alter und für jede Berufsgruppe gesetzlich festgelegt
ist. Noch vor 50 Jahren war der Urlaub wenig, vor 100 Jahren so gut
wie gar nicht üblich. Bei dem heutigen Berufs- und Lebensstreß
fühlt sich fast jeder Mensch nach einer bestimmten Arbeitszeit
„urlaubsreif". Der Urlaub sollte möglichst an einem Stück genommen werden, da sich erst nach 3 Wochen eine echte körperliche
Erholung einstellt. Bei der Wahl des Urlaubsortes sollten die Fragen des Gebirgs- oder Seeaufenthaltes (Reizklima), des Freizeit-
angebotes, der Möglichkeiten zum Fitness-Training am Erholungs-
ort vor der Reise geklärt werden und auf die Erholungssuchenden
abgestimmt sein. Eltern ist abzuraten, mit Säuglingen und Kleinkindern große Autoreisen zu unternehmen. Durch tagelanges Auto-
fahren kann das vegetative Nervensystem des Kindes so gereizt
werden, daß das Kind mit Erbrechen, Kreislaufstörungen und un-
aufhörlichem Schreien reagiert. Auch sollte man mit kleinen Kindern (unter 2 Jahren) nicht das Risiko einer Zeltfahrt eingehen, da
besonders in südlichen Ländern die hygienischen Verhältnisse und
die ärztliche Versorgung unzureichend ist.

2.2 Bewegung

Das Kleinkind, aber auch das Schulkind (bis etwa zur Pubertät) hat einen großen Bewegungsdrang. Die Bewegung ist für die Ausbildung der Skelettmuskulatur, zur Vermeidung von Haltungsschwächen und Haltungsfehlern, zur Kräftigung der Herz- und Atemmuskulatur ausgesprochen wichtig. Doch Stadtkindern fehlt heute eine ausreichende Bewegungsmöglichkeit. Die Wohnungen sind im allgemeinen zu klein, die Wände und Decken der Neubauten für Kinderlärm zu dünn. Mit Rücksicht auf die Mitbewohner dürfen Kinder in der Wohnung keine Bewegungsspiele veranstalten und nicht laut rufen, schreien oder singen. Spielplätze sind häufig für die Kinder ohne Aufsicht nicht zu erreichen. Das Spielen auf der Straße ist zu gefährlich. Häufig wird für genügend Garagen gesorgt, aber Spiel- und Tummelplätze fehlen. Ein vorhandener Spielplatz sollte für Kleinkinder in Sicht- und Hörweite der Mutter liegen.

Für größere Kinder (5–6 Jahre) sollte die Entfernung zum Spielplatz nicht mehr als 100 Meter betragen und der Weg dorthin nicht über verkehrsreiche Straßen führen.

Es ist eine wichtige Aufgabe der Erzieherin, dem Kind die fehlende Bewegungsmöglichkeit im *Kindergarten* zu geben. Der natürliche Bewegungsdrang wird so in richtige Bahnen gelenkt. Täglich sollen im Freien, bei schlechtem Wetter im Raum bei weit geöffnetem Fenster, Bewegungsspiele, Gymnastik und Fußübungen gemacht werden. Dafür sollte jeder Kindergarten einen großen Raum (zur Not der Schlafraum), einen Spielplatz oder eine Spielwiese haben.

Auch kann die Erzieherin Spaziergänge und Wanderungen, die grundsätzlich nicht durch verkehrsreiche staubige Straßen führen sollten, mit den Kindern unternehmen. In diesem Alter sind Kinder aber noch nicht zu Dauerleistungen fähig, darum müssen immer wieder längere Pausen eingelegt werden.

Im *Schulalter* ist ein sportlicher Ausgleich zu 5–7stündigem Stillsitzen sehr wichtig. Da der Sportunterricht in der Schule dafür nicht ausreicht, übernehmen Turn- und Sportvereine mindestens teilweise diese Aufgabe. Erfolgt kein körperlicher Ausgleich, so kommt es zu einer Zunahme der Haltungsschwächen, besonders im zweiten Wachstumsschub. Findet beim schnellen Längenwachstum nicht gleichzeitig ein Muskeltraining statt mit einer Zunahme der Muskulatur, so können die schwachen, schlaffen Muskeln, Gelenke, Bänder und Knochen nicht in physiologischer Weise koordinieren, und Rundrücken, Hohlkreuz und hängende oder schiefe Schultern sind die Folge.

Größeren Kindern sollte der Erzieher im Hort und Heim Gelegenheit geben, sich genügend in der frischen Luft zu bewegen. Rollerfahren, Rollschuhlaufen, Ballspiele usw. sind dazu geeignet.

2.3 Die Atmung

Für die Erhaltung der Gesundheit ist es nötig, sich täglich 1–2 Stunden an der frischen Luft aufzuhalten. Durch die Atmung wird dem Körper die nötige Sauerstoffmenge zugeführt. Von unserer Atemtiefe hängt es ab, ob sich die ganze oder nur ein Teil der Lunge am Gasaustausch, der bei der Atmung stattfindet, beteiligt. Bei ruhigem Ein- und Ausatmen werden etwa 500 ccm ausgetauscht.

Trainierte Sportler können 2000–2500 ccm bei einem Atemzug einatmen. Um bei körperlichen Anstrengungen dem erhöhten Sauerstoffbedarf nachzukommen, atmet man schneller und tiefer. Man kommt um so schneller „außer Atem", je weniger man trainiert ist.

Jeder sollte sich wenigstens einmal am Tag so anstrengen, daß er eine beschleunigte Atmung hat. Auch sollte man mehrmals am Tag in guter Luft (Wald, Grünanlagen, Garten) bewußt tief ein- und ausatmen, damit die gesamte Luft (die „Restluft" von 1000–1500 ccm kann nicht ausgeatmet werden und bleibt immer in der Lunge) der Lunge ausgetauscht werden kann.

Die Einatmungsluft enthält 21 % Sauerstoff, 78 % Stickstoff, 0,03 % Kohlendioxyd und Edelgase. Die Ausatmungsluft hat 16 % Sauerstoff, 4 % Kohlendioxyd und Luftfeuchtigkeit (Hauch), die übrigen Bestandteile bleiben unverändert. In der Lunge wird der zum Leben notwendige Sauerstoff durch die Lungenbläschen in das Blut aufgenommen (äußere Atmung), an das Hämoglobin gebunden zur Zelle transportiert. Die Zelle benötigt den Sauerstoff zum Zellstoffwechsel (innere Atmung). Der menschliche Körper ist auf ständige Sauerstoffzufuhr angewiesen. Besonders empfindlich sind die Hirnzellen, die bei akutem oder chronischem Sauerstoffmangel als erste Störungen zeigen. Ein Ausdruck der Minderversorgung ist das Gähnen. Bei stärkeren Graden stellt sich Benommenheit, Verwirrtheit und schließlich Bewußtlosigkeit ein. Bei längerem Ausfall (3 Minuten) tritt eine bleibende Schädigung der Hirnzellen auf. Fehlt die Sauerstoffzufuhr über einen noch längeren Zeitraum, so stellt sich der Tod ein.

Die Atmung verläuft unbewußt und wird vom Atemzentrum im verlängerten Mark gesteuert. Reizauslösend für das Atemzentrum ist der Kohlendioxydspiegel des Blutes. Steigt er an, so wird die Atmung beschleunigt.

Bei der Einatmung strömt die Luft durch Dehnung des Brustraumes in die Lungen. Bei der Ausatmung erfolgt der umgekehrte Vorgang. Die Erweiterung erfolgt durch das Senken des Zwerchfells – dabei wölbt sich der Bauch vor (Bauchatmung) – und durch das Heben der Rippen mit Hilfe der Rippenzwischenmuskeln (Brustatmung). Man findet meist eine Kombination beider Atmungsvorgänge.

Zur Kräftigung der Atemmuskulatur kann man mit Kindern außer sportlichen Betätigungen und gezielter Atemgymnastik auch Singen, Rufen, Deklamieren, Luftballonblasen, Blasinstrumentespielen und Wattepusten machen.

Die Zahl der Atemzüge pro Minute:	
beim Säugling	30–60/Minute
beim 5jährigen Kind	20–30/Minute
beim Erwachsenen	16–18/Minute

Die Prüfung der Atmung erfolgt durch eine Feder oder ein Stück Seidenpapier, das vor die Nase gehalten wird. Bei jedem Atemzug kann man eine Bewegung beobachten. Hält man einen Spiegel vor die Nase, so beschlägt er bei der Ausatmung.

2.4 Persönliche Hygiene

Für das Kind muß es durch Vorbild (Eltern, Erzieher) und Anleitung selbstverständlich werden, sich einige Grundsätze der täglichen Hygiene anzueignen.

Körperpflege

Jedes Kind hat seine eigenen Waschlappen (2 Stück) und zwei Handtücher, je eines für den Unter- und Oberkörper. Eine Zahnbürste, Zahnpasta, Kamm, Bürste, Nagelreiniger und Nagelbürste sollte jedem Kind gehören.

Das morgendliche und abendliche Waschen, Brausen oder Baden gehört zur täglichen Körperreinigung. In einem gewissen Alter (8–13 Jahre) scheint die Körperpflege für die meisten Kinder eine lästige Übung zu sein. Sie versuchen mit allen möglichen Tricks, dem Waschen zu entgehen. Mit Geduld und Zureden wird man aber auch diese Altersgruppe zu den notwendigen körperlichen Reinigungen erziehen können. Die tägliche Körperpflege dient dazu, die Ausscheidungen wie Schweiß, Feuchtigkeit und abgestoßene Hautzellen zu entfernen. Schweiß allein riecht nicht, aber durch die gleichzeitig immer vorhandenen Bakterien, den Talg und die abgeschliffenen Hautzellen tritt ein Zersetzungsgeruch auf, den man als „Schweißgeruch" bezeichnet. Dieser Vorgang tritt besonders gern an feuchtwarmen Stellen auf wie Achselhöhlen, Gesäßfalte, zwischen den Fußzehen, wo sich die Bakterien besonders leicht vermehren können. Diese Stellen sollen einer besonders gründlichen Reinigung (eventuell hinterher einpudern) unterzogen werden. Bei Anwendung von Desodorantien wird die Schweißzersetzung durch Bakterien unterbunden. Desodorantien wirken daher geruchshemmend. Sie sind aber kein Ersatz für eine Körperreinigung mit Wasser und Seife.

Auf der Haut befinden sich auch immer Schmutzteilchen, bei Kindern besonders an den Händen und Knien, die durch das Waschen mit Seife entfernt werden müssen. Auch auf saubere, kurze Fingernägel wird die Erzieherin achten, das ist besonders bei Wurmbefall nötig.

Jeder Mensch sollte die Hände nach der Benutzung der Toilette und vor dem Essen, zur Vermeidung der Übertragung von Krankheitskeimen, mit Wasser und Seife waschen. Besonders in Kindergemeinschaften muß man die Kinder immer wieder dazu anhalten.

In Kindereinrichtungen rechnet man für 10–14 Kinder eine Toilette (der Größe der Kinder entsprechend) und ein Waschbecken. Im Hort sind die Toiletten für Jungen und Mädchen getrennt und haben Erwachsenensitze. Die Kinder müssen angehalten werden, die Sitze bei der Benutzung nicht zu beschmutzen. Eine tägliche Reinigung, evtl. auch Desinfektion, muß erfolgen. In den Waschräumen und Toiletten müssen Fußbodenabläufe angebracht sein. Die Räume sollen möglichst Fliesenbelag auf dem Fußboden und an den Wänden haben. Das Waschbecken soll für die Kinder in erreichbarer Höhe angebracht sein und eine Ablage für Seife haben. Die Seifenstücke, die zum Händewaschen benutzt werden, sollten der Kinderhandgröße entsprechen. Die Seife hat neben der schmutzlösenden Wirkung auch noch einen gewissen desinfizierenden Effekt durch die schwache Laugenbildung der Seifenlösung. Jedes Kind hat an einem besonderen Haken sein Handtuch, das mindestens einmal wöchentlich gewechselt werden sollte. Die Handtücher sind in einem genügend großen Abstand aufzuhängen. Gemeinschaftshandtücher sind für Kindereinrichtungen abzulehnen. Ist es aus räumlichen Gründen nicht möglich, für jedes Kind ein eigenes Handtuch aufzuhängen, so sollte man auf Wegwerf-Handtücher ausweichen. In Ganztagskindergärten muß eine Dusch- oder Badegelegenheit vorhanden sein. Für das Personal ist eine eigene Toilette und Waschgelegenheit vorzusehen.

2.5 Zahngesundheitserziehung

Schon während der Schwangerschaft wird das Milchgebiß angelegt. Bereits von der Geburt an werden die bleibenden Zähne mineralisiert. Als erste Zähne brechen die mittleren unteren Schneidezähne mit 6–8 Monaten durch. Es folgen dann die oberen Schneidezähne. Mit zwei Jahren ist das Milchgebiß von 20 Zähnen vollständig ausgebildet. Mit 5–6 Jahren beginnt der Zahnwechsel. Das bleibende Gebiß hat 32 Zähne.

Das Verhältnis des Gebisses zum Kiefer ist manchmal unausgewogen. In diesen Fällen muß rechtzeitig, meist vom 8. Lebensjahr an, eine kieferorthopädische Behandlung zur Regulierung der Zahnstellung vorgenommen werden.

Der zunehmende Zahnverfall bei den Kindern ist erschreckend und führt zu folgenden Vorsorgemaßnahmen:

1. Zahnpflege.
2. Verbesserte Ernährung.
3. Regelmäßige Kontrolle durch den Zahnarzt.
4. Fluorprophylaxe.

Zu 1. Zahnpflege

Das Zähneputzen soll abends als letztes erfolgen, danach darf kein „Betthupferl" mehr ausgeteilt werden. Speisereste, besonders Kohlenhydrate, sollen durch das Zähneputzen entfernt werden. Bakterien, die immer im Mund vorhanden sind, und Kohlenhydrate führen zur Säurebildung, was eine Entkalkung des Zahnschmelzes zur Folge hat. Das ist der Anfang der Zahnkaries. Das morgendliche Zähneputzen ist zur Säuberung der Mundhöhle notwendig und dient gleichzeitig zur Vorbeugung gegen schlechten Mundgeruch. Zahnpflege ist selbstverständlich auch bei Milchzähnen nötig.

Zu 2. Verbesserte Ernährung

Die karieserzeugende Wirkung von Süßigkeiten ist bekannt. Es wird daher empfohlen, diese möglichst einzuschränken. Das Angebot von Kuchen und Süßigkeiten auf dem Schulhof in den Pausen ist nicht angebracht. Richtiger ist es, den Kindern Äpfel und rohe Möhren zu geben, um die Kauarbeit und die zahnreinigende Wirkung zu erzielen. Kräftiges, grobes Schwarzbrot und rohes Obst an Stelle von Süßigkeiten ist für die Zähne gesünder.

Zu 3. Regelmäßige Kontrolle des Gebisses durch den Zahnarzt

Eine halbjährige Kontrolle des Gebisses halten Zahnärzte für wünschenswert. Auch eine regelmäßige Sanierung des Milchgebisses ist nötig, da es Platzhalter für die bleibenden Zähne ist. Der Schulzahnarzt führt eine regelmäßige (soweit durchführbar, z. Z. fehlen in der BRD etwa 1000 Schulzahnärzte) Kontrolle der Zähne durch, der Zahnarzt übernimmt die Behandlung der kariösen Zähne. Werden die Eltern durch den Schulzahnarzt über die Notwendigkeit der Sanierung des Gebisses ihres Kindes unterrichtet, so müssen diese Kinder anschließend auch den Zahnarzt zur Behandlung aufsuchen. Alle vorbeugenden Maßnahmen sind nutzlos, wenn Eltern und Erzieher nicht von der Notwendigkeit überzeugt sind.

Zu 4. Fluorprophylaxe

Fluor, dem Trinkwasser zugesetzt, dem Kochsalz untergemischt oder als Tabletten gegeben, bewirkt eine gewisse Vorbeugung gegen die Zahnkaries. Die generelle Fluorzufuhr ist in Fachkreisen noch umstritten und wird zumindest in der BRD noch nicht durchgeführt.

2.6 Schlaf

Jeder Mensch braucht ausreichend Schlaf zur Erholung aller körperlichen Funktionen. Nach einem ausreichend tiefen und langen Schlaf sollte man morgens von alleine erfrischt aufwachen. Zu wenig Schlaf führt zu überhöhter Reizbarkeit, Appetitlosigkeit und zu Kreislaufstörungen.

2.6.1 Schlafdauer

Die notwendige Dauer des Schlafes hängt vom Alter des Menschen ab. In den ersten Wochen nach der Geburt schläft der Säugling, nur unterbrochen von den Mahlzeiten, noch den ganzen Tag. Gegen Ende des ersten Lebensjahres hat das Kind noch ein Schlafbedürfnis von 15 Stunden. Auch im Vorschulalter sollten Kinder noch 12–14 Stunden schlafen. 3–4jährige Kinder brauchen 10–12 Stunden Nachtruhe und 1–2 Stunden Mittagsschlaf. Bei vielen Kindern besteht das Bedürfnis nach einem Mittagsschlaf durch die neuen Anforderungen der Schule auch im ersten Schuljahr. Vom 10. Lebensjahr an sind 9–10 Stunden Schlaf ausreichend, mit 15 Jahren 9 Stunden. Der Erwachsene braucht 8 Stunden Schlaf, der alte Mensch noch weniger.

Übermüdung zeigt sich besonders bei Kleinkindern oft dadurch, daß sie unleidlich, quängelig und weinerlich werden, am Daumen lutschen oder Unruhe und ausgeprägten Bewegungsdrang zeigen.

Da Kinder gerne das Zubettgehen hinauszögern, stehen Eltern und Erzieher immer wieder vor dem Problem, um welche Zeit ein Kind ins Bett soll. Selbstverständlich richtet sich das Zubettgehen nach dem Zeitpunkt des Aufstehens. Doch dabei sollte man beachten, daß ähnlich wie bei der „Naturschlafzeit" die Hälfte des Schlafes vor Mitternacht liegt. Aus praktischen Gründen wurde über Jahrtausende diese Naturschlafzeit eingehalten. Da man nur schlechte und teure Beleuchtungsmöglichkeiten in den Häusern hatte, ging man bei Einbruch der Dämmerung ins Bett und hatte bei Sonnenaufgang ausgeschlafen. Natürlich ist diese Lebensweise heute nicht immer möglich. Wir sollten aber gerade dem Kind eine Annäherung an diesen natürlichen Schlafrhythmus ermöglichen.

2.6.2 Schlaftiefe

Die gesunde Schlaftiefe ist am größten in den ersten beiden Stunden nach dem Einschlafen, danach nimmt sie ab. Das zeigt sich daran, daß man auch von leisen Geräuschen wach wird.
Um diese Schlaftiefe zu erreichen, ist eine ruhige Umgebung nötig. Schlafräume sollten deshalb zum Hof oder Garten liegen. Schon Lautstärken von 30–40 dB (Flüstersprache 30 dB) reizen das Nervensystem und führen zu einer verringerten Schlaftiefe. Schlafstörungen, d. h. ständiges Aufwachen oder Nichteinschlafen, können bei Lärmpegeln von 60–70 dB (Personenauto bei geschlossenem Fenster) auftreten. Durch den gestörten oder oberflächlichen Schlaf fühlt sich der Mensch am Morgen auch nach einer ausreichenden Schlaufdauer unausgeschlafen. Wer durch Großstadtlärm an der Schlaftiefe gehindert wird, kann in gewisser Weise diese Störung durch eine Verlängerung des Schlafes ausgleichen.

Viele Eltern klagen über *Einschlafstörungen* auch schon bei ihren Kindern. Kinder können vielleicht nicht einschlafen, weil sie ein bis zwei Stunden vor dem Schlafengehen aufregende Fernsehsendungen angesehen oder spannende Bücher gelesen haben. Auch zu späte oder zu schwere Mahlzeiten können das Einschlafen verhindern. Eine zu laute Umgebung, ein zu langer Mittagsschlaf, zu warme oder zu dünne Bettdecken, kalte Füße, eine zu warme oder zu kalte Raumtemperatur oder schlechte Luft können die Ursache sein. Im Kinderferienheim fehlen dem Kind Einschlafgewohnheiten, wie die geliebte Puppe, der Bär, bei Licht einschlafen, in Mutters Bett liegen dürfen. Auch Heimweh kann die Ursache sein. Bei sehr lebhaften, zappeligen Kindern kann man zum besseren Einschlafen eine Stirnkompresse (s. S. 114) auflegen. Erst wenn alles erfolglos ist, wird man vom Arzt für die Kinder Schlaf- oder Beruhigungsmittel verordnen lassen.

2.7 Umgangsformen bei gemeinsamen Mahlzeiten

Gewisse Tischsitten sollten sich die Kinder aneignen. Sie müssen lernen, mit Messer, Gabel und Löffel zu essen, mit vollem Munde nicht zu sprechen und nicht während der Mahlzeit umherzulaufen. Sie dürfen nicht von des Nachbarn Teller essen, aus seinem Glase trinken oder dessen Besteck benutzen. Außerdem sollen sie nicht auf den Tisch husten, spucken oder prusten. Während der Mahlzeit soll eine ruhige Atmosphäre herrschen.

Nach dem Essen muß der Mund mit einem Lätzchen oder einer Serviette gesäubert und anschließend abgewaschen werden.

2.8 Kleidung

Im Kinderheim soll jedes Kind seine eigene, gezeichnete Kleidung haben. Die Kleidung soll dem Alter des Kindes, den Temperaturen und der Mode angepaßt sein. Mehrere Bekleidungsstücke sollen übereinander getragen werden, damit Luftschichten zur ausreichenden Wärmebildung dazwischen liegen. Die Kleidung soll luftdurchlässig sein zur Wärme- und Feuchtigkeitsabstrahlung. Besonders geeignet ist Kleidung aus Wolle und Baumwolle. Da Wolle die größte Wasserbindungsfähigkeit hat, werden Wollstrümpfe im Gegensatz zu Strümpfen aus Kunstfasern für Kinder mit Schweißfüßen empfohlen.

Wasserundurchlässige Regenbekleidung soll nur bei Regenwetter benutzt werden, da sie zu einem Wärme- und Feuchtigkeitsstau führt.

Die Kleidung muß leicht zu waschen (Unterwäsche kochbar) oder zu reinigen sein. Unterwäsche soll täglich oder jeden zweiten Tag gewechselt werden. Oberhemden und Blusen sind alle zwei bis drei Tage auszutauschen. Hosen können meist eine Woche getragen werden.

Im Kindergarten werden Mäntel, Mützen, Schuhe und Gummistiefel im Flur oder in einem gesonderten Raum aufbewahrt. Durchnäßte, feuchte Sachen müssen ausgezogen und in einem gesonderten Raum getrocknet werden. Keinesfalls sollen Kinder in nassen Strümpfen oder feuchten Hosen spielen.

Im Winter werden die Kinder Gummistiefel und schmutzige Schuhe gegen Hausschuhe beim Betreten des Kindergartens austauschen. Ist die Umgebung des Kindergartens zu schmutzig oder der Fußboden zu empfindlich, so werden die Kinder in den Spielräumen immer Schlüpfchen oder Hausschuhe tragen.

2.9 Ernährung

2.9.1 Gefahren der Überernährung

In den Industrieländern haben wir heute eine kalorisch ausreichende Ernährung. Schwere körperliche Arbeiten wurden in den letzten 50 Jahren mehr und mehr von Maschinen übernommen, in allen Bereichen des täglichen Lebens ist eine allgemeine Abnahme der Muskelbeanspruchung zu beobachten (Lift, Auto). Folglich braucht der Mensch heutzutage weniger Kalorien. Da er aber seine Eßgewohnheiten dem geringeren Kalorienverbrauch nicht angepaßt hat, haben wir heute in der BRD das Problem der Überernährung. 40 % aller Menschen über 30 Jahre haben bei uns Übergewicht. Wir essen nicht nur zu viel, sondern vor allem zu fett und zu süß. Übergewicht ist nicht nur ein ästhetisches Problem, sondern vor allem ein medizinisches. Durch Übergewicht wird die Lebenserwartung um 20 % herabgesetzt. Risikofaktoren sind der Hochdruck, die Zuckerkrankheit und Herzerkrankungen.

Bereits 25 % aller Schulkinder sind übergewichtig. Die landläufige Ansicht, daß Kinder mit reichlich Fettpolster im Krankheitsfalle widerstandsfähiger sind, ist nicht richtig. Zum Beispiel gibt es bei Säuglingen ein bekanntes Krankheitsbild, das auf einer Überfütterung mit Kohlenhydraten beruht, der sogenannte „Mehlnährschaden". Dieser ist mit einer Herabsetzung der Abwehrkräfte und einer Neigung zur Lungenentzündung verbunden.

2.9.2 Veränderte Eßgewohnheiten in den letzten 100 Jahren

In den letzten 100 Jahren hat sich die Zusammensetzung der Ernährung aufgrund der Verstädterung und der industriellen Aufbereitung der Nahrung geändert. Wurden 1830 noch 300 kg Mehl und Brot pro Einwohner jährlich verbraucht, so waren es 1970 nur noch 70 kg. 1830 aß jeder im Jahr nur 13 kg Fleisch, 1975 dagegen 82 kg. Unser heutiger Fettverbrauch ist dreimal so hoch wie vor 100 Jahren. Auch der Verzehr von Obst und besonders Südfrüchten hat gegenüber früher deutlich zugenommen. 1975 wurden 100 kg Obst und 66 kg Gemüse pro Kopf verbraucht. Dagegen ist der Verzehr von Grobgemüse (z. B. Kohl, Sellerie, Rote Rüben, Steckrüben) und Kartoffeln heute weitaus geringer. Unsere Ernährung enthält also weniger Ballaststoffe und hat insgesamt ein geringeres Volumen, was zu einer weit verbreiteten Zivilisationskrankheit führt: der Verstopfung.

Früher wurden bei der Vorratswirtschaft Lebensmittel wie Fleisch, Fisch, Gemüse und Obst entweder gepökelt, geräuchert, getrocknet, eingelegt oder eine Kühl- und Dunkellagerung vorgenommen. Das sind jedoch Verfahren, die bei den heutigen Wohnverhältnissen nicht mehr möglich sind. Deshalb hat die Lebensmittelindustrie Verfahrensweisen entwickelt, durch die eine längere Konservierung möglich ist. Konserviert wird jetzt durch Einfrieren, Eindosen, Eintrocknen oder durch den Zusatz von Chemikalien (diese unterliegen bei uns einer ständigen Kontrolle). Auf dem Lebensmittelmarkt setzen sich Fertigprodukte (Tiefkühlmenüs, Dosengerichte) sowie Halbfertignahrung (Pulver für Pudding und Klöße, Teig für Brötchen und Hörnchen) mehr und mehr durch. Diese Produkte werden aus Zeitersparnis sehr häufig von berufstätigen Frauen gekauft. Auch Gaststätten, Kantinen, Krankenhäuser, Küchen der Bundesbahn und von Fluggesellschaften verwenden tiefgefrorene Fertiggerichte.

2.9.3 Das Normalgewicht

Für den Erwachsenen läßt sich das Normalgewicht leicht errechnen:
Das Gewicht des Mannes = Körperlänge in cm weniger 100
z. B. 170 cm Länge = 70 kg Normalgewicht
Das Gewicht der Frau = Körperlänge in cm weniger 100, weniger 10 %, z. B. 160 cm Länge = 54 kg Normalgewicht.
Das Idealgewicht beträgt nochmals 10 % weniger des Normalgewichtes.

Als grober Maßstab ist diese Berechnung zu verwerten, will man aber den Körperbau berücksichtigen (Pykniker, Athletiker, Astheniker), so ist folgende Berechnung zutreffender:
Gewicht in kg = Körperlänge mal mittlerer Brustumfang,
geteilt durch 240.

Das Normalgewicht des Kindes läßt sich nicht so leicht errechnen. Es gibt Tabellen (s. S. 84), aus denen man für jede Größe und jedes Alter das Normalgewicht ablesen kann. Das Normalgewicht ist immer gewissen Schwankungen unterworfen, was durch einen unterschiedlichen Körperbau bedingt ist.

2.9.4 Der Kalorienbedarf

Von der Art der Tätigkeit, des Alters, des individuellen Stoffwechsels und des Körperbaus ist der Kalorienbedarf abhängig.

Im Durchschnitt braucht man bei leichter körperlicher Arbeit – 70 % der Bevölkerung gehören zu dieser Gruppe – 2200–2500 Kalorien pro Tag. Schwer- und Schwerstarbeiter, die in unserer modernen Industrie nur noch zu 10 % vorhanden sind, benötigen bis zu 5500 Kalorien pro Tag. Einen ähnlich hohen Kalorienverbrauch hätte man in extrem kalten Gebieten. Nach Angaben des Bundesernährungsministeriums lag der durchschnittliche Kalorienverbrauch des Bundesbürgers 1974/75 bei 2997 Kalorien.

Heranwachsende Kinder brauchen pro kg Körpergewicht mehr Kalorien als Erwachsene. Beim Kind dient die Nahrung nicht nur zur Muskeltätigkeit, der Wärmebildung, dem Ersatz alter Zellen, sondern dem Wachstum, der Bildung neuer Zellen. Lebhafte, unruhige Kinder benötigen vergleichsweise mehr Kalorien durch ihre körperliche Aktivität und durch den größeren Wärmeverlust.

Empfehlungen für eine wünschenswerte Energieversorgung von Kindern und Jugendlichen

Herausgegeben von der Deutschen Gesellschaft für Ernährung e.V. Frankfurt, Feldbergstraße 28.

(Übernommen aus dem Buch „Richtig gekocht, vollwertig ernährt")

Alter in Jahren	Körper- gewicht in kg (Durch- schnitt)	Kcal (kJ) je kg Körper- gewicht/Tag	Kcal (kJ) je Tag (Durchschnitts- werte)
1–3	14	90–80 (380–330)	1200 (5000)
4–6	20	80 (330)	1600 (6700)
7–9	28	70 (290)	2000 (8400)
10–12 männlich	39	60 (250)	2400 (10000)
10–12 weiblich	42	50 (210)	2100 (8800)
13–18 männlich	53–64	50 (210)	2700–3100 (11300–13000)
13–18 weiblich	53–57	45 (190)	2400–2500 (10000–10500)
(kJ = Kilojoule = Werte in Klammern)			

Im Alter verringert sich dann der Kalorienbedarf wieder. Ab 65. Lebensjahr werden pro Lebensjahrzehnt 100 Kalorien weniger benötigt.
Im Rahmen der EWG wurde ab 1975 die Bezeichnung „Joule" (kJ) für Kalorie eingeführt. Eine Kilokalorie = 4,1842 Kilojoule.

2.9.5 Nahrungsstoffe

Die Nahrungsaufnahme ist notwendig für den Aufbau neuer Zellen, die Erneuerung alter Zellen, die Erhaltung der Körpertemperatur und für die Muskeltätigkeit vom Magen-Darmtrakt, für die Nieren- und Herzfunktion, sowie für die Atmung. Diese Vorgänge, die im ruhenden Körper unmerklich ablaufen, verbrauchen Energie. Diesen Ruhe- oder Erhaltungsumsatz bezeichnet man als Grundumsatz. Daneben benötigen wir je nach Umfang unserer Muskelarbeit noch zusätzlich Kalorien = Arbeitsumsatz. Die verschiedenen Berufe werden je nach Energieverbrauch in unterschiedliche Schwerestufen eingeteilt: Körperlich nicht arbeitende, sitzende Tätigkeit (Sekretärin, Pkw-Fahrer, Buchhalter). Mittelschwer Arbeitende (Mechaniker, Verkäufer, Briefträger, Erzieher). Schwerarbeiter (Fleischer, Hausfrau, Montageschlosser). Schwerstarbeiter (Walzwerkarbeiter, Holzfäller).

Aus Grundumsatz und Arbeitsumsatz ergibt sich der Gesamtumsatz. Hieraus läßt sich der tägliche Energiebedarf ableiten, den wir durch die aufgenommene Nahrung decken müssen.

Unsere Nahrung setzt sich zusammen aus: Eiweiß, Fett, Kohlenhydraten, Vitaminen, Spurenelementen, Mineralien und Wasser.

2.9.5.1 Die Vitamine

Vitamine sind Ergänzungsstoffe, die für alle Lebensvorgänge, für den gesamten Stoffwechsel, für Wachstum und Fortpflanzung vorhanden sein müssen. Durch unsere heutige Ernährung haben wir im allgemeinen eine ausreichende Vitaminzufuhr. Bei extrem einseitiger Ernährung oder bei Jugendlichen, die unvernünftige Hungerkuren versuchen, kann es zu einem Vitaminmangel kommen. Auch bei und nach Krankheiten ist eine vermehrte Vitaminzufuhr angezeigt und wird vom Arzt verordnet.

Bei Säuglingen ist eine regelmäßige Zufuhr von Vitamin D_3 als Prophylaktikum gegen die Rachitis notwendig. Vom ersten Lebensjahr erfolgt die Gabe von Vitamin D in Form von Lebertranpräparaten.

Der Vitamin-C-Bedarf beträgt täglich 60–70 mg und wird durch das Essen von rohem Obst, aber auch durch Gemüse und Kartoffeln gedeckt. Vitamin C wird durch das Kochen teilweise (20–80 %) zerstört. Beträchtliche Vitamin-C-Verluste entstehen durch das Warmhalten der Kartoffeln, ebenso durch das lange Wässern und Stehen von Salat, wie das bei Gemeinschaftsverpflegung oft unumgänglich ist. Deshalb muß auf eine ausreichende Vitamin-C-Zufuhr besonders bei Kindern, die ständig an einer Gemeinschaftsverpflegung teilnehmen, geachtet werden. Bei Vitamin-C-Mangel macht sich eine Infektanfälligkeit und Blutungsneigung, auffällig am Zahnfleisch, bemerkbar.

Der *Mindesttagesbedarf* von 60 mg ist enthalten in:

Obst   20 Gramm Schwarze Johannisbeeren
              60 Gramm Zitrone (eine halbe Zitrone)
          120 Gramm Orangen (eine kleine Apfelsine)
          150 Gramm Äpfel (ein mittlerer Apfel)
          600 Gramm Bananen
          700 Gramm Pfirsiche
       1500 Gramm Birnen

Gemüse   60 Gramm Paprikaschoten
          75 Gramm Rosenkohl
        200 Gramm Spinat, Blumenkohl
        300 Gramm Tomaten, Radieschen
        500 Gramm Kartoffeln
        600 Gramm grüne Bohnen, Erbsen

Bei den Angaben von Vitamin C in Gemüse muß bedacht werden, daß ein Teil durch den Kochvorgang zerstört wird.

Vitamine	Enthalten in	Mangelerscheinungen
A	Lebertran, Milch, Leber, Karotten, Tomaten, Eigelb	Nachtblindheit, Haut- infektionen
B_1	Hefe, Getreidekeimlinge, Milch, Nüsse	Appetitlosigkeit, Nerven- entzündungen
B_2	Spinat, Fleisch, Trockenobst, Eier	Hautschäden, Nägel- brechen
B_6	Hefe, Getreidekeimlinge, Leber, Nüsse	Blutarmut
B_{12}	Hefe, Leber, Milch, Eigelb	Blutarmut
C	Zitrone, Orange, Paprika, Rosenkohl	Infektanfälligkeit, Blutungsneigung
D	Lebertran, Milch, Eigelb	Rachitis
F	Sojabohnen, Getreide- keimöl	Sterilität
F	Fette	Wachstumsstörungen

2.9.5.2 Mineralien und Spurenelemente

In den Körperzellen, der Blutflüssigkeit und den Verdauungssäften sind bestimmte Mengen von Mineralien enthalten. Calcium- und Phosphorverbindungen findet man in den Knochen und Zähnen. Kalium, Schwefel, Natrium und Chlor sind in Zellen und Körper- flüssigkeiten. Unter Spurenelementen versteht man Stoffe, die in sehr kleinen Mengen, in Spuren, vom Organismus benötigt werden. Man rechnet dazu das Eisen, Kupfer, Zink, Jod und Fluor. Eisen und Kupfer werden zur Blutbildung gebraucht, Zink findet man im Insulin und Jod ist im Hormon der Schilddrüse. Fluor ist im Zahnschmelz eingelagert.

Spurenelemente und Mineralien können nicht vom Körper selbst aufgebaut werden, sie müssen in ausreichender Menge durch die Nahrung zugeführt werden. Besonders reich an diesen Stoffen sind Gemüse, Kartoffeln, Hülsenfrüchte und Obst.

Calcium: Das Kind benötigt für den Aufbau der Knochen und Zähne eine ausreichende Calciumzufuhr. Die Hauptquelle ist die Milch. Der Calciumbedarf beträgt pro Tag für:

    1–3 Jahre = 0,6 g
    4–6 Jahre = 0,7 g
    7–9 Jahre = 0,8 g
    100 g Kuhmilch enthält 0,118 g Calcium
    100 g Joghurt   enthält 0,150 g Calcium

Mit der Aufnahme von 500 g = $1/2$ Liter Milch wird 0,595 g Calcium zugeführt, was noch nicht ganz dem täglichen Bedarf entspricht. Falls Kinder keine Milch mögen, kann man auf Quark (100 g Quark = 1,2 g Calcium) oder Käse (100 g Edamer = 0,711 g Calcium), Milchspeisen oder Milchgetränke ausweichen. In vielen Kindergärten erhalten die Kinder auch noch täglich eine Kalktablette. Eine Überdosierung kann nicht schaden, da nur eine bestimmte Menge aus dem Darm resorbiert wird.

Eisen: Zum Aufbau der roten Blutkörperchen wird Eisen benötigt. Der tägliche Eisenbedarf liegt bei:

    1–3 Jahre 8 mg
    4–6 Jahre 8 mg
    7–9 Jahre 10 mg
    10–12 Jahre 12–18 mg
    Erwachsene 12–15 mg

Der Eisengehalt von Nahrungsmitteln s. S. 171.

Nach neueren Untersuchungen werden nur 10 % des zugeführten Eisens resorbiert. Das Eisen wird durch den oberen Teil des Dünndarms aufgenommen. Die Resorption ist um so besser, je mehr Ascorbinsäure (Vitamin C) anwesend ist. Das kann durch die gleichzeitige Gabe von Orangensaft (Vitamin-C-haltig) gefördert werden. Entsprechend sind heute auch Eisenpräparate mit Vitamin C kombiniert.

Die Lebensdauer der roten Blutkörperchen beträgt 100–120 Tage. Der größte Teil des beim Abbau frei werdenden Eisens (etwa 95 %) wird wieder zum Aufbau neuer roter Blutkörperchen verwendet. Für das über die Galle ausgeschiedene Eisen muß durch die Nahrung Ersatz geschaffen werden. Die Eisenzufuhr ist offensichtlich nicht ausreichend, denn 40 % der Bevölkerung hat eine geringgradige Blutarmut (s. S. 171).

2.9.5.3 Wasser

65 % des Körpers bestehen aus Wasser, beim Säugling sind es sogar 80 %. Schon bei einem Wasserverlust von 10 % machen sich empfindliche Störungen bemerkbar. Nach 3 Tagen ohne Wasserzufuhr tritt bereits der Tod durch Verdursten ein.

Flüssigkeitsbedarf: Je jünger das Kind ist, um so größer ist der Flüssigkeitsbedarf. Besonders empfindlich reagieren Säuglinge auf Flüssigkeitsverlust durch Durchfälle oder Erbrechen. Es kann sich in Stunden ein lebensbedrohliches Krankheitsbild entwickeln. Ähnlich empfindlich reagieren sie auf eine ungenügende Flüssigkeitszufuhr bei großer Hitze. Die Säuglinge bekommen das sogenannte „Durstfieber". Größere Kinder können sich bei Durst selber helfen. Es sollten in Kindergärten immer Getränke vorrätig sein, damit ein Kind auch zwischen den Mahlzeiten den Durst löschen kann. Kinder haben durch den größeren und schnelleren Wasserstoffwechsel mehr Durst als Erwachsene.

Flüssigkeitszufuhr: Die Hälfte der Flüssigkeit nehmen wir durch Getränke zu uns, die andere Hälfte durch feste Nahrungsmittel, die auch einen bestimmten Wasseranteil haben. 40–70 % Flüssigkeit enthalten Brot, Fisch, Käse, Fleisch und Eier. Kartoffeln, Obst und Gemüse haben sogar 90 % Flüssigkeit.

Flüssigkeitsmenge: Im Durchschnitt braucht das 6jährige Kind 2 Liter, das 10jährige $2^1/_2$ Liter, das 14jährige 3 Liter und der Erwachsene benötigt $2^1/_2$–3 Liter Flüssigkeit.

Zur Deckung der Flüssigkeitsmenge erhält das Kind Milch (höchstens ¹/₂ Liter pro Tag), Fruchtsäfte, Tee (Früchte- oder Kräutertee) und Malzkaffee. Kohlensäurehaltige Getränke werden von einigen Kindern schlecht vertragen. Nicht geeignet ist auch Cola oder Bohnenkaffee, da beides Koffein enthält.

2.9.5.4 Nährstoffe

In unserer Ernährung soll die Relation der einzelnen Nährstoffe – Eiweiß, Fett, Kohlenhydrate – folgende sein:

15–20 % Eiweiß
25–30 % Fett
50–60 % Kohlenhydrate

Das Verhältnis dieser Nährstoffmischung ist im Durchschnitt in der Zusammensetzung unserer Tageskost vorhanden. Jede einseitige Ernährung, z. B. ohne Kohlenhydrate, ist über einen längeren Zeitraum abzulehnen. Eiweiß ist als Baustoff für den kindlichen Organismus besonders wichtig. Wie man aus Entwicklungsländern weiß (80 % der Erdbevölkerung befinden sich in einer quantitativen und qualitativen Eiweißmangelernährung), führt Eiweißmangel beim Säugling zu einer bleibenden Minderentwicklung des Körpers und der Gehirnfunktion. Fett und Kohlenhydrate sind als Energieträger in der Ernährung anzusehen.

2.9.5.4.1 Eiweiß

1 g Eiweiß = 4,1 Kalorien = 17,4 Joule.
Eine bestimmte Eiweißmenge muß dem Körper zugeführt werden, da Eiweiß weder durch Fett noch Kohlenhydrate ersetzt werden kann.
Das aufgenommene Eiweiß wird bei der Verdauung bis zu den Aminosäuren abgebaut, und nach der Resorption aus dem Darm in körpereigenes Eiweiß umgewandelt. Bei der Eiweißaufnahme muß eine bestimmte Menge der sogenannten essentiellen (unentbehrlichen) Aminosäuren, die meist in tierischem Eiweiß vorkommen, vorhanden sein. Bei der Deckung des täglichen Eiweißbedarfs wird idealerweise ein Drittel tierisches und zwei Drittel pflanzliches Eiweiß gegessen.
Der Eiweißbedarf ist für Kinder 2 Gramm und für Erwachsene 1 Gramm pro Kilogramm Körpergewicht. Besonders eiweißreiche

vollwertige Nahrungsmittel sind Milch, Milchprodukte, Fisch, Fleisch, Eier und die Sojabohne, die zu 35 % vollwertiges Eiweiß enthält, also mehr Eiweiß als jedes andere Nahrungsmittel. Pflanzliches Eiweiß ist in Brot, Reis, Hülsenfrüchten und zu 1–10 % in Gemüsen enthalten.

Heute und noch mehr in Zukunft wird es ein Problem sein, die Weltbevölkerung ausreichend mit Eiweiß zu versorgen. Es laufen Versuche, Algeneiweiß zur Viehfütterung und zur direkten Ernährung des Menschen zu verwenden. Blattproteinkonzentrate und das Protein aus der Baumwollsaat (Abfallprodukt der Baumwollfaser) werden versuchsweise zur Schließung der Eiweißlücke in den unterentwickelten Ländern verwendet.

2.9.5.4.2 Fett

1 g Fett = 9,3 Kalorien = 39 Joule.

Fett hat den höchsten Brennwert. Es liefert doppelt so viel Energie wie Kohlenhydrate oder Eiweiß. Der durchschnittliche Fettverbrauch liegt in der BRD bei 132 g pro Tag, was allein fast 1200 Kalorien ausmacht. Durch diese zu große Zufuhr von Fett ist Übergewicht die Folge. Die Fettaufnahme ist so hoch, da unsere Nahrung noch zu 58 % verborgene, unsichtbare Fette in Käse, Wurst und Fleisch enthält, was viele Bürger nicht wissen. Inzwischen gibt es bereits auf dem Lebensmittelmarkt „fettarme" Nahrungsmittel für den aufgeklärten, kalorienbewußten Menschen, der sich es trotzdem schmecken lassen will.

Fett besteht aus Glycerin und Fettsäure und wird bei der Verdauung in diese Bestandteile zerlegt. Es gibt unterschiedliche Fettsäuren und zwar: hochwertige, ungesättigte Fettsäuren in Sojaöl, Sonnenblumenöl, Baumwollsaatöl und gesättigte, minderwertige Fettsäuren, die in Talg, Speck und Schmalz vorkommen.

Eine aureichende Aufnahme von hochwertigen Fetten ist auch notwendig, da sie die fettlöslichen Vitamine A, D, E, K enthalten.

Fette Speisen bleiben länger im Magen und geben daher für mehrere Stunden ein Sättigungsgefühl. So beträgt z. B. die Verweildauer im Magen von Aal, Gans oder Ölsardinen 6 Stunden. Bei reiner Kohlenhydratkost ist der Magen nach 3–4 Stunden wieder leer, was ein erneutes Hungergefühl bewirkt.

Beim Stoffwechsel nicht verbranntes Fett wird im Körper in den Fettdepots abgelagert und kann bei Hungerzuständen mobilisiert werden.

2.9.5.4.3 Kohlenhydrate

1 g Kohlenhydrat = 4,1 Kalorien = 17,2 Joule.
Die Hälfte unseres Kalorienbedarfs soll durch Kohlenhydrate gedeckt werden. Sie sind im Stoffwechsel die Energielieferanten. Ein Teil der Kohlenhydrate, die der Körper nicht verbraucht, werden in Fett umgewandelt und abgelagert, ein anderer Teil wird zu Glykogen.

Fast alle Kohlenhydrate stammen aus dem Pflanzenreich. Aufgenommen werden sie in der Nahrung als:

Monosacharide (Einfachzucker)	Traubenzucker Fruchtzucker, Schleimzucker
Disacharide (Zweifachzucker)	Rübenzucker, Milchzucker, Malzzucker
Polysacharide (Mehrfachzucker)	Stärke, Zellulose, Dextrin

Im Stoffwechsel bei der Verdauung werden die Kohlenhydrate zu Monosachariden abgebaut, durch die Darmwand resorbiert, im Stoffwechsel verbrannt oder als Kohlenhydratdepot in Form von Glykogen in Leber und Muskeln abgelagert. Bei Bedarf können sie wieder zu Monosachariden umgewandelt und im Stoffwechsel verbrannt werden.
Beim Verzehr von Kohlenhydraten sollte darauf geachtet werden, daß sie auch genügend Ballaststoffe (Grobgemüse, Schwarzbrot, Kartoffeln, Obst) enthalten. Gerade unsere Industriebevölkerung neigt dazu, Kohlenhydrate in reiner Form, die wenig Ballaststoffe enthalten, zu essen, wie z. B. Weißbrot, Kuchen, Zucker, Honig, Bonbons und Schokolade, was zu der oft vorhandenen Verstopfung führt.

2.9.6 Die Mahlzeiten des Kindes

Es ist für das Kind bekömmlicher und entspricht den Größenverhältnissen des Verdauungssystems mehr, 5 kleine als 3 große Mahlzeiten einzunehmen.

Die Einteilung der Nahrungsmenge im Tagesablauf:

25 % 1. Frühstück
10 % 2. Frühstück
30 % Mittagessen
10 % Nachmittag
25 % Abendbrot

Beispiele für die Zusammensetzung einer Tageskost für Klein- und Schulkinder

Herausgegeben von der Deutschen Gesellschaft für Ernährung e. V. Frankfurt, Feldbergstraße 28

(Übernommen aus dem Buch „Richtig gekocht, vollwertig ernährt")

Nahrungsmittel	Mengen bei einem Tagesenergiebedarf von etwa					
	1200 kcal	1600 kcal	2000 kcal	2100 kcal	2400 kcal	2700 kcal
Milch l	$1/2$	$1/2$	$1/2$	$1/2$	$1/2$	$1/2$
Käse g	15	30	45	45	45	45
Fleisch, Aufschnitt g	60	85	110	120	160	200
Koch u. Streichfett g	30	40	50	55	60	65
Brot g	120	160	210	220	260	300
Kartoffeln g	60	150	200	200	250	300
Zucker g	20	30	40	45	45	55
Gemüse, frisch g	125	125	200	200	250	300
Obst, frisch g	100	125	150	150	200	200
Nährstoffgehalt (etwa)						
Eiweiß g	44	57	70	74	84	95
Fett g	51	68	84	89	99	109
Kohlenhydrate g	132	178	226	237	273	313

Nach Erhebungen der letzten Jahre kommt morgens jedes 4. Kind, ohne gefrühstückt zu haben, in die Schule. Einige von diesen Kindern haben vermutlich morgens noch keinen Hunger, aber die meisten stehen zu spät auf, so daß sie keine Zeit mehr zum Essen haben. Die Alltagshetze hat hier bereits die Kinder erfaßt. Magenbeschwerden, Kreislaufstörungen, Übelkeit und Kopfschmerzen sind, dadurch bedingt, häufig schon am Morgen vorhanden.

Der Erzieher sollte es so einrichten, daß für ein gemütliches, ausreichendes Frühstück noch Zeit bleibt. 25 % der Nahrungsmenge sollte zum Frühstück gegessen werden. Je nach Appetit wird das Kind nur eine Scheibe Brot mit Butter mögen, oder aber reichlich frühstücken mit Käse, Wurst, Ei, Haferflocken, Cornflakes, Marmelade und Honig. Dazu trinkt das Kind Milch, Kakao, Malzkaffee oder Tee.

Zum Zweiten Frühstück im Kindergarten oder in der Schule nimmt das Kind Obst und ein Wurstbrot mit. Für Getränke wird im Kindergarten (Früchte- oder Kräutertee) und meist auch in der Schule (Getränkeautomat) gesorgt.

Idealerweise wird die Mittagsmahlzeit von allen Familienmitgliedern gemeinsam in Ruhe und Harmonie eingenommen. Die Mutter sollte sich bemühen, möglichst abwechslungsreich zu kochen. Das Hauptgericht soll aus Fleisch, Fisch, Eiern, Gemüse, Salat, Kartoffeln oder Teigwaren bestehen. Zum Nachtisch gibt es frisches Obst, Kompott, Quarkspeisen oder Pudding.

Am Nachmittag braucht das Kind eine kleine Zwischenmahlzeit aus Milch, Zwieback, Knäckebrot, Keks oder Obst.

In Familien, die eine warme Mittagsmahlzeit haben, kann es abends „kalte Küche" d. h. Brot, Wurst, Käse, Tomaten, Rohkost usw. geben. Muß die warme Mahlzeit auf den Abend verlegt werden, so sollte sie zwischen 18–19 Uhr eingenommen werden, mindestens eine Stunde vor dem Schlafengehen, damit das Kind nicht mit vollem Bauch in das Bett muß. Eine zu schwere Mahlzeit zu spät am Abend gegessen, führt oft zu einem unruhigen Schlaf.

2.9.6.1 Gemeinschaftsverpflegung

Durch die Berufstätigkeit der Mutter und durch die Ganztagsschule besteht in vielen Fällen eine Tischgemeinschaft nicht mehr. Das Kind muß an einer Gemeinschaftsverpflegung teilnehmen. Es muß essen, was eine Großküche liefert und nicht immer seinem Geschmack entspricht. Zu Hause gibt es bestimmte „Familiengerichte", die alle mögen. Die Mutter gebraucht andere Gewürze und kocht „Lieblingsspeisen". Bei der Gemeinschaftsverpflegung muß das Essen meist in einer lauten, unruhigen Atmosphäre eingenommen werden. Das Kind ißt in dieser Umgebung 100–150 Kalorien weniger, dafür wird auf dem Nachhauseweg Süßigkeiten und Eis genascht, was ernährungsphysiologisch nicht zu begrüßen ist.

2.10 Konzentrationsstörungen bei Kindern

Konzentrationsstörungen liegen vor, wenn die Aufmerksamkeitsdauer ständig unter den für dieses Alter geltenden Erfahrungswerten liegt, d. h. wenn die Aufmerksamkeitsspanne zu kurz ist. Generell nimmt die Konzentrationsfähigkeit mit dem Alter zu. Beim Schulanfänger kann man mit einer Konzentrationsdauer von nur 10 Minuten rechnen, beim 10jährigen Kind sind schon 20 Minuten zu erwarten. Bis zum 14. Lebensjahr hat sich die Konzentrationsfähigkeit auf etwa 30 Minuten gesteigert.

Als Ursachen von Konzentrationsstörungen können sowohl medizinische, psychologische, als auch umweltbedingte Faktoren eine Rolle spielen.

Die medizinischen Ursachen muß der Arzt abklären und behandeln. Es kommen dabei frühkindliche Hirnschädigungen (s. S. 185) oder später auftretende traumatische, infektiöse oder toxische Schäden des Gehirns in Frage. Auch Kreislaufstörungen mit Schwindelanfällen, Nabelkoliken und Kopfschmerzen können momentane Konzentrationsstörungen hervorrufen. Viele Kinder haben gegen Mittag Hunger und einen abgesunkenen Blutzuckerspiegel, was zu einer inneren Unruhe und einem Nachlassen der Konzentrationsfähigkeit führt. Ein zur rechten Zeit gegessenes Pausenbrot wirkt dem entgegen.

Auch Legastheniker leiden häufig an Konzentrationsstörungen, weil sie bei dem Versuch, ihre Störung zu beherrschen, eine erhöhte Aufmerksamkeit brauchen, wodurch sie schneller ermüden und ihre Konzentrationsfähigkeit nachläßt.

Die psychologischen Ursachen der Konzentrationsstörungen sind oft Konflikte im Elternhaus oder in der Schule. Kinder mit Konzentrationsstörungen kommen häufig aus einer gestörten oder aufgelösten Familie. Die Leistungserwartung von seiten der Eltern und Lehrer ist oft zu groß, und führt zu einer negativen, ablehnenden Haltung gegenüber der Schule. Das Kind verliert die Lust am Lernen. Es schiebt die Erledigung der Schularbeiten vor sich her. Es fängt an zu trödeln. Die Schularbeiten werden schließlich am Abend unter Zeitdruck gemacht. Das Kind ist müde und kann sich nicht mehr konzentrieren. Durch diese schlecht und oberflächlich gemachten Schularbeiten lassen die Schulleistungen nach, was erneuten Druck von seiten der Erzieher bedeutet. Dadurch sieht sich das Kind in seiner Freizeit eingeschränkt und gerät in eine noch stärkere Abwehrstellung gegenüber der Schule.

Schließlich entstehen Konzentrationsstörungen auch aufgrund einer ständigen *Ablenkung* durch eine unruhige Umgebung. Hauptunruhestifter sind Radiomusik, laufende Fernsehapparate, Straßenlärm, spielende kleine Kinder und Gespräche mit anderen Personen. In Horten, Heimen und großen Familien mit beengten Wohnungen werden die Kinder auf diese Weise besonders oft abgelenkt. Über kurz oder lang sind Konzentrationsstörungen die unausbleibliche Folge.

Behandlung von Konzentrationsstörungen
Soweit sie organisch bedingt sind, wird sie der Arzt mit bestimmten Medikamenten behandeln.

Der größte Teil der Störungen ist jedoch umweltbedingt, erfordert also eine sorgfältige Abklärung der Ursachen und Ausschaltung der Störfaktoren. Um das Kind nicht zu überfordern, sollte der Erzieher wissen, wieviel Konzentrationsvermögen er im jeweiligen Alter erwarten kann. Wichtig ist auch, daß zwischen den einzelnen Arbeitsphasen eine Pause von jeweils 5 Minuten eingeschoben wird. Zur Förderung des Konzentrationsvermögens sind auch bestimmte Spiele (Memori, Kim-Spiele) geeignet.

2.11 Die Leistungskurve im Tagesablauf

Die Leistungskurve steigt nach dem Aufstehen langsam an. Der Körper muß sich nach der Ruhepause in der Nacht erst wieder auf die Anforderungen des Tages umstellen. Besonders schwer fällt es Kindern in der zweiten Wachstumsphase, wenn sie eine Kreislaufschwäche und zu niedrigen Blutdruck haben, die Änderung der Körperlage von der waagerechten Stellung in die senkrechte Stellung vorzunehmen. Einige gymnastische Übungen im Bett bringen den Kreislauf in Schwung, und das Aufstehen macht weniger Schwierigkeiten.
Die Leistungsspitze liegt in den Vormittagsstunden.

Zwischen 12 und 15 Uhr führt ein natürlicher Abfall der Leistungskurve auch zu einer verminderten Konzentrationsfähigkeit. Eine
sechste, siebte oder achte Unterrichtsstunde in der Schule ist nicht
sinnvoll, da diese Stunden meist in der Mittagszeit liegen und somit
in das Leistungstief des Schülers fallen. Trotz medizinischer Bedenken wird dieses Verfahren jedoch an vielen Schulen praktiziert,
um den Samstag von Unterrichtsstunden freizuhalten. So führt der
freie Samstag eher zu einer Überforderung des Schülers als zu
einer sinnvollen Erholung.
In den Nachmittagsstunden steigt die Leistungskurve erneut an,
um dann am Abend endgültig abzusinken. Ein ausreichender ruhiger Schlaf gibt dem Körper die Leistungsfähigkeit zurück.

2.12 Drogen

Der Gebrauch von Drogen aller Art hat in den letzten 20 Jahren zugenommen und stellt ein ernstes medizinisches und sozialökono-
misches Problem dar. Der Begriff Droge umfaßt nicht nur die
eigentlichen Rauschmittel, sondern ebenso Arzneimittel, Alkohol
und Nikotin.

Zum Drogenmißbrauch kommt es häufig durch unbewältigte psychische und soziale Faktoren, aber auch durch körperliche Beschwerden, die mit bestimmten Arzneimitteln behandelt werden,
und auf deren Wirkung man nicht mehr verzichten kann. Der
Mensch sucht mit Hilfe der Drogen Mißstimmungen und Konflikten
zu entfliehen, Minderwertigkeitsgefühle oder unerfüllte Erwartun-
gen zu überspielen. Man gebraucht Drogen, um Langeweile zu über-
brücken oder ein Glücksgefühl zu erleben. Neugier und Einflüsse
der Umgebung (Gruppe) spielen vor allem bei Jugendlichen eine
Rolle. Durch Drogen lassen sich Probleme nicht lösen, es ist nur
eine momentane Realitätsflucht und Selbsttäuschung. Im Gegen-
teil, es entstehen durch den Drogenmißbrauch und die Drogen-
beschaffung weitere, neue Konflikte.

Schon im Schulalter versuchen zuweilen Jugendliche zunächst
durch Schnüffeln (etwa ab 10. Lebensjahr), später durch Alkohol,
Nikotin und Drogen sich in bessere Stimmung zu versetzen. Eine
bestimmte Modewelle spielt dabei eine Rolle. Man ist „in", wenn

man es wie die anderen macht. Aus diesem anfänglichen Probieren aus Neugier kann bei bestimmter Veranlagung und auftretenden ungelösten Problemen ein Rauschmittelmißbrauch entstehen. Die Gefahr beim Gebrauch aller Drogen, also auch von Alkohol und Nikotin, liegt im Mißbrauch, der zur Gewöhnung und Sucht führt.

Drogen, die unter der Hand gekauft werden, sind von keinem Fachmann (Apotheker, Chemiker) auf den Reinheitsgrad, Beimengung anderer Stoffe und Dosierung geprüft. So kann es zu Verfälschungen mit Nebenwirkungen und tödlicher Überdosierung kommen, oder durch Beimengung härterer Drogen (Opiate) zu schneller Abhängigkeit und Sucht führen.

2.12.1 Drogenabhängigkeit

Es ist ein körperlicher und seelischer Zustand, der auf die ständige Zufuhr von Drogen angewiesen ist. Zunächst tritt eine Gewöhnung auf, die aber unbemerkt in eine Sucht übergehen kann.
Bei der *Gewöhnung* besteht der Wunsch, kein Zwang, nach Fortsetzung der Zufuhr eines Mittels mit der Absicht, das Wohlbefinden zu verbessern. Beim Entzug entstehen keine Abstinenzerscheinungen.
Bei der *Sucht* besteht der unbezwingbare Wunsch zum Gebrauch der Mittel und deren Beschaffung auf jede Weise. Es herrscht die Tendenz der Dosissteigerung. Durch diese Gewöhnung werden sogar tödliche Dosen vertragen. Bei Entzug treten Abstinenzerscheinungen auf.

Eine psychische Abhängigkeit liegt vor, wenn ein unstillbares Verlangen nach der Wirkung (dämpfend, stimmungsanhebend, haluzinogen) auf die Psyche vorhanden ist.

Eine körperliche Abhängigkeit tritt auf, wenn bei Fehlen der Droge Abstinenzerscheinungen (Unruhe, Schlaflosigkeit, Erbrechen, Krämpfe) auftreten, die als sehr unangenehm empfunden werden und nur durch eine erneute Drogeneinnahme überwunden werden können.

Eine Milieuabhängigkeit gibt es in bestimmten Jugendgruppen, in die Jugendliche integriert sind. Es besteht ein Anpassungszwang.

Sichere Zeichen der Drogeneinnahme sind starke Benommenheit und Einstichstellen am Körper.

Unsichere Zeichen, die auf eine Drogeneinnahme hindeuten, sind Reizbarkeit, Ängstlichkeit, Verwirrtheit, Müdigkeit, Teilnahmslosigkeit, Appetitlosigkeit, gerötete Augen, trockener Mund, Veränderungen an den Pupillen, Erlöschen früherer Interessen und Kontakte, Nachlassen der schulischen und beruflichen Leistung.

Oft werden Süchtige und Suchtgefährdete von den Familienangehörigen aus falscher Scham nicht einer Behandlung zugeführt. Die Kranken erkennen selbst ihren Zustand häufig nicht oder sie ignorieren ihn. Eine Früherfassung und Behandlung durch Ärzte und die Suchtfürsorge der Gesundheitsämter könnte manchen Schaden verhindern. Allein kann sich der Süchtige höchst selten aus diesem Teufelskreis befreien. Eine Entziehungskur muß immer unter ärztlicher Aufsicht erfolgen.

2.12.2 Ökonomische Faktoren der Sucht

Nach Berechnung des Bundesministeriums für Jugend, Familie und Gesundheit kostet ein jugendlicher Süchtiger, bei dem 30–40 Jahre Tätigkeit im Beruf verloren gehen, der Gesellschaft an Therapie und Rehabilitationskosten und Produktionsausfall mindestens $1/2$ Million Mark.

Zur Beschaffung der Drogen muß der Süchtige Geld haben. Schon mancher Trinker hat sein Hab und Gut vertrunken. Jugendliche wurden straffällig, weil sie sich durch kriminelle Übergriffe das nötige Geld verschafften. Die Sucht kostet nicht nur dem Staat beachtliche Summen, sondern bringt mancher Familie den wirtschaftlichen Ruin und eine Folge von Kummer, Sorgen, Aufregung und Verzweiflung.

2.12.3 Arzneimittelmißbrauch bei Jugendlichen

Bereits im Schulalter werden Kinder an den Gebrauch von Beruhigungs-, Schlaf- und Anregungsmitteln gewöhnt. Eltern benutzen Arzneimittel als Erziehungshilfen. Der Griff nach der helfenden Pille wird dem Kind sozusagen anerzogen. Etliche Kinder können ohne Tablette keine Klassenarbeit mehr schreiben, sich auf eine Schularbeit konzentrieren oder abends einschlafen. Die Gefahr besteht, daß sie später im Leben bei jeder Anforderung auf die Hilfe entsprechender Medikamente angewiesen sind. Für diese Jugendlichen wird es zur Selbstverständlichkeit, daß alle Schwierigkeiten, die zunächst überwiegend schulisch bedingt sind, nicht durch einen größeren Arbeitseifer, ein verstärktes Engagement, einer Überprüfung eventueller Überforderungen durch nicht ausreichende Begabung oder Änderung der Lebensweise zu lösen sind, sondern mit Hilfe von Arzneimitteln.

2.12.4 Schnüffelstoffe

Es handelt sich dabei um Gase, die von Verdünnungsmitteln, von Farben, Klebstoffen, Fleckenmitteln, Benzin und Äther stammen. Von Schulkindern werden die eingeatmeten Gase als Rauschmittelersatz benutzt, da ein kurzer Rauschzustand mit Glücksgefühl nach dem Einatmen eintritt. Als Nebenwirkungen können Verwirrtheit, große Unruhe, lautes Schreien oder Bewußtlosigkeit auftreten. Auch fortschreitende Lähmungen an Armen und Beinen wurden beobachtet. Sogar vereinzelte Todesfälle durch Vergiftung oder Ersticken sind beschrieben worden.

2.12.5 Rauschgifte: Haschisch, Marihuana, Opium, Kokain, Heroin, LSD

Im Bundesgebiet hat die Rauschgiftwelle 1960 eingesetzt und soll im Jahr 1975 wieder leicht rückläufig gewesen sein. Wie stark der Anstieg des Drogenverbrauchs war, läßt sich aus der Menge der beschlagnahmten Ware ableiten.

Es wurden beschlagnahmt:

| 1960 | 1,20 kg Cannabis (Marihuana, Haschisch) |
| 1972 | 6 114,00 kg Cannabis (Marihuana, Haschisch) |

| 1967 | 10 LSD-Trips |
| 1972 | 52 272 LSD-Trips |

| 1967 | 15,39 kg Rohmorphin |
| 1972 | 163,18 kg Rohmorphin |

2.12.5.1 Haschisch und Marihuana

Auch unter dem Decknamen „Heu", „Hasch", „grass", „pot", „tea", „shit", „joint" (Zigarette) bekannt. Der Stoff wird aus dem indischen Hanf (Cannabis) gewonnen. Aus dem Harz der Blüten erhält man Hasch, aus den zermahlenen Blättern und Blüten das Marihuana. Blätter und Blüten des indischen Hanfs werden zerkleinert und, unter Tabak gemischt, als Zigarette oder Pfeifentabak geraucht.

Beim Rauchen entsteht ein schwerer, süßlicher Geruch wie bei Räucherkerzen. Auch als Haschischöl, Tabletten und in großen braunen Platten wird Haschisch gehandelt. Die Wirkung besteht in einer Verschlechterung des Konzentrationsvermögens, gehobener Stimmung, aber auch Antriebsverlust. In höheren Dosen werden Zeit- und Raumgefühl, Farb- und Tonempfinden geändert. Sinnestäuschungen, Angstzustände und Depressionen mit Selbstmordneigungen können auftreten.

2.12.5.2 LSD (Lysergsäurediäthylamid) und Meskalin

Sie gehören zu den Halluzinogenen und werden auch als „Acid" bezeichnet. LSD ist eine wasserhelle Flüsssigkeit, die auf Zucker oder Löschpapier getropft wird und auch in Form von Tabletten oder Pulver zu haben ist. Nach LSD-Einnahme beginnt eine „Reise" in Erlebnisse und Sinnestäuschungen, die auch zu unkontrollierten Handlungen (Selbstmordversuche, Fensterstürze) führen können.

Noch ist ungekärt, ob LSD Mißbildungen und Erbschäden auslöst. Hinweise darauf llegen jedoch vor.

2.12.5.3 Opium, Heroin, Morphium

„O", „hardstuff", „brown-stuff" sind andere Bezeichungen für Opium. „H" = Heroin, „M" = Morphium. Es sind Rauschmittel, die schon im Altertum eine Rolle spielten, aus dem Mohn gewonnen werden, und in der Medizin bei starken Schmerzzuständen gebraucht werden. Neben der schmerzstillenden Wirkung rufen die Opiate ein allgemeines Glücksempfinden hervor, ein Gefühl des Losgelöstseins von der Wirklichkeit. Den Mißbrauch von diesen klassischen Rauschmitteln hat es schon immer gegeben. Die Abhängigkeit entwickelt sich innerhalb weniger Wochen. Um junge Menschen von Rauschmitteln abhängig zu machen, wird von bestimmten Händlern unter Haschisch Opium oder Heroin gemischt. Dadurch entwickelt sich unbemerkt eine Abhängigkeit, aus der sich aus eigener Kraft nur die wenigsten Menschen lösen können.

Der Wunsch nach der Droge ist so übermächtig, daß alle übrigen Lebensinhalte unbedeutend werden. Bei Überdosierungen, z. T. sind unbestimmte Mengen im „Stoff", mit Heroin, Opium oder Morphium kommt es durch Atemlähmung zum Tode.

2.12.5.4 Kokain

Unter den Decknamen „C", „Koks", „charley", „white stuff" und „Schnee" bekannt.
Kokain wird aus dem südamerikanischen Kokastrauch gewonnen. Von Süchtigen wird Kokain geschnupft, gegessen oder in Wasser aufgelöst in die Vene gespritzt. Bei allen Injektionen besteht bei den „Fixern" die Gefahr der Hepatitisübertragung (s. S. 145).

Kokain ist in der Wirkung ein starkes Weck- und Rauschmittel, das Kontaktfreudigkeit, Steigerung der Sexualität, Ideenflucht, aber auch Verfolgungsideen und Ängste hervorruft. Die Abhängigkeit tritt rasch ein.

2.12.6 Strafbestimmungen

Jugendliche sollten auch über die rechtlichen Folgen vom Besitz und Gebrauch von Rauschmitteln orientiert sein. Nach dem Betäubungsmittelgesetz, darunter fällt Haschisch, Marihuana, LSD, Meskalin, Opium, Morphium, Heroin und Kokain (früheres Opiumgesetz), wird zu Freiheitsstrafen, in schweren Fällen bis zu 10 Jahren und Geldstrafen verurteilt, wer Betäubungsmittel ohne Erlaubnis einführt, ausführt, gewinnt, herstellt, verarbeitet, mit Handel treibt, sie erwirbt, abgibt, veräußert oder sonst in den Verkehr bringt. Ausländische Staaten haben zum Teil wesentlich härtere Strafen (Todesstrafe im Iran, Türkei, Thailand), die auch auf deutsche Staatsangehörige in dem jeweiligen Land angewandt werden können.

2.12.7 Alkohol

Zu den am längsten bekannten Genußmitteln gehört der Alkohol.
Er zählt zu den tolerierten Drogen, ebenso wie der Tabak. In der
Bundesrepublik wird Alkohol vor allem als Bier, Wein und Brannt-
wein konsumiert.

Alkohol-Verbrauch (pro Kopf)				
Jahr	Liter/ Jahr	Gramm/ Tag	Kalorien/ Tag	% der Ge- samtkalorien
1900	10,1	27	190	
1921	4,8	13	90	
1939	4,9	13	90	3
1950	3,8	10	70	2,5
1960	7,8	21	150	5
1970	11,4	31	220	7
1971	12,9	35	250	8

Quelle: Statistisches Bundesamt

Der jährliche Pro-Kopf-Verbrauch an reinem Alkohol hat, wie aus
der Tabelle ersichtlich, kräftig zugenommen. Durch den häufigen
Genuß von Alkohol haben wir eine zusätzliche, oft nicht beachtete,
Kalorienzufuhr von durchschnittlich 250 Kal. pro Tag. 2 Flaschen
Bier = 470 Kal., $1/4$ Liter Weißwein = 200 Kal. Die Schädigung des
Körpers durch höhere Dosen Alkohol ist aber wesentlich bedenk-
licher.
Ein Trinker muß Alkohol haben, gleich in welcher Form. Die Ursachen, die zur Trunksucht führen, sind unterschiedlich. Soziale,
wirtschaftliche und familiäre Schwierigkeiten werden mit dem Alkohol „fortgespült". Zu den heimlichen unauffälligen Trinkern gehören ältere, alleinstehende Frauen. Sie suchen Trost im Alkohol
gegen ihre Einsamkeit und Isolation. Wir haben heute bei uns über
1 Million Alkoholsüchtige, ein Drittel davon sind Frauen.
Bei Jugendlichen erfolgt teilweise ein Umstieg von Rauschmitteln
auf Alkohol, da Drogenbesitz strafrechtlich verfolgt wird, Alkohol
aber nicht. Alkohol ist auch leichter zu beschaffen und ist billiger.
Beginnt der Alkoholgebrauch bereits in der Jugend, so liegt die
Gefahr nahe, daß es zur Gewöhnung und Sucht führt.

2.12.7.1 Wirkung des Alkohols

Alkohol am Steuer ist die häufigste Unfallursache. Auch in kleinen Mengen enthemmt Alkohol und führt zu einer Gefährdung im Straßenverkehr. Unter Alkohol kann die Stimmung euphorisch, seltener depressiv werden. Alkohol trübt in größeren Mengen das Bewußtsein und kann schließlich einen Schlafzustand erzeugen. In dieser Phase läßt die Beherrschung der Körpermuskulatur nach, es stellt sich ein Torkeln, Hinfallen und Liegenbleiben ein. Tödliche Vergiftungen sind auch beim Erwachsenen möglich. Bei „Untrainierten" ist eine Flasche 45 % Alkohol die tödliche Dosis.

2.12.7.2 Folgen des Alkoholismus

Wenn täglich mehr als 80 g Alkohol getrunken werden, wird es für den Körper aus gesundheitlichen Gründen gefährlich. Diese Menge ist in 4 Flaschen Bier, oder einem Liter Wein, oder 5 Whisky vorhanden. Für Jugendliche ist die Hälfte davon schon schädlich. Diese angegebene Alkoholmenge ist die obere Grenze, die der Körper noch vertragen kann. Bei größerem Alkoholgenuß kommt es zu Leberschäden (Leberzirrhose), nachlassender Hirntätigkeit (Schwachsinn), Nervenentzündungen und Magenschleimhautentzündungen.
Trunksucht kann nur in einer Trinkerheilanstalt ausgeheilt werden. Verschiedene Vereine wie „Blaukreuzler", „Anonyme Alkoholiker Deutschland" nehmen sich der Betreuung von Trinkern an.

2.12.8 Tabak

Überall in der Welt wird eine Zunahme und ein früherer Beginn des Rauchens bei Kindern und Jugendlichen festgestellt. Je früher aber mit dem Rauchen begonnen wird, um so größer sind die Gesundheitsschäden. Die Aufklärung über die gesundheitlichen Schäden sollte schon vor der ersten Zigarette erfolgen.

Die Frage der Schädigung ist eine Frage der Dosierung und der Rauchgewohnheiten („auf Lunge" rauchen ist besonders gefährlich). Zu bleibenden Schäden kommt es, wenn aus dem Gelegenheitsraucher ein Kettenraucher wird. Schon 10 Zigaretten täglich können z. B. zu Gefäßverschlußerkrankungen führen. Die schädliche Wirkung des Rauchens tritt nicht nur bei der Zigarette, sondern in etwas geringerem Maß auch bei Zigarren und Pfeife ein.

Krankheitserzeugende Bestandteile der Zigarette sind:
1. Nikotin; 2. Teer; 3. Kohlenmonoxyd.
Die nikotinfreie Zigarette wäre auch noch keine ideale Lösung.
Auch in Filterzigaretten wird die Giftwirkung nur reduziert, nicht aufgehoben.

2.12.8.1 Nikotin

50 mg Nikotin sind bei einem Nichtraucher eingespritzt oder geschluckt eine tödliche Dosis. Eine Zigarette enthält je nach Sorte etwa 2 mg Nikotin. Einem starken Raucher ist es durch Gewöhnung möglich, mehr als die tödliche Dosis (25 Zigaretten) aufzunehmen.

Wirkung des Nikotins: Es wirkt zunächst anregend auf das vegetative Nervensystem. Herz- und Darmtätigkeit werden beschleunigt.
Das Rauchen kann je nach Stimmungslage anregend oder beruhigend wirken.
Bei chronischem Tabakgenuß treten Veränderungen an den Gefäßen auf. Es kann zu Gefäßverschlüssen kommen. Der plötzliche Herztod durch Verschluß der Herzkranzgefäße bei unter 40jährigen ist immer eine Folge des Nikotinmißbrauchs, ebenso das sogenannte „Raucherbein", das in schweren Fällen zur Amputation des Beines führt. Bei einer akuten Nikotinvergiftung durch eine einmalige Überdosierung kommt es zu Kopfschmerzen, Schwindel, Erbrechen und Durchfall.
Der Abbau des Nikotins im Körper erfolgt in der Leber, stellt also eine Belastung für die Leber dar und kann eine Leberzirrhose auslösen.

2.12.8.2 Teer

Der Teer im Zigarettenrauch enthält 17 krebsauslösende Substanzen und führt zu vermehrten Carzinomen im Bereich des Atmungssystems. Bei Patienten mit Lungenkrebs waren die Männer zu 98 % Raucher, die Frauen zu 40 %. Außer dem Lungenkrebs können Bronchial-, Kehlkopf-, Mundhöhlen-, Lippen- und Speiseröhrenkrebs auftreten.

2.12.8.3 Kohlenmonoxyd

Bei der Verbrennung von Tabak entsteht Kohlenmonoxyd, das mit dem Rauch eingeatmet wird. Gleichzeitig tritt, wie bei jedem Verbrennungsvorgang, eine Luftverschmutzung durch Rußteilchen, Staubpartikel und Kohlenmonoxyd auf, die die Umgebung des Rauchers ertragen muß. Der eingeatmete Anteil des Kohlenmonoxyds blockiert das Hämoglobin für den Sauerstofftransport. Das ist vielleicht eine Erklärung für die bei Raucherinnen häufigeren Fehlgeburten, Frühgeburten und geringeren Geburtsgewichte der Kinder. Mit dem Rauch kommen kleinste Schmutz- und Rußteilchen in die Lunge und können eine chronische Bronchitis, den Raucherhusten, hervorrufen.

2.12.8.4 Möglichkeiten der Einschränkung des Zigarettenverbrauchs

Bei der Vielzahl der Schäden, die durch das Rauchen entstehen, wird immer wieder die Forderung erhoben:
1. die Werbung für Tabakwaren zu beschränken,
2. Werbung für Nichtrauchen zu betreiben,
3. das Recht der Nichtraucher auf rauchfreie Umgebung zu bekräftigen.

Um die schädliche Wirkung der Zigarette etwas zu reduzieren, wird geraten:
1. die Menge der Zigaretten einzuschränken,
2. keine Lungenzüge zu machen,
3. die Zigarette nur halb zu rauchen.

Vor einigen Jahren wurden an vielen Schulen Raucherzimmer eingeführt. Es kam überwiegend zu einer Zunahme (53 %) der Zahl der rauchenden Schüler, so daß heute wieder Stimmen laut werden, die für eine Abschaffung der Raucherzimmer in den Schulen plädieren. Das Rauchen in den Schulen durch die Legalität eines Raucherzimmers zu reduzieren, hat sich als Fehleinschätzung erwiesen.
Zur Aufgabe des suchtartigen Rauchens gehört viel Willensstärke. Es gibt auch für Raucher Entziehungskuren in Raucherentwöhnungskliniken.

3 Die Entwicklung des gesunden Kindes

3 DIE ENTWICKLUNG DES GESUNDEN KINDES

Die körperliche Entwicklung des Kindes umfaßt den Zeitraum von der Geburt bis zum Abschluß der Pubertät.
Der Verlauf der Entwicklung ist abhängig von:
1. Erbanlagen,
2. Umweltbedingungen (Eltern, Freunde, Schule, Wohnverhältnisse, soziale Schicht).

3.1 Erbanlagen

Die äußere Erscheinungsform eines Menschen (Körperbau, Gesichtszüge), sowie die geistig-seelische Veranlagung werden durch die Erbanlagen bestimmt. Haar- und Augenfarbe, Hautmusterform der Fingerbeere und Blutgruppe werden weiter vererbt. Die Vererbung erfolgt durch die einzelnen Gene der Chromosomen im Zellkern. Die Humangenetik hat in den letzten Jahren zahlreiche neue Erkenntnisse auf diesem Gebiet gewonnen. Man kann heute z. B. von der 14. Schwangerschaftswoche an aus dem Fruchtwasser eine Geschlechtsbestimmung, Chromosomenanalyse und virologische Untersuchungen (bei fraglichen Virusinfektionen) vornehmen. Das ist ein bedeutender Fortschritt für die Familienberatung von Ehepaaren, die aufgrund von Chromosomenanomalien bereits ein krankes Kind haben (z. B. Mongolismus).

3.2 Umweltbedingungen

3.2.1 Wohnverhältnisse

Die Umwelt des Kindes hat sich in diesem Jahrhundert durch die zunehmende Verstädterung entscheidend verändert. Die fortschreitende Industrialisierung und die damit verbundene Umweltverschmutzung hat ganz neue Fragen aufgeworfen. Die Verwirklichung von mehr Lebensqualität (bessere Wohn- und Freizeitmöglichkeiten, Humanisierung der Arbeitswelt) wird immer dringlicher.

Negative Umweltbedingungen wie Luftverschmutzung, Lärmbelästigung, unzureichende Spielmöglichkeiten und früher Leistungsstreß beeinträchtigen heutzutage mehr und mehr die gesunde Entwicklung des Kindes. So sind z. B. Verkehrsunfälle zur häufigsten Todesursache im Kindesalter geworden.

Wachsen Kinder in kleinen Wohnungen ohne Spiel- und Auslaufmöglichkeiten auf, so sind sie in ihrem Bewegungsdrang (Motorik) stark eingeengt. Das hat Auswirkungen auf die Entwicklung der Muskulatur, der Atemorgane und des Kreislaufs (s. S. 170). Besonders für die 6–14jährigen fehlen oft die Möglichkeiten, sich auszutoben und sportlich zu betätigen. Sportvereine haben hier eine wichtige Funktion, aber nicht jedes Kind hat Lust, sich einem Verein anzuschließen. Es sollten in den Städten mehr Tummel- und Abenteuerspielplätze geschaffen werden.

3.2.2 Elternhaus

Die meisten Eltern wollen mit ihren Kindern in einer Familie zusammenleben. Sie sind bereit, für ihre Kinder zu sorgen und Einfluß auf ihre Entwicklung zu nehmen. Die Familie ist der Ort der Geborgenheit, der Zuflucht und des Vertrauens. Als zentraler Punkt ist sie für die Entwicklung des Kindes in den ersten Lebensjahren besonders wichtig, denn die geistig-seelische Entwicklung wird durch die Familie entscheidend geprägt. Kinder nehmen immer zuerst die Sprache, Denk- und Verhaltensweisen ihrer Eltern und Geschwister an, erst später kommen andere Einflußfaktoren hinzu.

Aber auch die Familie hat sich in den letzten Jahrzehnten verändert. So hat der Vater heute oft eine durchgehende Arbeitszeit und kommt erst abends nach Hause. Das Kind kennt seinen Arbeitsplatz meist nicht mehr. Auch die Mutter ist heute oft berufstätig. So muß das Kind auch den zweiten Elternteil entbehren. Von 10 verheirateten Müttern in der Bundesrepublik Deutschland arbeiten 3 im Beruf, was für das Kind eine Unterbringung in der Kinderkrippe, im Kindergarten und später im Hort bedeutet. Der Ort, an dem das Kind die meisten Stunden des Spiels und des Lernens verbringt, ist nicht mehr das Elternhaus, sondern ein wechselnder Ort mit verschiedenen Bezugspersonen. Erst am Spätnachmittag findet sich die Familie wieder zu Hause zusammen. Für die Mutter beginnt nun

der zweite Beruf als Hausfrau. Aufgrund der doppelten Arbeits-
belastung finden viele Mütter keine Zeit mehr, um mit ihren Kindern
zu spielen, Geschichten zu erzählen oder Gespräche zu führen. Die
zunehmende Zahl der seelischen Störungen bei Kindern und der
Anstieg der Jugendkriminalität ist sicherlich zu einem Teil darauf
zurückzuführen. Wenn nicht zwingende wirtschaftliche Gründe
vorliegen, sollte die Mutter nur so viel berufliche Arbeit übernehmen, wie sie es mit gutem Gewissen ihrer Familie und sich selbst
gegenüber tun kann. 16 Stunden Arbeitszeit kann auf die Dauer
eine Frau nicht leisten, ohne Schaden zu nehmen. Statistisch ist
erwiesen, daß durch die Doppelbelastung von Beruf und Familie
die Lebenserwartung sich um 5 Jahre verkürzt.

Der Arbeitgeber sollte den Frauen durch Teilzeitbeschäftigung und
gleitende Arbeitszeit so weit wie möglich entgegenkommen. Eine
Umstellung zeichnet sich bereits ab. Die Teilzeitbeschäftigung der
Frau hat eine Zunahme von 83 % von 1964 bis 1970 gezeigt. Eine
begrüßenswerte Entwicklung im Hinblick auf die Mütter und Kinder.

3.2.3 Freunde, Klubs

Für die seelisch-geistige Entwicklung des älteren Kindes (etwa vom
10. Lebensjahr an) ist der Einfluß von Freunden, Klubs und Jugendgruppen besonders entscheidend. Es gibt bei uns ein breites Angebot an Jugendklubs und Freizeitheimen. Sozialarbeiter, Pädagogen und Erzieher sind bemüht, das Angebot für die Jugendlichen
so attraktiv wie möglich zu gestalten. Eltern sollten ihre Kinder in
diese Freizeiteinrichtungen schicken, denn hier bieten sich Ge-
legenheiten, andere Gleichaltrige kennenzulernen und die Freizeit
durch naturkundliche, technische oder handwerkliche Hobbys zu
nutzen. Das selbständige Erarbeiten einer Aufgabe fördert zudem
die Eigeninitiative und das Verantwortungsgefühl.

3.2.4 Soziale Faktoren

Natürlich spielt auch die soziale Schicht für die Entwicklung des
Kindes eine Rolle. Durch ausreichende Ernährung, trockene, helle,
sonnige Wohnungen und bessere hygienische Verhältnisse erhalten die Kinder optimale Voraussetzungen für die Erhaltung ihrer
Gesundheit.

3.3 Die normale körperliche Entwicklung des Kindes

Die Unterscheidung der einzelnen Entwicklungsstufen:

in den ersten Wochen der Schwangerschaft	= Embryo
bis zur Geburt	= Foetus
bis zum Abfall der Nabelschnur (10.–14. Tag)	= Neugeborenes
bis zum ersten Lebensjahr	= Säugling
bis zum Ende des 5. Lebensjahres	= Kleinkind
bis zur Pubertät	= Schulkind
bis zum Abschluß der Pubertät	= Adoleszent oder Jugendlicher
nach Abschluß der Pubertät	= Erwachsener

3.3.1 Die Gewichtsentwicklung

Ein Neugeborenes hat ein Gewicht von 3000–3500 g. Das Gewicht wird bis zum 5. Monat verdoppelt und bis zum ersten Lebensjahr verdreifacht. Diese stürmische Gewichtsentwicklung hält jedoch nicht an. Das Vierfache des Geburtsgewichtes erreicht das Kind erst mit etwa 2 Jahren. Die weitere Gewichtsentwicklung bis zum 18. Lebensjahr ist aus der nachfolgenden Tabelle S. 84 zu ersehen.

3.3.2 Die Entwicklung der Länge

Die Länge beträgt bei der Geburt zwischen 48 und 53 cm. Im ersten Lebensjahr wächst das Kind am schnellsten. Mit einem Jahr ist es etwa 75 cm lang. In diesem Zeitabschnitt geht ja überhaupt die geistige und körperliche Entwicklung mit einer nie wieder zu beobachtenden Geschwindigkeit vor sich. Das Kind hat bis zum 4. Lebensjahr seine Geburtsgröße verdoppelt. Bis zum 10. Lebensjahr sind Jungen und Mädchen etwa gleichgroß. Vom 10. Lebensjahr an hat das Mädchen eine Streckungsphase und eilt dem Jun-

Durchschnittsgrößen und -gewichte von Knaben und Mädchen

Jenseits des 2. Lebensjahres liegen Abweichungen von ±1 Jahreszuwachs im Bereich der normalen Streuung.

Knaben			Mädchen	
kg	cm	Jahre	cm	kg
3,4	51,0	0	50,0	3,3
5,9	60,4	$1/4$	59,4	5,5
7,9	66,9	$1/2$	65,4	7,3
9,3	71,9	$3/4$	70,4	8,7
10,4	75,5	1	74,0	9,8
11,6	81,6	$11/2$	80,0	11,3
12,6	86,6	2	85,4	12,4
14,4	95,9	3	94,3	14,1
16,4	103,0	4	102,3	16,0
18,5	110.0	5	109,5	18,0
20,9	116,7	6	116,3	20,2
23,3	122,9	7	122,3	22,8
25,9	128,0	8	127,4	25,5
28,7	133,3	9	132,6	28,3
31,7	138,2	10	137,7	31,6
34,9	143,0	11	143,2	35,5
38,1	147,5	12	149,2	40,0
42,8	153,5	13	155,3	45,1
48,4	160,4	14	159,5	49,9
54,7	167,0	15	162,3	53,5
60,5	172,4	16	163,7	55,9
64,2	174,9	17	164,4	57,0
66,1	176,3	18	164,9	57,4

Entnommen aus: „Kinderheilkunde. Lehr- und Lernbuch für Kinderkrankenschwestern" von Ewerbeck, Helbig, Kohlscheen. Verlag Urban & Schwarzenberg, München-Berlin-Wien 1971.

gen in der Länge voraus. Das beim Jungen später einsetzende Längenwachstum hält jedoch länger an, so daß nach Abschluß des Wachstums die Frau ungefähr 10 cm kleiner ist als der Mann.

Das Kind wächst so lange, wie die Wachstumslinie, die an jedem Knochen vorhanden ist, noch nicht verknöchert ist. Schließt sich die Wachstumslinie, so hört das Längenwachstum auf, das ist meist zwischen dem 18. und 21. Lebensjahr der Fall.

Aus dem Stand der Verknöcherung, im Röntgenbild dargestellt, kann man das Alter des Kindes ablesen. Man bezeichnet es auch als „Skelettalter". Beim Neugeborenen sind die Knochen noch bindegewebig und knorplig vorgebildet. Die Verknöcherung tritt

Abbildung 1: Der kindliche Knochen

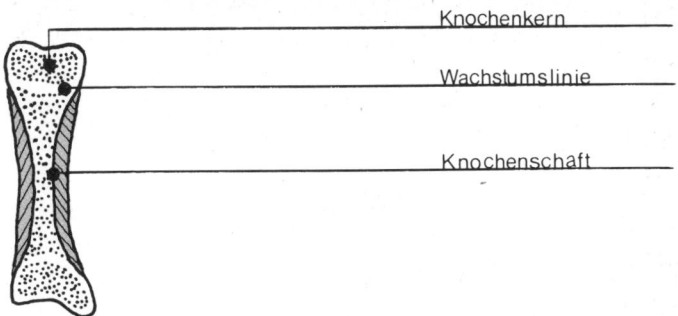

Knochenkern

Wachstumslinie

Knochenschaft

mit der Einlagerung von Kalksalzen erst mit zunehmendem Alter auf. Der jugendliche Knochen hat mehr Knochenknorpel als Knochenerde, was eine höhere Elastizität zur Folge hat. Die Knochenerde enthält phosphorsauren und kohlensauren Kalk. Trotz vielfacher Gewalteinwirkungen durch Stürze und Sprünge tritt beim Kind relativ selten ein Knochenbruch auf. Mit fortschreitendem Alter erfolgt eine vermehrte Verkalkung der Knochen. Die Elastizität nimmt im hohen Alter so stark ab, daß geringfügige Stöße schon Knochenbrüche verursachen können.

Über die Entwicklung des Gewichtes und der Länge ihrer Kinder sollte jede Mutter und jeder Heimleiter eine Tabelle führen. Man hat so eine gute Kontrolle der Entwicklung und kann beim Vergleich mit Entwicklungstabellen schnell Störungen erkennen.

3.3.3 Gestaltwandel

Die Entwicklung von Gestalt, Länge und Gewicht verläuft beim Kind nicht gleichmäßig. Es gibt Streckungs- und Füllungsphasen. In den Streckungsphasen tritt ein plötzliches Längenwachstum auf. Das Kind erscheint lang und dünn. Es nimmt aber nicht tatsächlich an Gewicht ab. In dieser Zeit kann eine Disharmonie zwischen körperlichem Längenwachstum und dem Wachstum der Inneren Organe eintreten. Lange, dünne Kinder können als Folge davon Kreislaufstörungen haben. Bei langem Stehen wird ihnen schnell schlecht, sie neigen zur Ohnmacht. Bei Leistungssport klagen sie über bisher nicht bekannte Kurzatmigkeit und Herzklopfen, was oft für einige Zeit zum Verbot von größeren körperlichen Belastungen führt. Auch die Körperproportionen sind von der Geburt bis zum Erwachsenenalter Veränderungen unterworfen. Das Neugeborene hat im Verhältnis zum Körper einen Kopf, der ein Viertel der Körpergröße ausmacht. Bei Frühgeburten ist es sogar ein Drittel. Beim Erwachsenen beträgt die Größe die Kopfes nur noch ein Achtel der Körperlänge.

Abbildung 2: Proportionsverschiebung bei der Entwicklung des Körpers

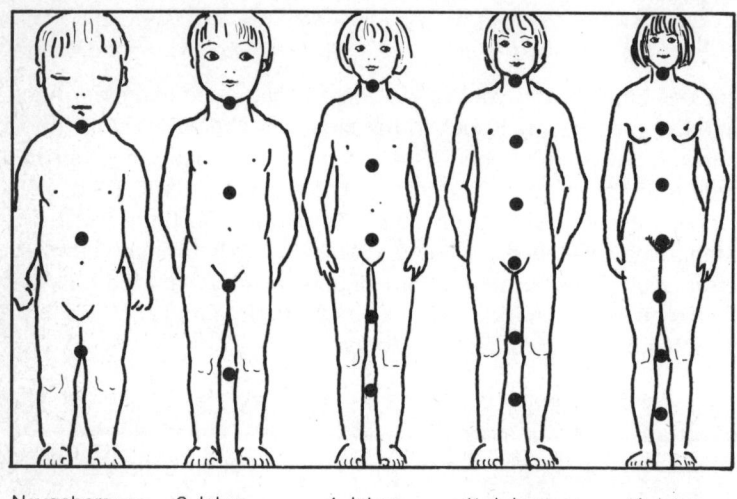

| Neugeborenes | 2 Jahre | 4 Jahre | 11 Jahre | 14 Jahre |

Der Gestaltwandel in den einzelnen Zeitabschnitten der kindlichen Entwicklung:	
Kleinkind	= erste Füllung
5–7 Jahre	= erste Streckung
bei Knaben 7–12 Jahre	= zweite Füllung
bei Knaben ab 12. Jahr	= zweite Streckung
bei Mädchen 7–10 Jahre	= zweite Füllung
bei Mädchen 10–15 Jahre	= zweite Streckung

3.3.4 Die Entwicklung der Zähne

Die Anlage des Milchgebisses findet bereits in der Foetalzeit statt. Es ist daher wichtig, daß Schwangere in ausreichendem Maße Kalk zu sich nehmen. Das kalkreichste Nahrungsmittel ist die Kuhmilch. Auch der Säugling und das Kleinkind benötigen zur Entwicklung der Knochen und Zähne Kalk, was im allgemeinen ausreichend durch die Ernährung mit Milch und Milchprodukten erfolgt. Von der Geburt an werden die bleibenden Zähne mineralisiert. Als erste Zähne brechen die mittleren unteren Schneidezähne mit 6–8 Monaten durch. Es folgen dann die oberen Schneidezähne. Mit 2 Jahren ist das Milchgebiß von 20 Zähnen vollständig ausgebildet. Mit dem 5.–6. Lebensjahr beginnt der Zahnwechsel. Das bleibende Gebiß hat 32 Zähne.

3.3.5 Akzeleration

Unter Akzeleration versteht man eine Beschleunigung des Wachstums und der Entwicklung, die seit etwa 50 Jahren beobachtet wird. Sie ist besonders in wirtschaftlich besser entwickelten Ländern und dort besonders bei der städtischen Bevölkerung anzutreffen. Eine gute vitaminreiche Ernährung, mehr Sonnenlicht und Sport, sowie Reizüberflutung sind vermutlich die Ursachen. Die Beschleunigung ist in der körperlichen, wie zum Teil auch in der seelischen Entwicklung festzustellen. Die Durchschnittsgröße der Erwachsenen war in früheren Jahrhunderten kleiner, was man heute noch an Ritterrüstungen, Betten und Türen in alten Burgen feststellen kann.
Heute sind schon die Neugeborenen größer und schwerer als um die Jahrhundertwende. Der Zahndurchbruch erfolgt eher. Die Längen- und Gewichtsentwicklung ist beschleunigt. Man hat heute größere Endgrößen bei Hüten, Handschuhen und besonders bei Schuhen. Die Pubertät setzt um 1–3 Jahre früher ein. Die Jugendlichen sehen älter aus, als sie tatsächlich sind. Doch der äußere Eindruck täuscht. Sie sehen wie Erwachsene aus, so daß man von ihnen entsprechende Leistungen und Einsichten erwartet, doch leider bewirkt die Akzeleration der Körpergröße nicht unbedingt eine Zunahme des körperlichen Leistungsvermögens, und auch die seelisch-geistige Entwicklung entspricht nicht immer dem erwachsenen Aussehen. Das kann zu Diskrepanzen und Fehlein-

schätzungen führen, woraus manche Konfliktsituation ihren Anfang hat.

3.3.6 Pubertät

Aufgrund der Akzeleration setzt die Pubertät früher ein. Mit 10–11 Jahren treten die ersten Zeichen der Geschlechtsentwicklung beim Mädchen auf, beim Knaben mit 12–14 Jahren. Beim Jungen ändert sich der Körperbau. Die Schultern werden breiter, die Muskulatur wird kräftiger. Achsel- und Schambehaarung entwickelt sich. Der Bartwuchs wird sichtbar. Die Stimmbänder im Kehlkopf wachsen, dadurch tritt der Stimmbruch auf. Die Stimme wird danach tiefer. Hoden und Penis vergrößern sich. Erste unabsichtliche nächtliche Samenergüsse sind feststellbar.

Beim Mädchen entwickelt sich ein weiblicher Körperbau mit breiterem Becken und allgemein runderen Körperformen. Die Brüste vergrößern sich. Die Achsel- und Schambehaarung wird sichtbar. Die erste Regelblutung tritt auf. Die Pubertät ist beim Mädchen mindestens zwei Jahre früher als beim Jungen.

3.4 Lebenserwartung

Die durchschnittliche Lebenserwartung liegt heute für den Mann bei 70 Jahren und für die Frau bei 72 Jahren. Im Jahre 1800 lag die durchschnittliche Lebenserwartung bei 29 Jahren, um 1900 bei 47 Jahren und 1930 bei 68 Jahren. Die niedrige Lebenserwartung im 19. Jahrhundert ist zum Teil durch die große Säuglingssterblichkeit von 40–50 % zu erklären. Inzwischen ist die Säuglingssterblichkeit in der Bundesrepublik Deutschland 1975 auf 1,97 % gesunken. Die Sterblichkeit der unehelichen Kinder ist jedoch doppelt so hoch. Durch die Fortschritte in der Medizin, die ausreichende ärztliche Versorgung (ein Arzt kommt auf 541 Einwohner), die bessere Hygiene und soziale Fürsorge, und durch die Aufklärung der Bevölkerung über gesundheitliche Fragen (Mütterschulen), konnte die Säuglingssterblichkeit in den letzten 70 Jahren entscheidend gesenkt werden.

Die Zahl der Geburten ist seit 1967 um etwa 40 % rückläufig. Bleibt dieser Trend bestehen, würde es zur Folge haben, daß in 200 Jahren die deutsche Bevölkerung ausgestorben ist.

Abbildung 3: Säuglingssterblichkeit von 1900–1967

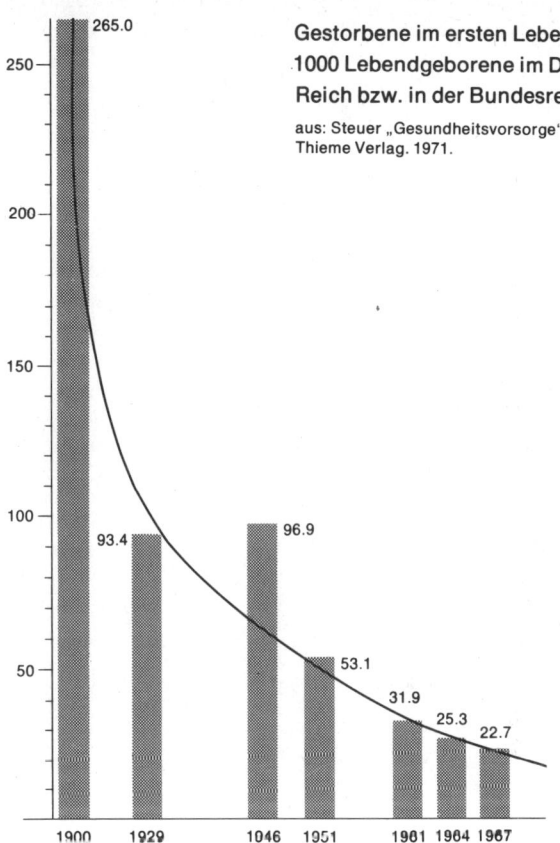

Gestorbene im ersten Lebensjahr auf 1000 Lebendgeborene im Deutschen Reich bzw. in der Bundesrepublik.

aus: Steuer „Gesundheitsvorsorge" Thieme Verlag. 1971.

3.5 Todesursachen

Die Todesursachen haben sich im Laufe der letzten hundert Jahre sehr geändert. Starben früher die Leute vor allem an Infektionskrankheiten, so sind heute in erster Linie Herz- und Kreislauferkrankungen zu nennen. An zweiter Stelle steht der Tod durch Krebs. Bei Kindern ist der Tod durch Unfall die häufigste Todesursache. An zweiter Stelle steht der Tod durch Tumoren und Leukämie. Erst an dritter Stelle der Todesursachen stehen die Infektionskrankheiten.

3.6 Verhaltensmerkmale in der Entwicklung des Kindes

(Nach Hellbrügge, Th.: Hdb. d. Kinderheilk., Bd. II/1., Springer, Berlin 1966).

Alter	Motorik	Feinmotorik	Schlafen und Wachen	Sinnesorgane	Sprache	Sozialer Kontakt
Neu-geborene	zahlreiche Bewegungen kleinerer oder größerer Muskelgruppen, auch Zuckungen der Lippen, die an ein Lächeln erinnern („Stäupchen")	spontane unbewußte Greifbewegungen, Griff mit 4 Fingern ohne Daumen („Affenhand")	Schlafen und Wachen über Tag und Nacht gleich. Aus kurzen Perioden setzt sich eine Schlafdauer von 16–18 Std./Tag zusammen. Schlaf durch Hunger leicht zu stören.	reagiert auf nasse Windeln, auf Hautreize, extreme Licht- und Geräuscheinwirkungen	unbestimmte Laute	sozialer Kontakt ausschließlich über Reize der Haut und Schleimhäute
1 Monat	hebt in Bauchlage vorübergehend den Kopf. Seitenlage von Kopf und Arm	Hände oft zur Faust geschlossen. Handschluß bei Berührung. „Affengriff". Läßt Spielzeug sofort fallen.	4–5 Schlafperioden, über Tag und Nacht noch weitgehend gleich verteilt; Nachtschlaf überwiegt etwas. Schlafdauer etwa 15 Std./Tag	reagiert auf optische und akustische Reize durch Hinwenden des Kopfes. Sucht Licht des Fensters.	wenige Kehllaute, schnorchelnde Geräusche bei Nacht	vorwiegend über Hautreize (Wohlbefinden im warmen Bad; Beruhigung durch Stillen, Aufnehmen und körperliche Berührung)

Monate						
2 Monate	hebt den Kopf in Bauchlage hoch		Ausdehnung der nächtlichen Schlafperiode. Schlafdauer etwa 14 Std./Tag, bevorzugt Wachen am Tag.	lauscht auf Geräusche und Töne, lernt mit den Augen fixieren.		Beginn einer freudigen Reaktion beim Anblick der Mutter
3 Monate	Freude am Strampeln, kann sich aus der Rückenlage auf den Bauch drehen, steckt Zehen in den Mund	versucht mit den Fingern zu greifen	tagsüber gesteigerte Aktivität; ausgedehnter Nachtschlaf, 10 Std./Tag; Gesamtschlafdauer 13–14 Std./Tag.	fixiert bewegte Gegenstände, verfolgt sie mit den Augen. Betrachtet einen Gegenstand in seiner Hand, schaut die Hände vor seinem Gesicht an.	zufälliges Auftreten von Lallen	reagiert mit Lächeln, wenn sich ihm ein Gesicht zuwendet und sich bewegt
4 Monate	symmetrische Haltung, sitzt mit Unterstützung kürzere Zeit	betätigt die Arme, wenn es einen Gegenstand sieht. Kann kratzen und greifen. Hält Gegenstand mit 4 Fingern und Handfläche ohne Daumen. Schlägt Hände zusammen.	Dauer des Mittagsschlafes 1½ Std. 40 % der Kinder morgens gegen 5 Uhr wach.	nimmt Umgebung in Augenschein, ist vom einen zum anderen Gegenstand umlenkbar, lauscht der menschlichen Stimme.	gluckst, gurrt bei Zufriedenheit. Plappern und Schreien in rascher Folge sich ablösend	bemerkt menschliche Stimmen, erkennt seine Mutter, lächelt seine Mutter an

Entwicklung des Kindes zum Erwachsenen

Alter	Motorik	Feinmotorik	Schlafen und Wachen	Sinnesorgane	Sprache	Sozialer Kontakt
5 Monate	hält Kopf im Sitzen aufrecht; streckt Arm, auf dem Bauch liegend, aus	greift bei Berührung nach Gegenständen	deutlicher Unterschied: nachts Schlaf, tagsüber Wachen. Nachtschlaf zwischen 19.00 und 5.00 Uhr (10 Std.), Nickerchen am Vor- und Nachmittag von jeweils 1–1¹/2 Std.. Gesamtschlafdauer 13–14 Std./Tag	fixiert eine kleine Kugel, verfolgt auf dem Rücken liegend, ein verlorengegangenes Spielzeug.	beschäftigt sich morgens und abends mit Lautbildung	weint, wenn Menschen von ihm fortgehen
6 Monate	rollt aus der Rückenlage in die Bauchlage und umgekehrt	beginnt, unter Einsatz des Daumens zu greifen, noch geringe Fingerfertigkeit		unterscheidet Flasche von Puppe	Konsonant „m-m" wird beim Schreien hörbar	Nachahmen eines fröhlichen oder erzürnten Gesichtsausdrucks
7 Monate	sitzt kurz allein, macht Anstrengungen, selbst zu stehen, strampelt fest	sehr beschäftigt mit den Händen, greift mit der ganzen Hand, nimmt Spielzeug von der einen Hand in die andere, schüttelt es	Wachen ausschließlich am Tag. Schlafen in den Nachtstunden zwischen 18.00 und 6.00 Uhr. 30 % der Kinder sind um 5.00 Uhr früh wach. Mittagsschlaf von 1¹/2–2 Std. zwischen	betrachtet Gegenstände außerhalb seiner Reichweite, beobachtet Dinge seiner Umgebung	spricht mit seinem Spielzeug Freude an der Lautbildung	aktives Kontaktsuchen, Angst beim Anblick von Fremden („Fremdeln").

						organisiertes Versteckspielen
8 Monate	dreht sich in der Bauchlage um eine senkrechte Achse	hält einen Gegenstand fest, greift nach ihm, kaut und betrachtet Spielzeug	13.00 und 15.00 Uhr, Gesamtschlafdauer 12–14 Std./Tag	betrachtet und greift nach einem Gegenstand. Schließt die Augen, wenn man einen Gegenstand an sein Gesicht bringt	bringt selbständig unartikulierte Laute und hohe Quietschtöne heraus	
9 Monate	sitzt allein, richtet sich von allein wieder auf	steckt 2 Würfel ineinander, ißt selbständig Keks		schreit, um auf sich aufmerksam zu machen, oder wenn es gereizt und behindert wird		fröhlich im Kreise der Familie, Fremden gegenüber scheu
10 Monate	zieht sich am Seitengeländer des Bettchens auf die Füße hoch, kriecht	hebt durch Zangen-Spreizgriff mit Daumen u. Fingern einen Gegenstand hoch, läßt ihn ungeschickt fallen		beobachtet während des Spieles im Wagen gelegentlich seine Umgebung		hat Freude an Familiengruppe, ist aber am liebsten mit einem Menschen allein, lenkt Aufmerksamkeit des Erwachs. auf sich
11 Monate	dreht sich im Sitzen	nimmt Spielsachen vom Tisch auf den Stuhl; kann leicht und geschickt loslassen	Aufwachen zwischen 5.00 und 7.00 Uhr, Mittagsschlaf 2–3 Std., Schlafdauer etwa 12 Std./Tag	beobachtet Autos, Hunde, Fußgänger	plappert Mama, Papa, Nana, Dada in verschiedenen Tonhöhen	spielt Versteck. Ziemlich ängstl. in fremder Umgebung. Reagiert auf seinen Namen und „nein, nein" (Verbot)

Alter	Motorik einschließlich Feinmotorik	Sprache	Spiele	Wahrnehmen der Umwelt	Sozialer Kontakt
1 Jahr	kriecht Stufen hinauf, geht an der Hand, steht für einen Augenblick allein, kann eine kleine Kugel mit den Fingern halten	außer „Papa" und „Mama" 2 weitere Wörter	turnt im Laufstall, zieht sich am Gitter hoch, tappt herum, legt ein Spielzeug in ein Gefäß und holt es wieder heraus	beobachtet vom Wagen aus Autos, Fußgänger, Hunde, betrachtet aus dem Fenster Autos und Bäume	unterschiedslose Zuneigung, wiederholt Dinge, über die man lacht, schreit, um auf sich aufmerksam zu machen, will manches selber tun
1½ Jahre	läuft allein, klettert auf den Stuhl, blättert mehrere Seiten zusammen in einem Buch um	Wortschatz: 10–20 Wörter, reagiert auf „Winke-Winke", „da", „eia", „Auto", unterstützt seine Wörter durch Gesten	wechselt gern das Spielzeug. Puppen, Teddy, Töpfe, spielt gern allein. Kurze Aufmerksamkeitsspanne. Baut einen Turm aus 4 Bauklötzen, spielt mit dem Ball im Stehen	kurze Aufmerksamkeitsspanne, beobachtet die Tätigkeit Erwachsener, ahmt sie nach, verfolgt vom Fenster Leute, Flugzeuge usw.	wird zur Mutter liebevoller, drückt Puppe ans Herz, freut sich über „Kuckuckspielen", Verstecken; roh im Umgang mit Kindern und Tieren, tritt, stupst, zieht sie

2 Jahre	läuft, ohne hinzufallen, geht mit Beinnachziehen Treppe hinauf, setzt Spielzeug zusammen; kann eine Seite im Buch umblättern, den Türknopf drehen	spricht Sätze mit 3 Wörtern. Wortschatz: 100–200 Wörter	beginnt ausdauernder zu spielen, spielt gern mit Wagen, Autos und Rädern in Sand und Wasser	freut sich über einen in Bewegung befindlichen Gegenstand, findet ein Bild in einem Bilderbuch wieder	erkennbare Zuneigung zur Mutter, nicht eifersüchtig auf Spielzeug anderer, schlägt Kinder der auf den Kopf, Annäherung an andere Kinder, umarmt sie zu fest, schlägt oder beißt sie eventuell
2½ Jahre	geht auf Zehenspitzen, rennt bei Spaziergang vorwärts und bleibt zurück, malt vertikale und horizontale Linien	Wortschatz: 500 Wörter, benutzt die Sprache zu Selbstgesprächen, verwendet erstmals „ich", „mich", „du"	macht einfache Bauten aus Bauklötzen, spielt gern gleichzeitig mit mehreren Spielsachen, trennt sich nicht gern von seinem Spiel	beobachtet von fern Autos und Eisenbahn, kennt bestimmte Dinge auf einem vertrauten Wege wieder, lauscht einfachen Erzählungen	Zuneigung in Form von Kußzeremonien, extreme Angriffslust gegen Fremde und andere Kinder, macht vielfach Gegenstände entzwei, besteht auf festen Zeremonien, Eifersucht auf jüngere Geschwister

Entwicklung des Kindes zum Erwachsenen

Alter	Motorik einschließlich Feinmotorik	Sprache	Spiele	Wahrnehmen der Umwelt	Sozialer Kontakt
3 Jahre	kann kurze Zeit auf einem Fuß stehen, steigt mit beiden Beinen nacheinander die Treppen hinauf, kann einen Kreis nachmalen, einige Knöpfe aufknöpfen, Schuhe anziehen	fließende und sichere Sprachbeherrschung, läßt sich mit Worten lenken, interessiert sich für neue Wörter, beginnt mit 3¹/₂ Jahren zu stottern	folgt beim Spiel seiner Phantasie, bleibt längere Zeit mit demselben Gegenstand beschäftigt	kann „Bilder in einem Buch lesen" beobachtet Tätigkeit der Mutter in der Küche, schaut bei Baustellen zu, kann einen Kreis nachmalen	freundlich, hilfsbereit, entgegenkommend, beginnt mit anderen Kindern zu spielen, weniger eifersüchtig auf jüngere Geschwister, körperliche Aggressivität läßt nach, dafür mehr Schimpfworte
4 Jahre	macht Sprünge auf der Treppe, übt gern Gleichgewicht, beansprucht mehr Raum, zeichnet Gegenstände mit wenigen Einzelheiten, kann ein Quadrat abzeichnen, benutzt Schere, bindet Schuhe	Wortschatz über 1500 Wörter, erzählt gern Geschichten, fragt unentwegt „warum", „wie", gebraucht Schimpfworte, zeigt viele grammatikalische Fehler, kann 5 Richtungen voneinander unterscheiden	zeichnet gern, entwirft mit Puppen und Baukasten Szenen aus dem Leben, läßt Werke bewundern, spielt Erwachsenenrollen	erkennt einzelne Buchstaben, kann ein Quadrat abzeichnen, kann eine oder mehrere Farben bestimmen	will mit anderen Kindern spielen, streitsüchtig, meidet Erwachsene, ungeduldig gegenüber jüngeren Geschwistern, eifersüchtig, wenn Vater und Mutter beisammen sind, Aggressivität vorwiegend in Worten

5 Jahre	hüpft und springt von einem Bein aufs andere, kann auf einem Fuß länger als 10 Sek. stehen, klettert auf Zäune, springt vom Tisch herab, zeichnet Menschen mit Kopf und Körper	Wortschatz: über 2000 Wörter, spricht grammatikalisch einigermaßen richtig, fragt: „wie schreibt man", definiert einfache Wörter	zeichnet nach seiner Vorstellung, zeigt mehr Ruhe und Ausdauer beim Spiel, spielt selbständig, Mädchen: mit Puppen, Haushaltsgegenständen, Knaben: mit Autos, Lastwagen, Bauklötzen; Kriegsspiele	kennt 4 Farben, ein 5-Pfennig- und ein 10-Pfennigstück	angewiesen auf Gesellschaft und Unterstützung Erwachsener, starkes Familiengefühl, stolz auf die Mutter, weniger aggressiv, gelegentlich Koller, stampft mit den Füßen, knallt mit der Türe, bittet bei schwierigen Aufgaben – wenn nötig – um Hilfe

Entwicklung des Kindes zum Erwachsenen

Alter	Bewegung u. Spiel – Jungen	Bewegung u. Spiel – Mädchen	Affekte	Intellekt	Besitzdenken	Familie
6 Jahre	wildes Spielen, Klettern, Schaukeln, Interesse für Rollschuhe, Radfahren und ähnliche Spiele, ferner Cowboy Räuber Polizei Indianer	Spiel mit Puppen, erweitert durch Koffer, Mobiliar usw.	schreit schnell los, weint bei Geringfügigkeiten, tapfer bei echten Verletzungen	Warum-Fragen, erfaßt Zusammenhänge, bekommt Zeitgefühl. Großes Interesse für Zauberei, Märchen, lernt Wörter und Wortzusammenhänge lesen. Schreiben: häufig Verdrehungen in der Horizontalen, Buchstaben groß u. ungleich, rechnet in Einern, Zehnern und Fünfern	hat gern Besitz, zeigt ihn in der Schule, verstreut seine Sachen im ganzen Haus, macht sie entzwei, weiß nicht, wo sie geblieben sind, sammelt alles mögliche, eifersüchtig auf Besitz anderer	Eltern geben Maßstab für Gut und Böse, liebt oder haßt die Mutter, zunehmender Einfluß des Lehrers
7 Jahre	starkes Interesse für Schwimmen, lebhaftes Spiel im Freien Laufen, Raufen, Auf-die-Bäume-klettern	Hopsen, Seilspringen, Rollschuhlaufen	wechselnde Stimmung, weint bei scharfem Anreden oder einem kleinen Klaps, lernt in wesentlichen Dingen sich zusammenzunehmen	benutzt Zeitbegriffe; gute Beobachtungsfähigkeit, Leistungen in der Schule abhängig vom Lehrer, Schrift: groß, ungeschickt, liest oft mechan. ohne Sinnerfassung, Vorliebe für Rechenspiele	geht mit manchen Gegenständen achtsamer um, besonders Mädchen mit ihrer Kleidung, tauscht und sammelt alles mögliche, wachsendes Interesse für Geld	kommt mit Mutter und Vater gut aus, Mädchen schließen sich gern dem Vater an, stolz auf Zuhause, ziehen es anderen Familien vor, Eifersucht auf Geschwister, ältere werden bewundert

8 Jahre	macht Unterschied zwischen Arbeit und Spiel, Interesse an Gruppenspiel, Handball, Fußball, rennt wild umher, jagt, ringt. Absonderung der Knaben vom Spiel der Mädchen	empfindlich, leicht verletzt, besonders durch achtlose Worte, dramatisiert eigene Empfindungen	kennt Himmelsrichtungen, „rechts", „links", liest noch laut, Anfänge von Geheimsprache, begreift Ursache-Wirkung-Zusammenhänge, Rechnen: Multiplizieren, Dividieren	Interesse an Eigentum, will eigenen Aufbewahrungsplatz, leiht sich von anderen etwas aus und gibt es beschädigt zurück, sammelt Bilderserien	wird unstet, bleibt ungern zu Hause, mag keine Hilfeleistungen im Haushalt geben, lieber außerhalb; Mutter steht im Mittelpunkt der Familie, Fremden gegenüber ungezwungen
9 Jahre	spielt und arbeitet so heftig, daß häufig vor Erschöpfung aufgegeben werden muß. Beliebter Sport: Bergabfahren mit Rad, Schwimmen, Schlittschuhlaufen — balgen häufig miteinander / spielen mit Puppen	weint aus Ärger, Übermüdung, wegen seelischer Verletzungen	willensgesteuerte Aufmerksamkeit, Vorliebe für technisch-praktische Betätigung, liest jetzt leise, gern Tier- und Abenteuerbücher, Sprachbeherrschung, schreibt schnell und gewandt	Jungen interessieren sich allgemein für Geld und Tausch, weniger für Taschengeld	ist liebevoll zu den Eltern, prahlt mit ihnen, ärgert sich aber auch über sie

Entwicklung des Kindes zum Erwachsenen

Alter	Bewegung und Spiel – Jungen	Bewegung und Spiel – Mädchen	Affekte	Besitzdenken	Familie
10 Jahre	noch starker Bewegungsdrang auf die Bäume klettern, Wettrennen, Wettfahren, Cowboyspiel, „Unsinnmachen"	Bewegungsdrang Seilspringen, Rollschuhlaufen, Hopsen	eine der glücklichsten Altersstufen, selten traurig, weint kaum	an Geld nicht interessiert, gibt es leicht aus, sammelt systematisch	fühlt sich mit der Familie eng verbunden, vertrauensvolles Verhältnis zur Mutter, verehrt den Vater, streitet mit jüngeren Geschwistern
11 Jahre	Radfahren; Indianer- und Räuberspiel	manchmal noch Lust an Rollschuhlaufen, Hopsen, Seilspringen	tränenreichste Altersstufe zwischen 10 und 16, Hauptursache: Wut und Enttäuschung	Freude am Taschengeld, das durch gelegentliche häusliche Dienstleistungen gern aufgebessert wird	starker Familiensinn, gegenüber Mutter und jüngeren Geschwistern grob und widerspenstig, Mädchen neigen zu Streit mit Eltern
12 Jahre	klettern auf Bäume, spielen Fußball, Hockey, veranstalten Wettspiele	verlieren Interesse an Bewegung und Sport, beginnen herumzulungern, herumzusitzen	gelegentlich traurig, vor allem über Disharmonie zwischen Eltern, weint kaum	Aufstellen eines Etats, größeres Interesse an Taschengeld, beginnt zu sparen für bestimmte Dinge	weniger Interesse an der Familie, gutes Verhältnis zu Mutter und Vater, sehr schlechtes Verhältnis zu älteren, etwas besseres zu jüngeren Geschwistern

13 Jahre	erfüllt vom Sport (Fußball, Leichtathletik, Wettkämpfe), machen Unsinn	Körperliche Betätigung wird vernachlässigt, will vom Schulturnen befreit sein	relativ wenig glückliche Altersstufe, häufig deprimiert, vor allem nach Enttäuschungen, weint oft	beginnt, Geld sorgfältiger einzuteilen, möchte Geld verdienen	zieht sich von Familienunternehmen, besonders von der Mutter zurück, Jungen gehen lieber mit dem Vater aus, zärtliches Gefühl nur gegenüber jungen Geschwistern
14 Jahre	neben aktiven Sportarten (Fußball usw.), Interesse am Zusehen, Herumstehen	gelegentlich Spaziergänge (ins Kino gehen)	fröhlicher als mit 13, Ärger mit Lehrern, Mißverständnisse mit Freunden	individuelle Unterschiede in der Einteilung des Geldes treten hervor, möchte zum Geldverdienen aus der Schule heraus	will sich von der Familie absetzen, findet Mutter hoffnungslos altmodisch, kommt mit Vater besser aus, Verhältnis zu den Geschwistern bessert sich
15 Jahre	alle Sportarten (Fußball usw.), will unbedingt Autofahren	stundenlang regungsloses In-die-Gegend-schauen, „irgendwohin gehen"	Unglücklichsein ist allgemeine Stimmung, weint selten	Umgang mit Geld und Besitz ähnelt mehr dem der Erwachsenen, einzelne Kinder noch nicht reif, mit Geld umzugehen	Jungen vertrauen sich gelegentlich Mutter an, Verhältnis zum Vater etwas besser, streitet mit seinen Geschwistern
16 Jahre	ausdifferenzierte Bewegungsinteressen, aktiver Sport nur bei einem geringen Teil, bei Jungen überwiegt einfach „Herumstehen"		mehr glücklich als traurig, nur Mädchen weinen zuweilen		Verhältnis zur Familie leicht gebessert, meist noch Streit mit den Eltern

4 Das kranke Kind im Heim

4 DAS KRANKE KIND IM HEIM

4.1 Krankenpflege

Im Dauer-, Ferien- oder Kurheim muß vom Erzieher auch die Kran-
kenpflege übernommen werden, denn nicht jedes leichtkranke
Kind wird in ein Krankenhaus eingewiesen. Zu den Erkrankungen,
die im Heim behandelt werden können, gehören alle Erkältungskrankheiten, Grippe, Angina, Magen- und Darmerkrankungen, Bla-
senentzündungen und einige Infektionskrankheiten. Im Kinderheim müssen alle Erkrankungsfälle zunächst im Krankenzimmer
isoliert werden. Der Arzt bestimmt dann, welche Fälle von dort aus
in ein Krankenhaus verlegt werden sollen.

4.1.1 Allgemeine Veränderungen vor Ausbruch einer Erkrankung

Ein wichtiges Zeichen für das Wohlbefinden eines Kindes ist der
Appetit, die Fröhlichkeit, die Freude am Spiel und die Lebhaftig-
keit.

Bei der Begegnung mit Menschen, so natürlich auch mit Kindern,
registriert man zuerst ihr Aussehen. Ein Erzieher wird bemerken,
wenn das Kind blaß aussieht, Ringe unter den Augen oder trübe
Augen hat. Das Kind ist vielleicht auffällig müde, friert leicht, ist
weinerlich und zeigt eine Abnahme der Leistungsfähigkeit. Auch
Mißmut, Reizbarkeit oder Gleichgültigkeit und ein verändertes Verhalten zu anderen Kindern gehen oft einer Erkrankung voraus. Ein
gesundes Kind hat besonders in der Gemeinschaft einen guten
Appetit. Fängt das Kind an, Essen liegen zu lassen, lustlos vor seinem Teller zu sitzen, mit dem Essen nicht fertig zu werden, können
dies Zeichen einer beginnenden Krankheit sein. Bei all diesen Erscheinungen sollte man, bevor man das Kind dem Arzt vorstellt,
überlegen, ob das Kind genügend an die frische Luft kommt, ob es
ausreichend Bewegung und die nötigen Stunden Schlaf hat. Das
könnten auch Gründe für die beobachteten Veränderungen sein.

4.1.2 Krankheitszeichen

Die Pflegerin muß das kranke Kind genau beobachten, um dem Arzt Hinweise und Auskunft geben zu können.

Das Kind macht selbst über seine Krankheit wichtige Angaben. Es sagt, wo es Schmerzen hat, daß ihm schlecht ist, daß es bestimmte Bewegungen nicht machen kann, oder daß die Haut juckt. Bevor man den Arzt von der Erkrankung unterrichtet, muß man sich selbst über einige wichtige Punkte informieren. Aufgrund der Auskunft der Pflegerin wird der Arzt entscheiden, ob sein Krankenbesuch dringend oder erst im Laufe des Tages nötig ist.

Ansprechbarkeit des Kindes: Kennt man ein Kind in gesunden Tagen, merkt man sofort, wenn es besonders still und teilnahmslos ist. Bei fast jeder Erkrankung wird das Kind ruhiger sein als sonst, aber auf Fragen gibt es schnelle klare Antworten, während es bei Benommenheit sehr zögernd spricht und oft verwirrte Worte sagt. Benommenheit oder gar Bewußtlosigkeit sind sehr ernste Zeichen.

Lage des Kindes im Bett: Man kann beim Kind beobachten, ob es in einer bestimmten Stellung im Bett verharrt, ob es auffällig die Beine angezogen hat oder den Nacken steif nach hinten gebogen hält. Auch Muskelzuckungen oder Krämpfe sind erkennbar.

Hauterscheinungen: Veränderungen an der Haut durch Exantheme, bläuliche Verfärbungen besonders der Lippen oder des Gesichtes, kann man wahrnehmen.

Schmerzen: Bei starken Schmerzzuständen (Niere, Ohr, Kopf, Bauch, Hals und nach Verletzungen) jammert das Kind laut und weint. Oft ist es dabei blaß und von kaltem Schweiß bedeckt. Die Schmerzen können anfallsweise oder als Dauerschmerz auftreten.

Temperaturkontrolle: Fieber sollte immer gemessen, der Puls gezählt werden.

Atmung: Die Atmung kann beschleunigt sein, stoßweise, röchelnd, von unterschiedlicher Tiefe. Atemnot kann bei der Einatmung vorliegen, Hustenanfälle mit und ohne lautes Ziehen können auftreten.

Ausscheidungen:

Erbrochenes: Beim Erbrechen ist der Zeitpunkt (in bezug auf die letzte Mahlzeit), die Häufigkeit und das Aussehen des Erbrochenen festzustellen.

Kot: Die Anzahl der Stühle (Durchfall, Verstopfung), die Beschaffenheit (spritzend, wäßrig, breiig), die Farbe (hell, teerfarben, tonfarben) und krankhafte Beimengungen (Schleim, Blut, Eiter, Würmer) müssen registriert werden.

Urin: Farbe (bierbraun, fleischwasserfarben), Menge des Urins, Häufigkeit des Wasserlassens oder Niederschläge im Töpfchen sind zu beobachten.

Auswurf: Hat das Kind Auswurf, so muß man nachsehen, ob Eiter oder Blutbeimengungen vorhanden sind.

4.1.3 Das Krankenzimmer

In jedem Heim gibt es ein eigenes Krankenzimmer mit einem oder mehreren Betten. Im gemischten Heim ist jeweils ein Zimmer für Mädchen und ein Zimmer für Knaben vorhanden. Die Zimmer sollten abgesondert von den übrigen Kinderzimmern liegen, aber in Hörweite der Pflegeperson oder mit einer Klingel versehen. Das Zimmer soll freundlich, hell, luftig und warm sein. Die beste Raumtemperatur ist 21–23° C, damit das Kind sich beim Hinsetzen im Bett nicht erkältet. Der Fußboden muß wischbar sein, damit er täglich mit Wasser, wenn nötig mit Desinfektionslösung, gesäubert werden kann. Auch die Möbel sollen abwaschbar sein. Für kleinere Kinder ist ein Töpfchen im Zimmer angebracht, für Größere eine eigene Toilette neben dem Krankenzimmer. Ein Waschbecken mit fließendem warmem und kaltem Wasser gehört in jedes Krankenzimmer, im Nebenraum möglichst eine Badewanne oder Brause. Für frische Luft soll ein großes Fenster mit Oberbelüftung sorgen, das aber auch verdunkelt werden kann. Daß im Krankenzimmer bei aller Sauberkeit keine „sterile Atmosphäre" herrschen soll, ist selbstverständlich. Durch lustige Bilder (das Kind hat viel Zeit, sie sich anzusehen), freundliche Vorhänge und Blumen kann man jedes Krankenzimmer zu einem behaglichen Raum gestalten.

Das Krankenbett soll aus Metall und leicht zu desinfizieren sein, ein verstellbares Kopfteil haben, damit sich die Kinder im Bett zum Spielen hinsetzen können. Ein über zwei Stühle gelegtes Brett kann als Spieltisch benutzt werden, wenn kein verstellbarer Krankentisch vorhanden ist.

4.1.4 Die Körperpflege beim kranken Kind

Zur Körperpflege des kranken Kindes gehört das tägliche Waschen, wenn erlaubt Duschen oder Baden. Ist das Aufstehen nicht möglich, so muß die Pflegerin das Kind mit einer Waschschüssel im Bett waschen. Nach längerem Krankenlager ist Vorsicht beim ersten Aufstehen geboten. Es kann zu einer Kreislaufschwäche mit allen Zeichen einer beginnenden Ohnmacht kommen. Zur Körperpflege gehört weiter, wie in gesunden Tagen, das Zähneputzen, Haaremachen und Nägelreinigen. Die Nachtwäsche soll möglichst täglich gewechselt werden. Bei starkem Schwitzen (Fieber) muß das Kind mehrmals am Tag umgezogen werden, ebenso muß die Bettwäsche gewechselt werden.

Zum Bettenmachen kann man den Kranken auf einen Stuhl neben das Bett setzen. Es ist empfehlenswert, ein Gummituch auf der Matratze auszubreiten, darüber eine saugfähige Unterlage zu legen und darauf das Bettlaken zu spannen. In Höhe des kindlichen Beckens ist ein kleines Querlaken, das täglich gewechselt werden kann, einzuziehen.

Abbildung 4: Das Krankenbett

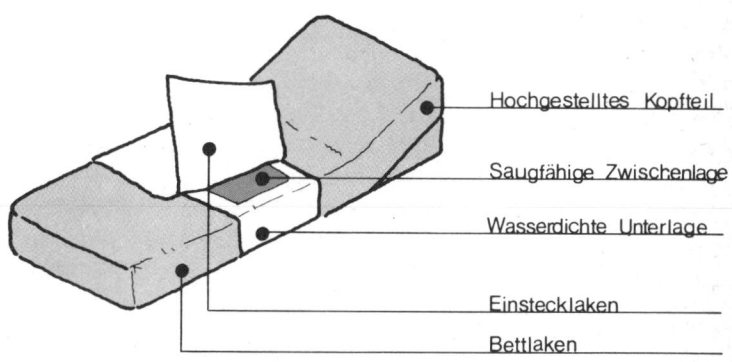

Hochgestelltes Kopfteil

Saugfähige Zwischenlage

Wasserdichte Unterlage

Einstecklaken

Bettlaken

Das Kopfkissen muß man häufig aufschütteln und die Krümel aus dem Bett entfernen. Wenn Sitzen im Bett erlaubt ist, kann man das Kopfende hochstellen oder ein zweites Kopfkissen unterlegen. Das Kind kann im Sitzen nicht nach unten wegrutschen, wenn man eine kleine Kiste oder ähnliches an das Fußende des Bettes stellt. Das Kind kann mit den Füßen dagegen treten.

Am Tag wird das Zimmer mehrmals gründlich gelüftet. Während dieser Zeit muß man das Kind gut zudecken, Bettjacke oder saubere Strickjacke und Mütze überziehen. Frische, kalte Luft wirkt auf den Kranken beruhigend und den Schlaf fördernd. Man kann einen Kranken warm zugedeckt 2–3 Stunden am offenen Fenster liegen lassen.

4.1.5 Die Krankenpflege des Kindes

Die Pflegerin wird immer das Befinden des Kindes beobachten. Puls und Temperatur müssen kontrolliert werden, Stuhl, Urin, Auswurf, Atmung, Erbrechen, Benommenheit, Schlafdauer, Schwitzen, Schwellungen an Gesicht oder Beinen, Körperausschläge, Schmerzangaben, Hautfarbe und Aussehen müssen registriert werden.

4.1.5.1 Das Fiebermessen

Beim kranken Kind wird morgens und abends Fieber gemessen. Bei Säuglingen und Kleinkindern mißt man im Darm (rectal). Bei Schulkindern wird unter dem Arm (axillar) gemessen. Nur bei besonderen Fällen, wenn Kinder die Erzieherin „beschwindeln" wollen durch Hochreiben des Thermometers oder durch das Halten in heiße Flüssigkeit, wird rectal nachgemessen.

Die Thermometer müssen in einem Glas mit Desinfektionslösung aufbewahrt werden. Vor dem Messen das Thermometer kurz unter kaltem Wasser abspülen, abtrocknen und herunter schlagen bis die Quecksilbersäule auf 36° C steht. Bei axillarer Messung legt man dem Kind das Thermometer 10 Minuten in die Achselhöhle. Bei rectaler Messung muß das Thermometer vor dem Einführen in den Darm etwas eingefettet werden. Zum rectalen Messen wird das Kind auf die Seite gelegt, Knie zum Kinn anziehen lassen, Thermometer einführen, festhalten, nach 2 Minuten herausnehmen und ablesen. Thermometer anschließend säubern, abspülen und wieder in die Desinfektionslösung stellen. Man mißt im Darm 0,5 Grad mehr als unter der Achsel. Von Fieber spricht man, wenn axillar über 37° C und rectal über 37,5° C gemessen wird.

Das Fiebermessen im Mund sollte man nicht vornehmen, da die Gefahr besteht, daß das Kind das Thermometer zerbeißt und das Quecksilber und die Glassplitter im Mund hat. Auch beim Messen im Darm können Unfälle passieren, wenn man das Kind mit dem Thermometer im Darm liegen läßt und fortgeht. Das Kind könnte sich umdrehen, das Thermometer abbrechen. Glassplitter würden sich in die Darmschleimhaut bohren, was eine operative Entfernung nötig macht.

Die Temperaturen sind bei kranken Kindern abends immer höher als morgens. Man soll auch nach Fieberabfall wenigstens noch zwei Tage die Temperatur weiter kontrollieren. Komplikationen machen sich oft durch einen erneuten Fieberanstieg bemerkbar.

Fieber kommt meist von einer Erkrankung, es kann aber auch bei Säuglingen und Kleinkindern als Durstfieber auftreten. Das Durstfieber entsteht beim sonst gesunden Kind bei starker Hitze und ungenügender Flüssigkeitszufuhr. Die Behandlung besteht in reichlichen Gaben von Tee oder Fruchtsaft.

Die gemessenen Temperaturen werden aufgeschrieben oder es wird eine Fieberkurve angelegt. Diese Aufzeichnungen müssen dem Arzt gezeigt werden.

4.1.5.2 Fieberkrämpfe

Bei Kindern bis zum 4. Lebensjahr können bei Temperaturen über 39° C Fieberkrämpfe auftreten. Das Kind wird dabei bewußtlos und hat Muskelzuckungen an Armen und Beinen. Die Fieberkrämpfe führen nicht zu Hirnschädigungen, sollten aber durch rechtzeitig einsetzende fiebersenkende Maßnahmen vermieden werden. Um die Temperatur zu senken, kann man Wadenwickel (s. S. 114) machen oder nach Rücksprache mit dem Arzt fiebersenkende Zäpfchen geben.

4.1.5.3 Das Pulszählen

Beim kranken Kind muß man nicht nur Fieber messen, sondern auch den Puls zählen. Man legt dazu den Mittel- und Ringfinger an der Daumenseite auf die Innenseite des Unterarmes oberhalb des Handgelenks. Hier spürt man deutlich die Pulsation einer Schlagader im Rhythmus des Herzschlages.

Abbildung 5: Das Pulsfühlen

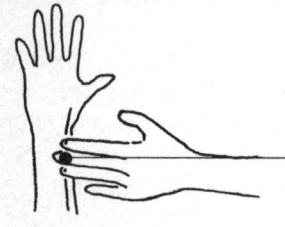

Pulsfühlen an der Daumenseite des Handgelenks mit drei Fingern

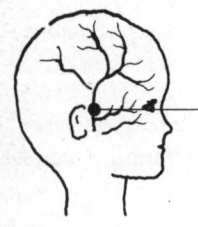

Pulsfühlen an der Schläfenschlagader

Pulsfühlen an der Halsschlagader Kopfnickermuskel

Findet man an dieser Stelle ausnahmsweise den Puls nicht, was z. B. bei sehr schlechtem Kreislauf möglich ist, so kann man den Puls an der Schläfe (Schläfenschlagader) oder am Hals (Halsschlagader) tasten. Fühlt man bei schweren Unfällen oder bei Bewußtlosen auch hier keinen Puls, so kann man auf dem entblößten Oberkörper links neben dem Brustbein in Höhe der Brustwarzenlinie den Herschlag direkt hören.

Die Pulszahl

beim Neugeborenen	130–160/Minute
mit 3 Jahren	100–110/Minute
mit 8 Jahren	90/Minute
beim Erwachsenen	60–80/Minute

Man kann beim Pulsfühlen die Pulszahl, die Regelmäßigkeit der Schläge und die Füllung der Arterie feststellen. Die Pulszahl ist immer bei Fieber erhöht. Auch durch Aufregungen und körperliche Arbeit wird der Puls beschleunigt. Eine Unregelmäßigkeit des Pulses kann ein Zeichen einer ernsthaften Erkrankung sein und muß vom Arzt abgeklärt werden. Ist die Füllung der Arterie schlecht, so ist der Puls kaum zu tasten, was bei Kreislauferkrankungen, Ohnmacht und Vergiftungen vorkommt. Der Befund muß dem Arzt sofort mitgeteilt werden.

4.1.6 Die Atmung beim kranken Kind

Die Pflegerin muß auch die Atmung beobachten. Die normale Atemfrequenz s. Seite 47.
Bei Fieber fällt eine beschleunigte Atmung auf, ebenso bei Lungenentzündung, wobei auch noch Atemnot und „Nasenflügelatmen" auftreten kann. Dabei bewegen sich auffällig die Nasenflügel.

Eine erschwerte Einatmung, die sich bis zur Atemnot steigern kann, deutet auf eine Verlegung der Atemwege hin, z. B. durch Schwellung im Kehlkopf (s. Pseudo-Krupp), durch Beläge auf der Stimmritze (s. Diphtherie) oder durch Fremdkörper (s. Unfälle).

4.1.7 Verordnung von Medikamenten

Wenn vom Arzt Medikamente verordnet werden, muß notiert werden:

a) Name des Kindes
b) Name des Präparates
c) die Dosierung
d) Zeitpunkt der Verabfolgung
e) Art der Verabreichung

Es passieren durch Verwechslungen immer wieder Vergiftungen durch Arzneimittel. Die Pflegerin soll sich vor der Gabe des Medikamentes informieren, ob auf der Packung eine Aufschrift „für Säuglinge", „für Kleinkinder", „für Schulkinder" oder „für Erwachsene" angegeben ist. Auf einigen Packungen findet man auch die Bezeichnung „pro Infantibus", das heißt „für das Kind".
Bei Verwendung von Antibiotika muß auf das Verfallsdatum geachtet werden. Die mögliche Verwendungsdauer von Arzneimitteln, besonders von angerührten Säften, ersieht man aus dem Beipackprospekt.

Das Verabreichen von Medikamenten bei Kindern erfolgt am besten in Form von Zäpfchen, Säften oder Tropfen.

Zäpfchen müssen bei großer Hitze im Eisschrank aufbewahrt werden, da sie einen Schmelzpunkt von etwa 35° C haben. Beim Einführen des Zäpfchens in den Darm bei Mädchen die Anordnung – Harnröhre, Scheide, Darm (von vorn nach hinten) – beachten. Vor dem Einführen soll man das Kind auf die Toilette gehen lassen, dann das Kind auf die Seite legen, Knie leicht anziehen lassen, und das Zäpfchen tief genug in den Darm einführen. Der Schließmuskel muß dabei überwunden werden. Anschließend lenkt man am besten das Kind etwas ab, z. B. durch das Erzählen einer Geschichte, damit das Zäpfchen nicht wieder herausgedrückt wird.

Säfte und *Tropfen* gibt man auf einen Löffel und läßt Flüssigkeit nachtrinken.

Tabletten muß man zerdrücken und mit etwas Flüssigkeit oder Brei verrührt geben.

Kapseln und Dragees können nur größere Kinder einnehmen.

Bei der Verordnung von *Augentropfen* oder Augensalbe soll sich das Kind hinlegen, das Unterlid muß herunter gezogen werden. Das Präparat ist dann in den unteren Lidsack einzubringen. Dabei ist das Auge nicht zu berühren.

Wenn *Nasentropfen* gegeben werden sollen, muß sich das Kind hinlegen. Der Kopf muß zurückgebeugt werden, so daß die Nasenlöcher zur Decke zeigen. Nun werden die Nasentropfen von oben hereingetropft, ohne die Nase zu berühren.

Bei Verordnung von *Ohrentropfen* soll sich das Kind auf die Seite legen. Der Gehörgang wird durch Ziehen an der Ohrmuschel nach hinten, oben, gestreckt. Nun tropft man die Ohrentropfen in den Gehörgang und verschließt ihn leicht mit lockerer Watte.

Arzneimittel müssen immer sicher und verschlossen aufbewahrt werden, damit Kinder nicht in einem unbeachteten Moment von den Medikamenten essen. Auch wohlschmeckende Hustensäfte sind Arzneimittel und können, werden sie vom Kind in beliebiger Menge getrunken, zu Vergiftungen führen.

4.1.8 Die Ernährung des kranken Kindes

Durch eine fieberhafte Erkrankung werden die meisten Kinder appetitlos. Das ist eine natürliche Erscheinung und man sollte die Kinder in dieser Zeit nicht mit dem Essen quälen. Man kann durch mit Traubenzucker, Sahne und Ei angereicherte Getränke ausreichende Kalorienmengen zuführen. Außerdem reicht man Fruchtsäfte, Tee und Obst nach Wunsch. Bei dieser flüssigen Ernährung soll man alle 2–3 Stunden etwas anbieten. Reichlich Flüssigkeit muß vor allem das fiebernde Kind haben, da es durch das Schwitzen zusätzlich Flüssigkeit verliert.

Geht es dem Kind wieder besser, so kann man den Appetit durch Anblick, Geruch und Vorstellungen anregen. Um das zu erreichen, darf es sich nach Abbildungen in Kochbüchern die Mahlzeiten aussuchen oder man erfragt seine Wünsche. Das Kind bekommt besonders liebevoll garnierte kleine Mahlzeiten serviert. Die Zahl der Mahlzeiten soll fünf pro Tag sein.

Muß eine bestimmte Diät eingehalten werden, so wird der Arzt Auskunft geben.

4.1.9 Packungen, Wickel, Umschläge

Mit der Anwendung von Packungen, Wickeln und Umschlägen kann die Pflegerin bei einer ganzen Reihe von Erkrankungen dem Kind Linderung und Hilfe verschaffen.

Mit feuchten, kühlen Wickeln erreicht man eine Abkühlung des Körpers und Engstellung der Gefäße.

Eine entzündungshemmende Wirkung erreicht man durch das Auflegen einer Eisblase, Eiskrawatte oder durch kalte Umschläge.

Eine Beschleunigung der Entzündung bewirkt das Auflegen von Wärme in jeder Form. Dadurch kann die Abgrenzung und Einschmelzung einer Entzündung schneller erfolgen.

Wickel und Umschläge, die von der Erzieherin ohne ärztliche Anweisung gegeben werden können:

1. Wadenwickel
Haben Kinder, die zu Fieberkrämpfen neigen, Temperaturen über 38,5° C, sind Wadenwickel angezeigt. Selbstverständlich können sie auch bei anderen hochfieberhaften (über 39° C) Kindern angewandt werden.

Man nimmt dazu zwei Tücher, taucht sie in stubenwarmes Wasser, wringt sie aus und legt sie um jeden Unterschenkel des Kindes. Nun schlägt man ein Wolltuch um jedes Bein und läßt den Wadenwickel 20 Minuten liegen. Der Wadenwickel kann 3—4mal wiederholt werden. Man erreicht damit eine Fiebersenkung um etwa ein Grad.

2. Leibwickel
Die Anwendung erfolgt bei Bauchschmerzen, ausgenommen wenn der Verdacht auf Blinddarmentzündung besteht. Ein etwa 40° C warmes, feuchtes Tuch wird auf den Leib gelegt. Ein wollenes Tuch darüber gebreitet. Man kann darauf noch eine leichte, mit wenig Wasser gefüllte Wärmflasche legen.

Kein Heizkissen verwenden (Feuchtigkeit!).

3. Stirnkompressen
Mit der Anwendung von Stirnkompressen lassen sich oft Unruhe und Einschlafstörungen beheben. Auch bei Kopfschmerzen empfinden die Kinder eine Stirnkompresse als angenehm. Es wird dazu

ein in kaltes Wasser getauchtes großes Taschentuch (oder Wasch-lappen) gut ausgewrungen auf die Stirn gelegt, und so lange ge-wechselt, bis sich das Kind beruhigt hat. Allein schon durch das Stillhalten des Kopfes und das Stilliegenmüssen tritt eine Beruhi-gung und Schlaf ein.

4. Kalte Umschläge
Bei allen Blutergüssen, Prellungen, Verstauchungen und Insekten-stichen kann man durch die Anwendung von feuchten, kalten Um-schlägen Rückgang der Schmerzen und der Schwellung erzielen.
Ein Tuch wird in kaltes Wasser getaucht und auf die erkrankte Stelle aufgelegt. Es empfiehlt sich, einen wasserdichten Stoff un-terzulegen, damit das Bett nicht feucht wird. Alle halbe Stunde muß der Umschlag erneuert werden. Der erkrankte Körperteil wird hoch-gelagert, so daß durch diese Maßnahme gleichzeitig die Blutzufuhr gedrosselt wird.

5. Trockener Brustwickel
Der trockene Brustwickel ist für Kinder mit Husten angezeigt. Dabei wird auf den Rücken und die Brust Pertussinbalsam, Pinimenthol oder ähnliches aufgetragen, darauf eine Schicht Watte gelegt und ein Wolltuch darüber geschlagen. Der Wickel wird abends gemacht und bleibt über Nacht liegen.

6. Wärmflaschen
Die Erzieherin kann selbständig Wärmflaschen bei frierenden, aus-gekühlten Kindern, bei Blasenentzündung und Bauchschmerzen (nicht bei Blinddarmentzündungsverdacht!) anwenden. Die Wärme führt zur Lösung von Muskelverkrampfungen und fördert die Durchblutung. Die Wärmflaschen sollen nur halb gefüllt werden, weil sie sonst zu schwer sind.

Das eingefüllte Wasser hat etwa 55° C Wärme. Den Verschluß der Wärmflasche muß man überprüfen (Verbrühungen). Die Wärm-flasche schlägt man am besten in ein Tuch ein.

7. Heizkissen
Ein Heizkissen kann bei den gleichen Indikationen wie bei der Wärmflasche gebraucht werden. Man sollte nie ein Heizkissen und gleichzeitig feuchte Wärme anwenden, da die Gefahr des Kurz-

schlusses besteht. Es könnten Verbrennungen, sogar mit Todesfolge, durch den elektrischen Strom entstehen. Das Heizkissen darf nie über Nacht liegen bleiben. Auch sollte man es keinesfalls bei Säuglingen oder Kleinkindern anwenden.

4.1.10 Bestrahlungen

Eine Höhensonne wird in den meisten Kinderheimen vorhanden sein und zur Vorbeugung gegen Rachitis und Hautunreinheiten verwandt werden. Die Höhensonne sendet UV-Strahlen aus.
Jeder Höhensonne ist ein Bestrahlungsschema beigegeben. Die Anwendung ist von der Intensität der entstehenden UV-Strahlen abhängig. Bei der Anwendung muß genau der Abstand zum Kind und die Bestrahlungsdauer beachtet werden. Die Augen des Kindes müssen durch eine entsprechende Brille geschützt werden. Auch die Erzieherin, die kleine Kinder unter der Höhensonne auf dem Schoß halten muß, sollte ebenfalls die Vorsichtsmaßnahmen beachten. Bei Überdosierung können eine Bindehautentzündung an den Augen und Verbrennungen ersten und zweiten Grades auftreten.

4.1.11 Der Arztbesuch

Die Erzieherin wird dem Arzt über ihre Beobachtungen berichten, ihm krankhafte Ausscheidungen des Kindes zeigen und ihm Puls- und Temperaturkurve vorlegen. Die Erzieherin soll bei der Untersuchung des Kindes dabei sein, das Kind halten, trösten und beruhigen und kleine Handreichungen machen. Die Verordnungen des Arztes muß sie aufschreiben. Nach der Untersuchung soll eine Waschmöglichkeit für den Arzt (sauberes Handtuch, Seife) vorhanden sein.

4.1.12 Beschäftigung von Kindern im Krankenzimmer

Geht es Kindern wieder besser, so finden sie es im Bett langweilig, sie werden ungeduldig und versuchen aus dem Bett zu hüpfen. Es ist die Aufgabe der Pflegerin, das Kind, so lange Bettruhe verordnet ist, im Bett zu beschäftigen und zu unterhalten. Sie kann vorlesen, Geschichten erzählen, Ratespiele machen oder Kaspertheater vorführen.

Erzieherinnen, die in Kinderkliniken arbeiten, haben eine besonders dankbare Aufgabe. Die Kinder, die oft viele Wochen im Bett liegen müssen, sehnen sie herbei. Sie hat dort keine pflegerischen Aufgaben, sie macht mit den Kindern Beschäftigungsspiele und Bastelarbeiten. Die Erzieherin hilft die oft langen Liegezeiten in Kliniken zu erleichtern.

4.2 Isolierung

Besteht auch nur der Verdacht einer ansteckenden Krankheit, so ist das Kind oder die Kinder des Kindergartens usw. im Krankenzimmer oder einem anderen Raum zu isolieren. An der Tür des Zimmers ist ein Schild anzubringen, aus dem ersichtlich ist, daß keine unbefugte Person das Zimmer betreten darf. Mit der Pflege werden ein oder zwei Erzieher beauftragt, die die Desinfektionsvorschriften ganz besonders beachten müssen, damit die Erreger nicht auf andere Kinder übertragen werden.

4.3 Desinfektion

Das Desinfizieren ist eine Entkeimung von Räumen, Gegenständen und Personen, z. B. der Hände der Pflegeperson. Die Desinfektion wird mit chemischen Mitteln vorgenommen. Durch das Desinfizieren soll eine Übertragung von Keimen verhindert werden.

Laufende Desinfektion: Sie ist nötig, so lange ein Kranker in einem Raum gepflegt wird und Keime ausscheidet. Durch Aufgießen von Desinfektionslösung oder Vermischen mit Chlorkalk von Auswurf, Stuhl und Urin werden Krankheitskeime vernichtet. Die Türklinken des Isolierzimmers werden mit in Desinfektionslösung getränktem Mull umwickelt. Die Fußböden des Raumes müssen mit Desinfektionslösung gewischt werden, ebenso die Möbel und Waschtische. Für das Kind soll eine eigene Toilette oder ein Töpfchen vorhanden sein, die auch regelmäßig desinfiziert werden. Am Eingang des Zimmers befindet sich eine Schüssel mit Desinfektionslösung (Sagrotan, Delegol, Chloramin, Lysoformin), in der sich die Pflegerin beim Verlassen des Raumes die Hände wäscht. Es muß dabei beachtet werden:

1. Die Lösung in der im Beipackprospekt angegebenen Konzentration verdünnen.
2. Die Hände 2–5 Minuten in die Lösung eintauchen.
3. Die Desinfektionslösung täglich erneuern.
4. Die unverdünnte Desinfektionslösung ist giftig und muß unbedingt verschlossen aufbewahrt werden.

An der Tür des Zimmers hängt ein auskochbarer Kittel, der zur Pflege übergezogen und beim Verlassen des Raumes wieder ausgezogen wird. Das ist nötig, um die Verbreitung der Keime durch Schmierinfektion zu verhindern, und um die Pflegeperson bei dem direkten Kontakt mit dem Kranken selbst zu schützen.

Schlußdesinfektion: Sie erfolgt, wenn eine Verlegung ins Krankenhaus nötig ist, wie bei Scharlach, Diphtherie, Paratyphus, Hepatitis infectiosa usw. Da es sich um meldepflichtige Krankheiten handelt, wird das Gesundheitsamt eine Raumdesinfektion mit Formaldehyddämpfen durchführen, was bei entsprechenden Erkrankungsfällen im Kindergarten auch dort vorgenommen wird. Die Erzieherin muß anschließend Möbel, Türen und Spielzeug mit Desinfektionslösung abwaschen. Das kann auch mit Sprüh-Präparaten durch Ansprühen erfolgen (Bacillo-Spray, Luzol-Spray). Bilderbücher, Knete und andere nicht zu desinfizierende Gegenstände müssen vernichtet werden.

Hat ein Kind im Heim eine leichtere Kinderkrankheit, z. B. Röteln oder Ziegenpeter, gehabt und wurde nicht in die Klinik verlegt, so muß es bis zur Abheilung im Isolierzimmer bleiben. Nach überstandener Krankheit wird das Kind gebadet, die Haare gewaschen und saubere Wäsche angezogen. Das Isolierzimmer wird einer gründlichen Reinigung unterzogen.

4.4 Die Hausapotheke

In jedem Kindergarten, Hort oder Heim befindet sich eine Hausapotheke. Sie sollte verschlossen in dem Zimmer der Leiterin oder im Isolierraum untergebracht sein.
Dem Erzieher ist zu empfehlen, sich bei Dienstantritt sofort über den Inhalt zu informieren, Fehlendes zu bestellen und unbrauchbare Sachen zu entfernen. Es ist nicht ratsam, erst bei einem Un-

glücksfall kopflos in der Apotheke zu wühlen, und dann in der Hast, Sorge und Aufregung nicht die passenden Sachen zu finden. Auch sollte von Zeit zu Zeit die Apotheke inspiziert werden und verdorbene (angerührte Säfte, Tropfen oder Salben) oder abgelaufene Präparate (Antibiotika) entfernt werden.

4.4.1 In die Hausapotheke des Kindergartens gehört:

Salbe gegen Insektenstiche
Verbandmaterial (Hansaplast in verschiedenen Breiten, mehrere Mullbinden, Heftpflaster, mehrere Verbandspäckchen, Dreieckstuch)
Splitterpinzette, Schere, Sicherheitsnadel
Schlagaderabbinder
Fieberthermometer
Holzspatel

4.4.2 In die Hausapotheke des Heimes gehört noch zusätzlich

Fiebersenkende Mittel
Schmerzlindernde Mittel
Nasentropfen
Gurgelmittel
Hustensaft (ohne Codein)
Salben für Brustwickel
Fenchel-, Kamillen-, Salbei-, Flieder-, Bärentraubenblätter- und Lindenblütentee
1 Gummiwärmflasche
Moltontücher verschiedener Größe für Wickel und Umschläge
70 % Alkohol zum Entfernen von Heftpflasterresten.

5 Häufige Erkrankungen im Kindesalter

5 HÄUFIGE ERKRANKUNGEN IM KINDES-ALTER

5.1 Infektionskrankheiten

Die Häufigkeit der Infektionskrankheiten, insbesondere die Zahl der Todesfälle bei diesen Krankheiten, ist durch die Erkenntnisse der modernen Medizin (Antibiotika), die bessere Hygiene und vor allem durch die Möglichkeit der Schutzimpfungen und Serumgaben stark zurückgegangen.

Der Erzieher wird sich aber gerade mit den Infektionskrankheiten (ein Teil von ihnen wird ja direkt als „Kinderkrankheiten" bezeichnet) immer wieder auseinandersetzen müssen, da besonders im Kindergarten Windpocken, Masern, Scharlach und Röteln gehäuft auftreten. Die Erkrankungen müssen rechtzeitig erkannt werden, um andere Kinder nicht unnötig zu gefährden.

5.1.1 Allgemeine Begriffe der Infektionskrankheiten

Eine *Infektion* liegt vor, wenn durch bestimmte Erreger eine Krankheit übertragen wird.

Man spricht von einer *Epidemie* oder *Seuche,* wenn es sich um eine starke Ausbreitung der Erkrankung handelt. In früheren Jahrhunderten waren Cholera, Pocken und Pest als Seuchen bekannt, die ganze Landstriche entvölkerten.

Als *Krankheitserreger* kommen Bakterien (Staphylokocken, Streptokocken, Stäbchen, Spirillen, Spirochäten), Viren und Einzeller vor.

Die *Inkubationszeit* ist der Zeitraum von der Ansteckung bis zum Ausbruch der Krankheit. Die Inkubationszeit ist für jede Infektionskrankheit charakteristisch. Die Erzieherin sollte am besten über eine aufgehängte Tabelle mit den einzelnen Inkubationszeiten verfügen, damit sie sich beim Auftreten von Erkrankungen schnell orientieren kann.

Manche Infektionskrankheiten haben eine *Vorkrankheit*. Das sind krankhafte Erscheinungen, die schon vor dem Ausbruch der eigentlichen Erkrankung beobachtet werden können. Die typischen Zeichen der Vorkrankheit sollten bekannt sein, da in diesem Stadium z. B. Masern bereits ansteckend sind.

Bei fast allen Infektionen tritt *Fieber* auf. Es ist ein Zeichen der Abwehrmaßnahmen des Körpers. Ein Schüttelfrost deutet meist auf höher und schnell steigendes Fieber hin, seltener auf einen massiven Einbruch von Erregern. Beim Schüttelfrost friert das Kind stark und klappert mit den Zähnen vor Kälte. Gleichzeitig besteht hohes Fieber und Kreislaufschwäche.

Die Erreger sondern Giftstoffe = *Toxine* ab, die den Körper schädigen. Der Körper bildet gegen diese Toxine *Antitoxine* oder Antikörper. Diese Antikörper bleiben für einige Wochen, Monate, Jahre oder lebenslänglich erhalten. Ausreichend vorhandene Antikörper schützen den Menschen vor einer erneuten Erkrankung. Der Mensch ist dann „immun" gegen bestimmte Erreger. Die Bildung der Antikörper hängt von der Abwehrlage des Menschen und von der Menge der eingedrungenen Erreger ab. Wir kennen eine Reihe von Infektionskrankheiten, die zwar den Menschen befallen, ihn aber nicht sofort krank machen (z. B. Primärherd der Tuberkulose). Eine Immunität läßt sich auch durch Schutzimpfungen erreichen. Nach der Impfung bildet der Körper Antikörper gegen die betreffende Krankheit. Diese Immunität hält je nach Krankheit verschieden lange an. In vielen Fällen ist eine Auffrischung nötig, wenn eine Infektion eingetreten ist.

Man spricht von einer *aktiven Immunisierung,* wenn der Körper selbst nach einer Krankheit oder Impfung Antikörper gebildet hat. Eine *passive Immunisierung* tritt nach einer Serumgabe auf. Im Serum werden dem Körper vom Mensch oder vom Tier gebildete Antikörper zugeführt. Diese Immunisierung bietet nur einen Schutz für 6–8 Wochen. Bei der Serumgabe werden außer den Antikörpern auch arteigene Eiweißkörper (vom Schaf, Pferd, Rind) eingespritzt, auf die der menschliche Körper mit einer Serumkrankheit reagieren kann. Dabei entwickeln sich Fieber, Gelenkschmerzen und ein stark juckender Hautausschlag. Heute soll bei dem relativ häufig angewandten Tetanus-Serum auf menschliches Serum (früher vom Pferd) zurückgegriffen werden, das keine Allergien auslöst. Andere

Seren bei Diphtherie, Tollwut und Schlangenbiß werden vom Pferd, Rind oder Hammel gewonnen. Ist Serum verabfolgt worden, so muß die Serummenge und Tierart in den Impfpaß eingetragen werden, da bei nochmaliger Serumgabe die Tierart gewechselt werden muß, um eine Serumkrankheit, evtl. sogar einen tödlichen Serumschock zu vermeiden.

5.1.2 Infektionswege

Die Ansteckung mit einer Infektionskrankheit kann durch direkten oder indirekten Kontakt mit der erkrankten Person erfolgen.

Durch „Wind", d. h. durch Luftzug werden, wie der Name schon sagt, die Windpocken übertragen, aber auch die Masern und die echten Pocken. Die Luft kann die Erreger über Flure, Luftschächte oder sogar durch offene Fenster von einem Stockwerk zum anderen ausbreiten.
Andere Erreger werden durch direkten körperlichen Kontakt, durch Verschmieren von infektiösem Material (Kot, Urin, Speichel, Auswurf, Erbrochenes, Eiter) übertragen.
Die Ausbreitung kann auch durch infizierte Gegenstände (Scharlach, Pocken) erfolgen.

Bei der *Tröpfcheninfektion* werden die Erreger (Keuchhusten, Tuberkulose) in unsichtbaren Schleimtröpfchen beim Sprechen, Niesen und Husten bis zu einem Meter auf die gesunde Person übertragen.

Besonders widerstandsfähige Erreger können durch *Staubinfektion* auf andere Menschen übertragen werden. Dabei kommen durch Aushusten zunächst die Erreger auf die Erde, bleiben dort liegen und werden beim nächsten Luftzug oder Fegen aufgewirbelt und eingeatmet. Schon aus diesem Grunde sollte man im Kindergarten, Hort, Schule und Kinderheim nicht fegen, sondern feucht wischen lassen.

Auch *Dauerausscheider,* das sind Personen, die eine Infektionskrankheit hatten und scheinbar gesund sind, aber noch Erreger ausscheiden, führen zu einer Verbreitung von Erregern. Besonders verhängnisvoll kann das sein, wenn sich ein Typhus oder Paratyphusdauerausscheider unter dem Küchenpersonal befindet. (s. Bundesseuchengesetz S. 24)

Gesunde *Zwischenträger* beherbergen zwar in ihrem Körper bestimmte Erreger und geben sie auch an ihre Umgebung weiter, werden aber selbst nicht krank. Das findet man z. B. bei der Poliomyelitis und bei der Diphtherie.

Auch *Tiere* können Infektionen verbreiten (Tollwut, Salmonellen, Tuberkulose).

Bei allen Infektionskrankheiten muß der Erzieher die Isolierung des erkrankten Kindes, die Benachrichtigung des Arztes und der Eltern, eventuell auch des Gesundheitsamtes und schließlich die Desinfektionsvorschriften beachten.

5.1.3 Keuchhusten (Pertussis)

Die *Inkubationszeit* beträgt 7–21 Tage, meist 14 Tage. Der Erreger ist ein Bazillus. Bekannt ist der Keuchhusten auch unter der Bezeichnung „Blauhusten", weil die Kinder bei den Hustenanfällen blau werden. Auch der Name „Stickhusten" wird gebraucht, da es bei den Hustenanfällen mitunter so aussieht, als ob das Kind zu ersticken droht.

Übertragung: Schon im Beginn des katarrhalischen- und im Krampfstadium erfolgt durch Tröpfcheninfektion die Übertragung des Keuchhustens. Unsichtbare Schleimtröpfchen fliegen bis zu einem Meter weit. Eine Ansteckung über zwei Meter Entfernung ist jedoch unwahrscheinlich. Angesteckt werden kann jede Person, die noch keinen Keuchhusten hatte, vom Säugling bis zum Großvater. Die Erkrankung hinterläßt lebenslängliche Immunität. Lebensgefährlich ist der Keuchhusten für den Säugling. Man muß ihn vor einer Infektion durch größere Geschwister schützen. Man kann das Kind ab 4. Monat gegen Keuchhusten impfen lassen (s. S. 19).

Die Impfung wird nach dem 2. Lebensjahr nicht mehr durchgeführt, auch nicht als Wiederholungsimpfung. Geimpfte Kinder können auch an Keuchhusten erkranken. Der Verlauf ist aber dann so leicht, daß die Erkrankung als solche kaum erkannt wird.

Verlauf der Erkrankung: Das katarrhalische Stadium dauert 10–12 Tage. Der Keuchhusten zeigt hier die gleichen Erscheinungen wie ein gewöhnlicher Husten. Er ist in diesem Stadium noch nicht erkennbar, aber bereits ansteckend.

Im Krampfstadium treten jetzt die typischen Keuchhustenanfälle auf. Das Kind hustet krampfhaft, wird dabei blau, die Venen im Bereich des Kopfes können anschwellen. Ein Hustenstoß folgt schnell – stakkatoähnlich – auf den anderen. Es droht fast zu ersticken, bis mit lautem ziehendem und juchzendem Einatmungston, an dem man mit Sicherheit den Keuchhusten erkennt, der Hustenanfall beendet ist. Danach tritt häufig Erbrechen auf. Mageninhalt oder Schleim wird hervorgewürgt. Die Keuchhustenanfälle treten bis zu 50mal pro Tag auf, besonders während der Nacht. Die Pflege eines Kindes in dieser Zeit, besonders nachts, ist anstrengend für das Kind und die Mutter oder Pflegerin. Das Krampfstadium kann 3–4 Wochen anhalten.

Abklingendes Stadium: Die Krampfanfälle lassen langsam nach und gehen in einen abklingenden Husten über, der nach 2–4 Wochen ganz aufhört.

Dauert das Krampfstadium länger als 8–12 Wochen, so hat das psychische Ursachen. Diese Hustenanfälle sind dann aber nicht mehr ansteckend. Die Wiederzulassung zum Kindergarten kann frühestens 4 Wochen nach Beginn des Krampfstadiums erfolgen.

Behandlung: Vom Arzt werden je nach Schwere der Erkrankung beruhigende und hustenstillende Medikamente verschrieben. Ein Klimawechsel wirkt sich oft günstig aus. Die Kinder sollen möglichst kleine, kalorien- und vitaminreiche Mahlzeiten bekommen. Beim Säugling wird man meist ohne Gabe eines Antibiotikums und menschlicher Antikörper (Tussoglobin) nicht auskommen.

5.1.4 Scharlach (Scarlatina)

Die *Inkubationszeit* beträgt 2–8 Tage.
Übertragung: Die Erreger des Scharlachs sind Streptokocken, die sich im Rachenraum befinden. Sie werden durch direkten Kontakt mit dem Kranken, durch gesunde Zwischenträger oder mittels infizierter Gegenstände (Bilderbücher, Spielzeug, Bausteine, Knete) übertragen.

Verlauf der Erkrankung: Das Kind erkrankt meist einen Tag lang mit einer Vorkrankheit. Es hat Erbrechen, Kopfschmerzen, Angina und Fieber. Am zweiten Tag zeigt sich dann ein hellrotes, kleinfleckiges Exanthem, das im Leistengebiet und an den Oberschenkeln beginnt und sich über den ganzen Körper ausbreitet. Die Wangen sind gerötet, das Munddreieck bleibt frei vom Exanthem und erscheint daher blaß. Wenn der weißliche Belag sich von der Zunge abgestoßen hat, erkennt man am 3. Tag die sogenannte „Himbeerzunge". In der zweiten bis dritten Woche setzt die Schuppung der Haut ein. Manchmal wird erst dann der Scharlach erkannt.

Behandlung: Heute wird die Behandlung ausschließlich mit Penicillin durchgeführt. Dadurch kommt es zu einer Verkürzung der Behandlungszeit von früher 6 Wochen auf 10–12 Tage. Auch die gefürchteten Komplikationen, insbesondere Mittelohrvereiterung mit nachfolgender Schwerhörigkeit, sind durch diese Therapie weitgehend verschwunden. In etwa 5 % der Fälle kommt es später zu einer Zweiterkrankung des Scharlachs, d. h. das Kind erkrankt ein zweites Mal an Scharlach.

Scharlach ist eine meldepflichtige Krankheit. Neben der infektiösen Hepatits ist er die z. Z. häufigste Infektionskrankheit in der Bundesrepublik. Der Kindergarten muß bei einem Scharlachfall geschlossen werden, die Räume werden desinfiziert. Spielzeug, welches nicht desinfiziert werden kann, muß verbrannt werden. Nach dem Bundesseuchengesetz § 45 darf Personal, in dessen Wohngemeinschaft meldepflichtige übertragbare Krankheiten, in diesem Falle Scharlach, aufgetreten sind, nur nach Zustimmung des Gesundheitsamtes den Kindergarten und andere Gemeinschaftseinrichtungen betreten. Bei einem Scharlachfall im Heim soll bis zur Abklärung der Erkrankung eine Isolierung erfolgen. Wird ein Scharlach diagnostiziert, erfolgt die Krankenhauseinweisung. Anschließend folgt Schlußdesinfektion des Krankenzimmers durch das Gesundheitsamt. Tritt ein Scharlachfall in der Familie auf, so ist bei strenger Isolierung und Penicillinbehandlung eine Hausbehandlung möglich.

5.1.5 Windpocken (Varizellen)

Die *Inkubationszeit* beträgt 2–3 Wochen.
Der Erreger ist ein Virus. Die Windpocken werden auch „Wasser-
pocken", „Spitzpocken" oder „Schafblattern" genannt.

Übertragung: Die Infektionsmöglichkeit ist sehr groß. Die Erreger
werden durch Kontakt mit Kranken und durch den Luftzug („Wind"-
Pocken) übertragen.

Verlauf der Erkrankung: Es bilden sich auf der Haut kleine rote
Flecken, die zu Knötchen, dann zu Blasen werden. Die Bläschen
stehen auf rotem Grund, platzen und trocknen mit einer Kruste ein.
Nach Abfall der Kruste tritt keine Narbenbildung auf. Man findet
alle Stadien von den roten Flecken bis zur Kruste gleichzeitig auf
der Haut. Der Ausschlag sitzt am ganzen Körper, auch auf der Kopfhaut und auf den Schleimhäuten wie im Mund, an den Augenlidern
und in der Scheide. Mit Auftreten des Exanthems kann das Kind
auch Fieber bis zu 38° C bekommen, das nur wenige Tage anhält.
Die Bläschen jucken stark, so daß die Kinder sich leicht kratzen.
Wenn eine Stelle durch das Kratzen vereitert, so kann auch nach
Windpocken eine Narbe zurückbleiben.

Behandlung: Sie besteht in juckreizstillenden Salben oder Puder
und fiebersenkenden Mitteln. Falls sich Windpocken auch im Mund
befinden und dadurch wunde Stellen an der Mundschleimhaut auftreten, dürfen die Kinder keine sauren (Obst) und festen Speisen
bekommen.

An Windpocken erkrankte Kinder in einem Heim so zu isolieren,
daß sich andere Kinder nicht anstecken können, ist so gut wie un-
möglich, da die Infektion durch die Luft in den Flur und andere
Zimmer übertragen wird. Man muß die Kinder eventuell in ein
Krankenhaus verlegen. Haben schon alle Kinder mit dem erkrankten Kind Kontakt gehabt, so ist die Krankenhausaufnahme unnötig.
Nach überstandener Krankheit genügt das Lüften und eine gründliche Reinigung des Krankenzimmers. Windpocken hinterlassen
eine lebenslängliche Immunität. Treten Windpocken gehäuft in
einem Kindergarten auf, so muß nach Rücksprache mit den Gesundheitsamt der Kindergarten eventuell geschlossen werden.

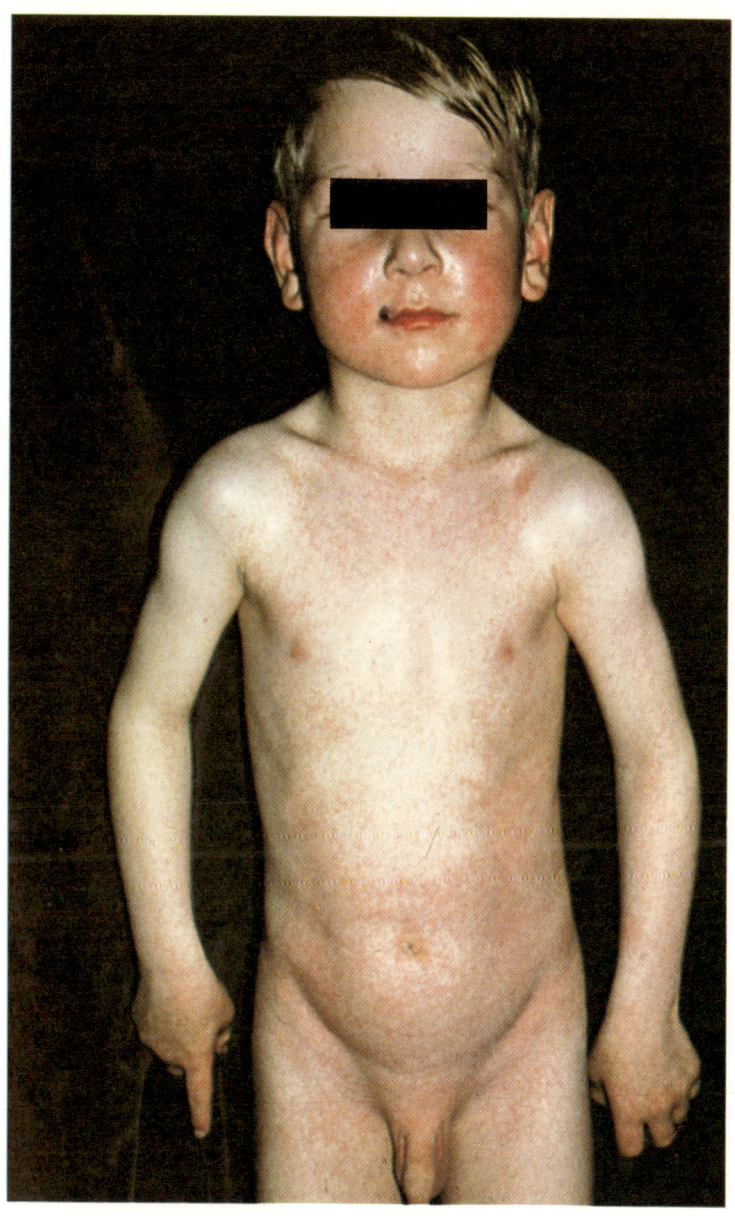

Scharlach. Besonders stark ausgeprägtes Exanthem in den Leisten-
beugen. Blasses Munddreieck, gerötete Wangen.

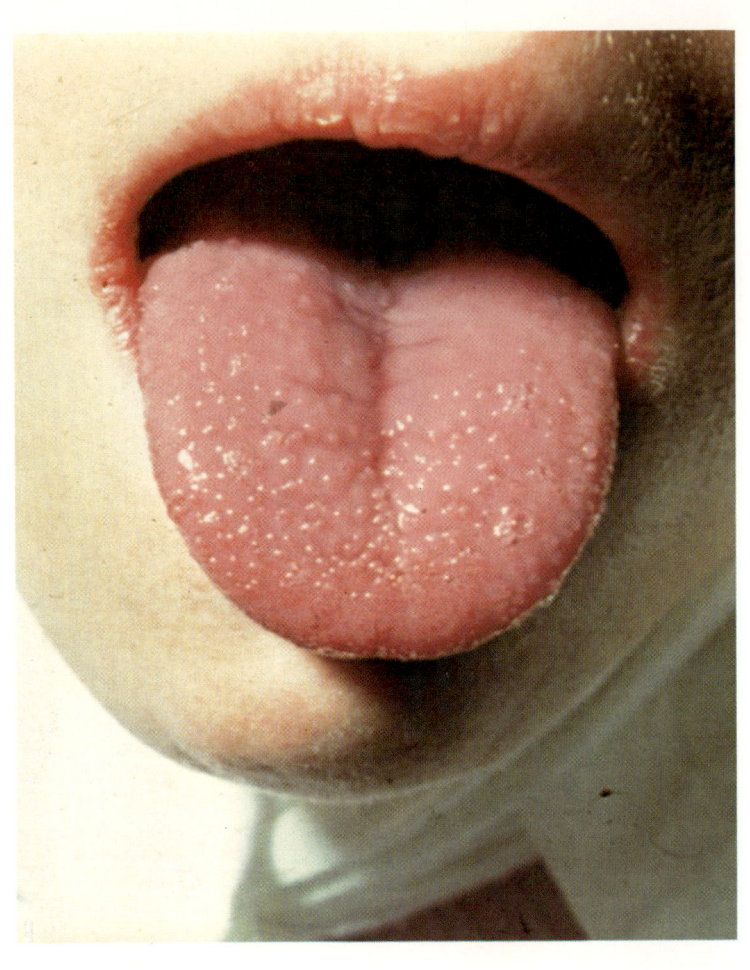

Scharlach. Himbeerzunge.

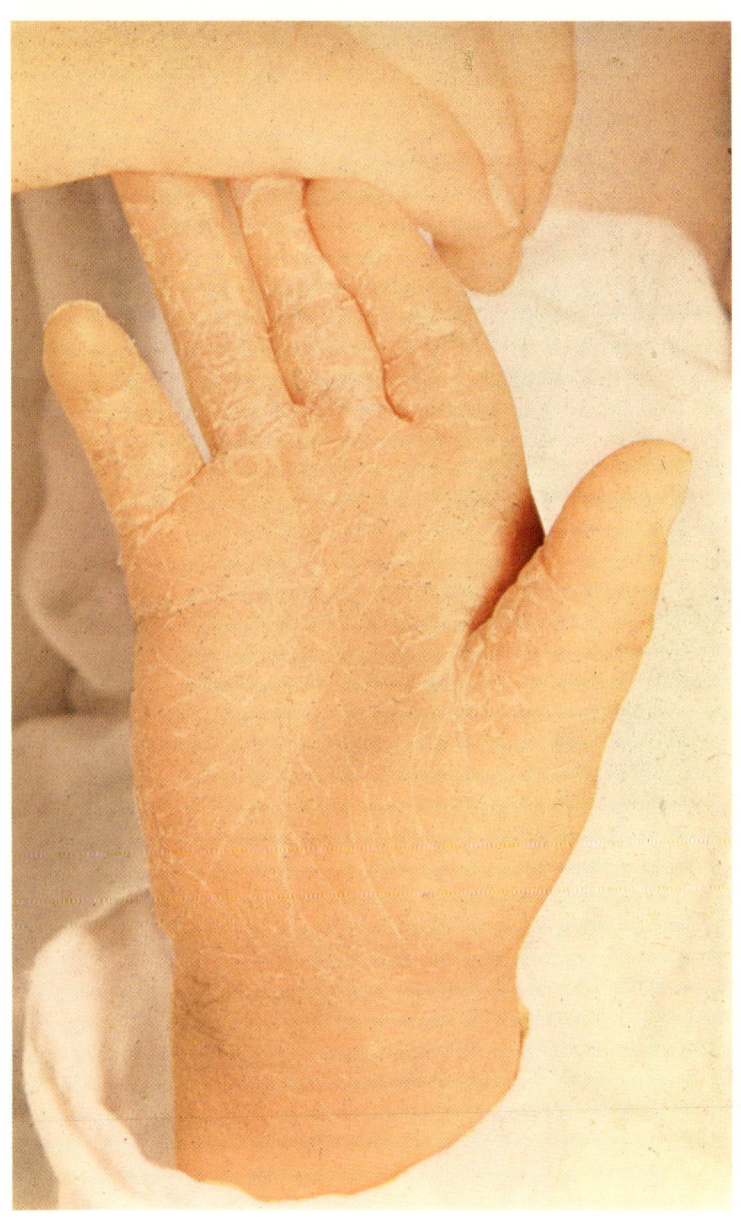

Scharlach. Grob-lamellöse Schuppung nach Scharlach.

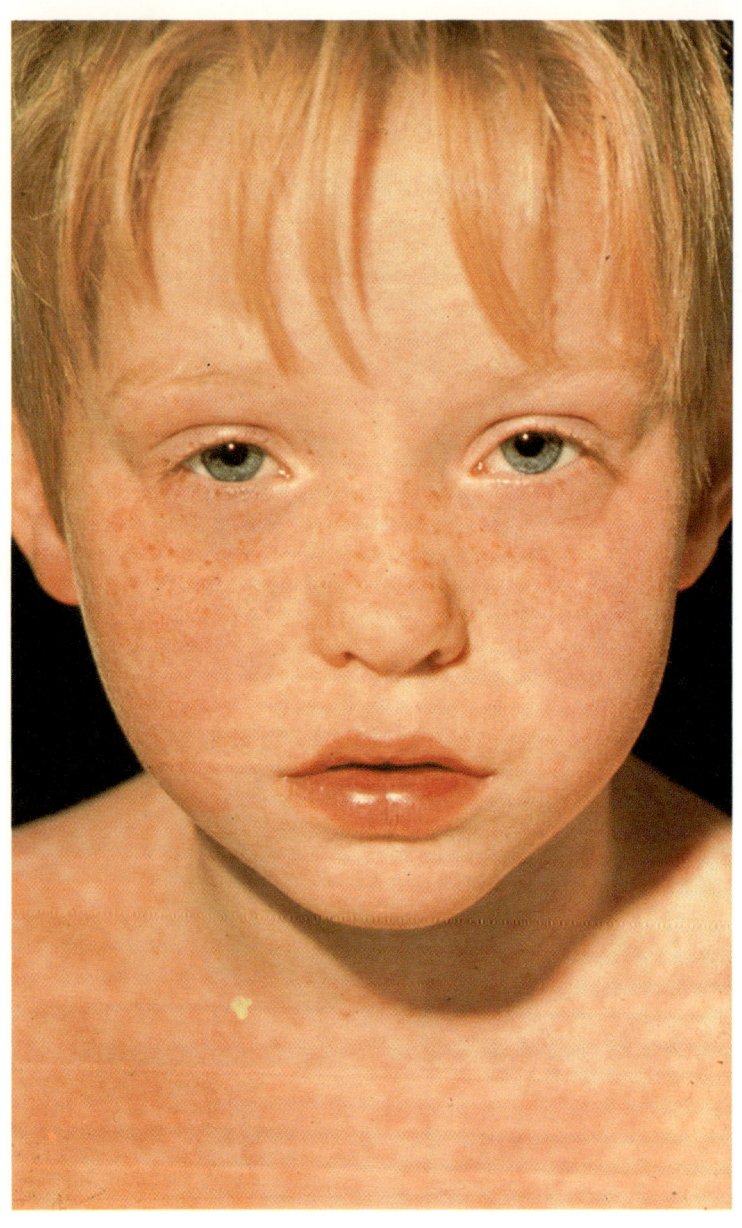

Masernexanthem mit deutlicher Konjunktivitis.

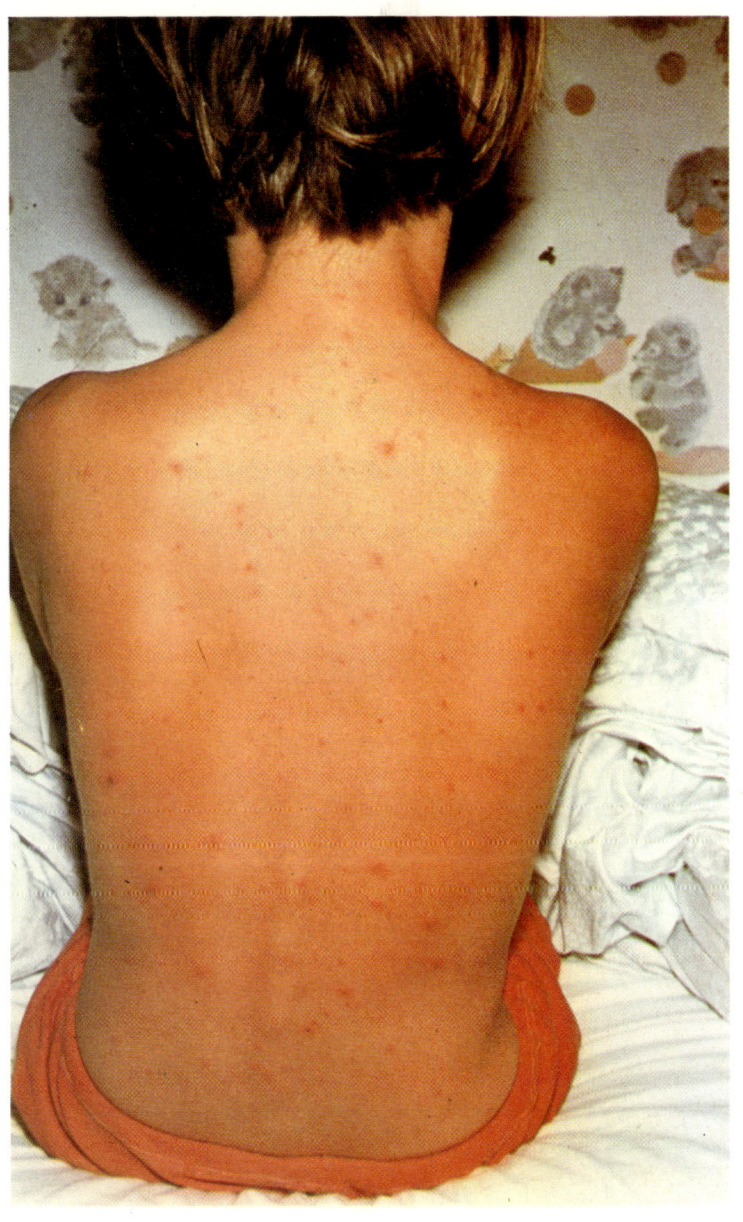

Windpocken.

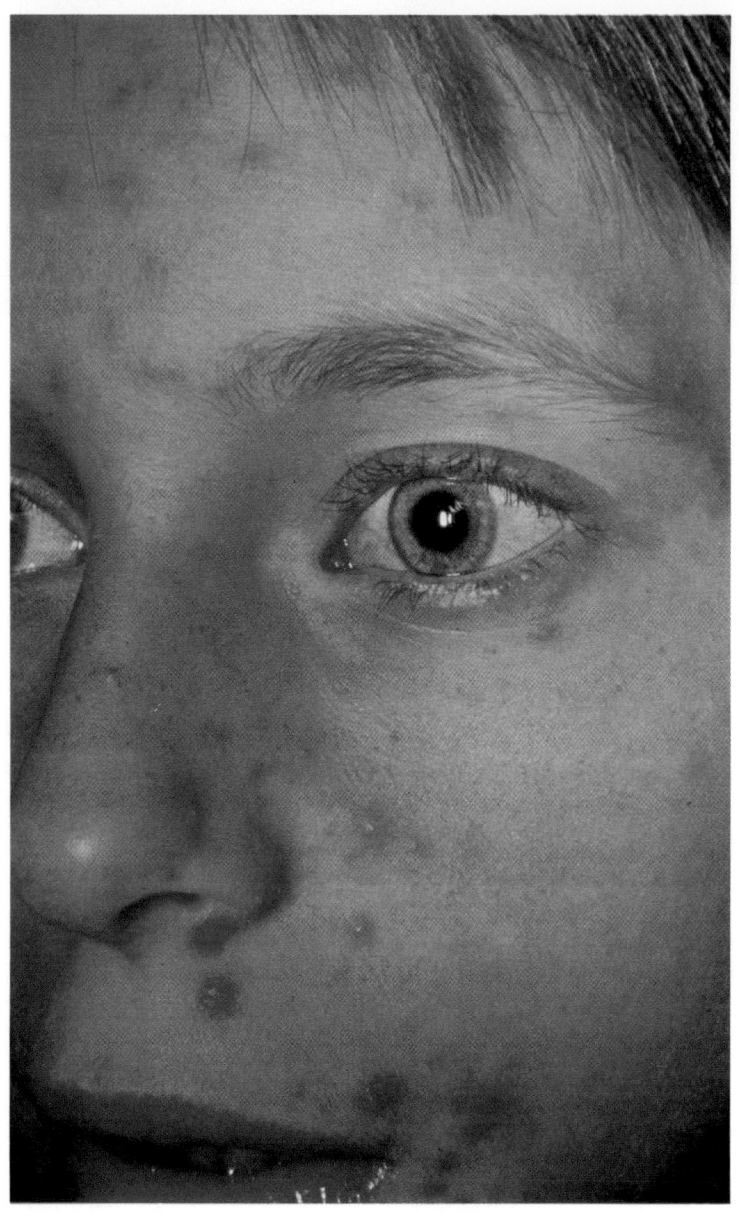

Alle Stadien des Windpockenausschlages sind gleichzeitig sichtbar.

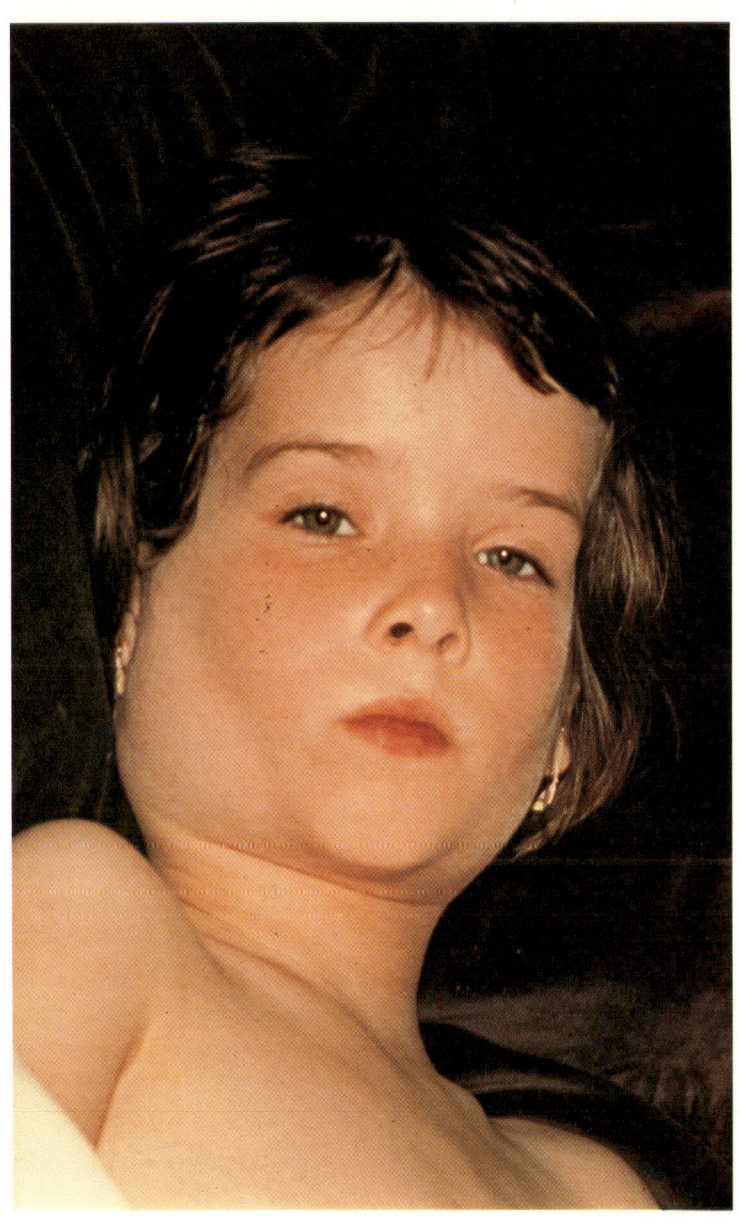

Schwellung der Ohr- und Unterkieferspeicheldrüse bei Mumps.

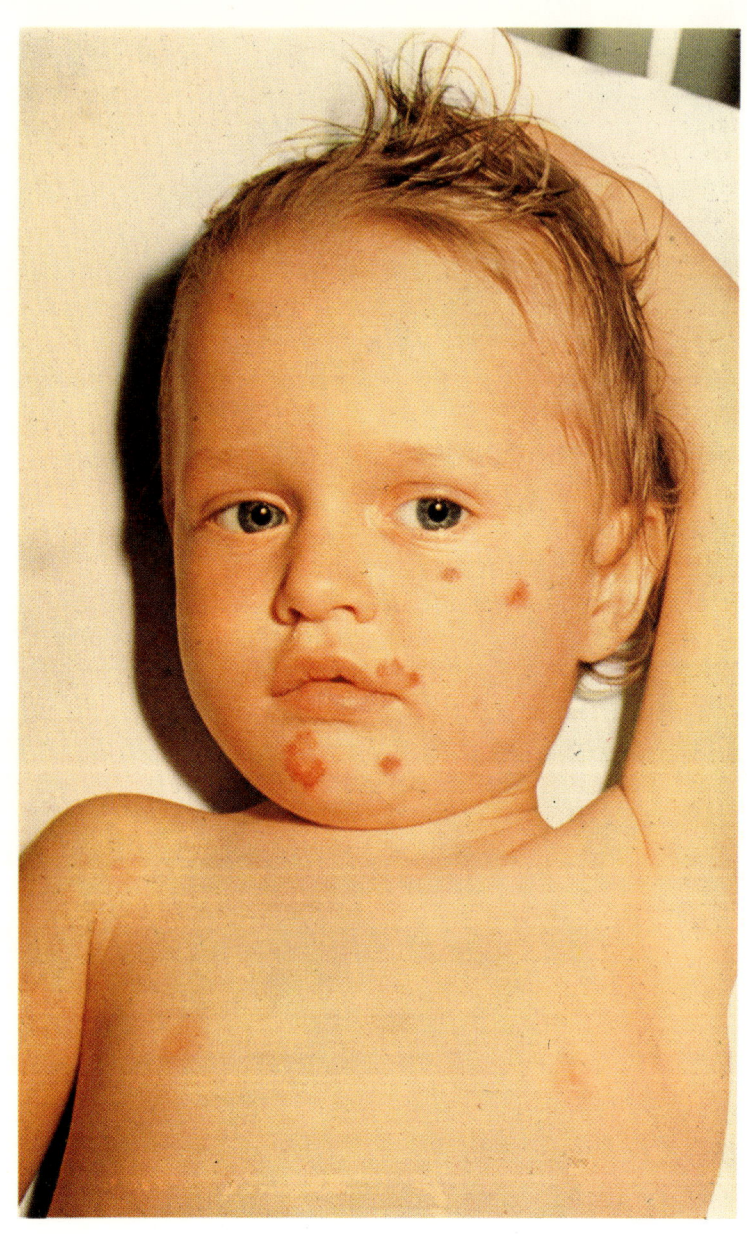

Borkenflechte.

5.1.6 Masern (Morbilli)

Die *Inkubationszeit* ist 10–14 Tage.
Bei Neuaufnahmen in ein Heim empfiehlt es sich, Kinder, die sich in der Inkubationszeit der Masern befinden, 3–4 Wochen zu isolieren. Die Inkubationszeit kann sich ausnahmsweise über einen so langen Zeitraum erstrecken, wenn den Kindern vorher Gamma-Globulin gespritzt wurde. Der Erreger ist ein Virus.

Übertragung: Es besteht eine sehr leichte Infektionsmöglichkeit, da der Erreger, ebenso wie bei den Windpocken, durch Tröpfchen oder Luftzug übertragen wird. Die Empfänglichkeit aller Altersgruppen ist sehr groß, soweit sie noch keine Masern gehabt haben. Auch Erwachsene können erkranken. Eine Ausnahme bilden die Säuglinge in den ersten 3–6 Monaten, da sie noch Immunkörper von der Mutter haben, vorausgesetzt, daß die Mutter schon einmal Masern hatte.

Verlauf der Erkrankung: Masern sind vom Ausbruch der Vorkrankheit an ansteckend, also schon 3–4 Tage vor dem Sichtbarwerden des Hautausschlages. Bei der Vorkrankheit hat das Kind Temperaturen, Husten, Schnupfen sowie Bindehautentzündung und Lichtscheu. Im Mund kann man an der Wangenschleimhaut zu diesem Zeitpunkt die Koplikschen Fleckchen finden. Das sind stecknadelkopfgroße, weiße Stellen, die wie Grießkörnchen aussehen. Nach 3–4 Tagen klingt die Vorkrankheit ab. Unter erneutem Fieberanstieg tritt nun das grobfleckige, hinter den Ohren beginnende Exanthem auf, das sich über den ganzen Körper ausbreitet und etwa 8 Tage anhält. Eine leichte Schuppung ist nach Ablassen des Exanthems möglich. Die Masern sind 5 Tage nach Ausbruch des Exanthems nicht mehr ansteckend.

Gefürchtete Komplikationen sind Gehirnentzündung (oft mit bleibenden Schäden), Lungenentzündung und Mittelohrvereiterung.

Behandlung: Da Lichtscheu besteht, ist eine leichte Abdunklung des Zimmers angebracht. Die entzündeten Augenlider kann man mit Kamillentee auswaschen. Temperaturkontrolle, damit bei Komplikationen sofort entsprechende Maßnahmen vom Arzt getroffen werden können.

Masern hinterlassen eine lebenslängliche Immunität. Treten Masern gehäuft im Kindergarten auf, so ist das dem Gesundheitsamt mitzuteilen, das eine Schließung gegebenenfalls veranlaßt. Wiederzulassung zum Kindergarten 5 Tage nach Exanthemausbruch. Eine Impfung gegen Masern ist möglich (s. S. 20).

5.1.7 Mumps (Parotitis epidemica)

Die *Inkubationszeit* beträgt 12–26 Tage, meist 14 Tage. Der Erreger ist ein Virus. Die Erkrankung wird auch „Ziegenpeter" oder „Wochentölpel" genannt, weil das Kind durch die „dicke Backe" entstellt ist.

Übertragung: Sie erfolgt durch Tröpfcheninfektion. Schon einige Tage vor Ausbruch der Krankheitserscheinungen ist Mumps ansteckend und bleibt es bis zum 14. Krankheitstag.

Verlauf der Erkrankung: Die Krankheit macht sich durch Fieber, Ohr- und Kauschmerzen, Anschwellen der Ohrspeicheldrüse und eine Kieferklemme bemerkbar. Das Kind bekommt eine dicke Backe. Das Ohrläppchen kann abstehen. Gleichzeitig können auch die anderen Speicheldrüsen (Unterzungen- und Unterkieferdrüse) anschwellen. Nach 4–5 Tagen erkrankt dann meist die andere Ohrspeicheldrüse. Die Erkrankung dauert 10–14 Tage und hinterläßt eine lebenslängliche Immunität.

Behandlung: Da die Kaubewegungen schmerzhaft sind, können die Kinder nur flüssig-breiige Nahrung, eventuell mit Strohhalm, zu sich nehmen. Auf die erkrankte Backe wird Öl aufgetragen und ein warmes Tuch um den Kopf gewickelt. Bettruhe ist angezeigt. Als Komplikation tritt besonders häufig die Hirnhautentzündung auf, die dann in der Klinik weiter behandelt werden muß. Besonders gefährdet sind junge Erwachsene, da bei ihnen Hoden- und Eierstockentzündungen nachfolgen können.

Bei Erkrankung im Heim genügt Unterbringung im Einzelzimmer, Kittelpflege und normale Scheuerdesinfektion.

5.1.8 Röteln (Rubeola)

Die *Inkubationszeit* beträgt 14–21 Tage.
Der Erreger ist ein Virus.

Übertragung: Ansteckungsmöglichkeit besteht durch Tröpfchen-infektion. Das Kind ist schon 1–2 Tage vor Ausbruch des Exanthems infektiös.

Verlauf der Erkrankung: Das Exanthem ist hellrot. Es sind nicht-ineinanderfließende, oft rundliche Fleckchen. Dazu treten deut-liche Lymphknotenschwellungen im Nacken und hinter den Ohren auf. Röteln verursachen nur wenig Fieber, das manchmal nur einen Tag anhält. Die Erkrankung ist oft so unauffällig, daß sie überhaupt nicht bemerkt oder als allergischer Ausschlag angesehen wird. So haben bedeutend mehr Menschen Röteln gehabt, als angenommen (s. unten). Die Röteln hinterlassen eine lebenslängliche Immunität. Der Besuch des Kindergartens ist nach 8–10 Tagen wieder gestattet.

Röteln und Schwangerschaft

Für das Kind sind die Röteln eine völlig harmlose Erkrankung. Zur großen Gefahr werden sie aber für die Schwangere, da sie zu Miß-bildungen des Kindes führen können. Die Häufigkeit der Mißbil-dungen ist vom Zeitpunkt der Infektion abhängig.

Bei Infektionen im 1. Monat 33–50 % Mißbildungen
        2. Monat 25 % Mißbildungen
        3. Monat 10 % Mißbildungen
        4. Monat   4 % Mißbildungen

Es kommt zu Mißbildungen an den Augen (Blindheit), den Ohren (Taubheit), dem Herzen (angeborene Herzfehler), dem Gehirn (Rückstand der geistigen Entwicklung).

Bestimmte Personengruppen sind durch den täglichen Kontakt mit Kindern besonders gefährdet. Es ist daher besonders den Erzie-herinnen, Lehrerinnen und Kinderkrankenschwestern dringend zu einer aktiven Schutzimpfung mit lebenden, abgeschwächten Er-regern zu raten. 80 % der 16–40jährigen Frauen haben einen aus-reichenden Antikörperspiegel im Blut und brauchen sich nicht impfen zu lassen. Erzieherinnen, die nicht mit Sicherheit wissen, ob sie eine Rötelinfektion bereits gehabt haben, sollten die Frage der Impfung oder Antikörperspiegelbestimmung mit ihrem Hausarzt besprechen.

5.1.9 Diphtherie

Die *Inkubationszeit* beträgt 2–5 Tage.
Der Erreger ist der Diphtherie-Bazillus (Stäbchen).

Übertragung: Sie erfolgt durch Schmier- und Tröpfcheninfektion, aber auch durch infizierte Gegenstände.

Verlauf der Erkrankung: Die Erreger bilden auf den Schleimhäuten zusammenhängende Membranen. Die Erkrankung spielt sich meist an den Gaumenmandeln ab, in anderen Fällen kann die Erkrankung des Kehlkopfes (echter Krupp) hinzutreten. Bei der Rachendiphtherie haben die Kinder dicke, geschwollene, mit zusammenhängenden grau-weißen Belägen überzogene Mandeln, die meist auch auf die übrige Schleimhaut des Rachens übergreifen. Die Kinder haben Schluckschmerzen, Fieber und einen für die Diphtherie typischen süßlichen Mundgeruch.

Bei der *Kehlkopfdiphtherie* breiten sich die Membranen auf der Kehlkopfschleimhaut aus und verschließen dabei mehr und mehr die Luftwege. Noch im vorigen Jahrhundert starben viele Säuglinge und Kleinkinder an dieser „Halsbräune", die auch als „Würgeengel der Kinder" bezeichnet wurde und sehr gefürchtet war. Ein Luftröhrenschnitt war die einzig lebensrettende Behandlung.

Behandlung: Heute gibt der Arzt schon bei Diphtherie-Verdacht Diphtherie-Serum (vom Pferd, Hammel oder Rind) und Penicillin. Die Toxine der Diphtheriebazillen führen zu einigen gefürchteten Komplikationen am Herzen und an den Nerven. Durch Lähmung der Nerven im Bereich des Rachens tritt die Gaumensegellähmung ein. Dabei bekommt das Kind eine kloßige Sprache und verschluckt sich oft. Augenmuskellähmung, eine weitere Komplikation, fällt dadurch auf, daß größere Kinder nicht mehr lesen können, manchmal auch schielen. Lähmungen der Arme und Beine können hinzutreten, ebenfalls Eiweißausscheidung im Urin als Zeichen der Nierenschädigung. Ganz besonders gefährlich aber ist als Nachkrankheit der Diphtherie die gefürchtete Herzmuskelentzündung.

Die Diphtherie ist eine *meldepflichtige Krankheit.* Die Isolierung und Behandlung muß unbedingt in einer Klinik erfolgen. Die Zahl der Diphtheriefälle ist in den letzten Jahren ganz erheblich zurückgegangen. Sicherlich ist dies durch die breite Anwendung der Diphtherie-Impfung bedingt. Bei Nachlassen der Impffreudigkeit kann sich die Diphtherie auch wieder mehr ausbreiten.

5.1.10 Kinderlähmung (Poliomyelitis)

Die *Inkubationszeit* beträgt 6–21 Tage.
Die Erreger sind Viren vom Typ I, II oder III. Man erkrankt immer nur an einem dieser Viren und entwickelt nur gegen diesen einen Typ eine Immunität. Eine spätere Infektion mit einem anderen Typ ist möglich. Die Empfänglichkeit ist besonders groß bei Klein- und Schulkindern, aber auch Jugendliche und Erwachsene können erkranken.

Übertragung: Sie erfolgt durch Tröpfchen- und Schmierinfektion. Im Stuhl von Kranken werden 4–6 Wochen lang Erreger ausgeschieden. Die Übertragung der Erreger ist auch durch gesunde Zwischenträger möglich. Die Verbreitung der Erreger ist im Herbst besonders stark. Man beobachtete früher in den Monaten August bis Oktober einen deutlichen Gipfel der Erkrankungshäufigkeit. Eine Ausbreitung der Infektion kommt leicht bei Ansammlungen von Kindern vor wie in Kindergärten, Schulen, Schwimmbädern und bei Volksfesten. Sie müssen bei Auftreten von mehreren Kinderlähmungsfällen geschlossen werden. Kinderfeste und sonstige Veranstaltungen sollten abgesagt werden. Ungewöhnliche körperliche Anstrengungen und Sonnenbaden sind zu vermeiden.

Verlauf der Erkrankung: Der Beginn der Erkrankung ist uncharakteristisch mit Fieber, Kopfschmerzen und Gliederschmerzen, Durchfällen und Erbrechen. Danach treten nach einem Intervall von einigen Tagen schlaffe Lähmungen auf, die einzelne Muskelgruppen oder ganze Körperteile betreffen können. Die Lähmungen können sich ausbreiten und durch Schluck- und Atemlähmung den Tod herbeiführen. Bei vielen Menschen bleibt nach Überstehen der

Krankheit eine schlaffe Lähmung zurück. Der Kranke ist je nach Behinderung an den Rollstuhl gefesselt, muß Gehhilfen tragen oder ist anderweitig auf fremde Hilfe angewiesen.

Behandlung: Eine wirksame Behandlung der Kinderlähmung gibt es nicht. Die beste Möglichkeit, die Krankheit zu verhindern, ist eine rechtzeitige Schutzimpfung.

Die nach der Erkrankung entstandenen Lähmungen werden in dafür bestimmten Kurkliniken und Orthopädischen Krankenhäusern mit Massage, Bewegungsübungen und Operationen behandelt. Mit einer Besserung der Lähmung kann bis zu 2 Jahren gerechnet werden.

Die Poliomyelitis, auch der Verdachtsfall, ist *meldepflichtig.* Die Behandlung erfolgt in der Klinik unter strengen Isolier- und Desinfektionsvorschriften. Auch Krankheitsverdächtige müssen eingewiesen werden. Die Zahl der Erkrankungen ist seit Einführung der Schluckimpfung deutlich zurückgegangen. 1961 waren in Baden-Württemberg noch 889 Fälle aufgetreten. Im Jahr 1974 wurden nur noch 2 Fälle beobachtet. Diese beiden Kinder waren nicht geimpft. Diese phantastischen Erfolge der Schluckimpfung werden sofort aufhören, wenn der Impfwille der Bevölkerung wieder nachläßt. Die Erreger der Poliomyelits befinden sich ja nach wie vor in unserer Umgebung. Da in der Bundesrepublik kein Impfzwang besteht, müssen Eltern und Erzieher besonders gründlich über die Vorteile der Impfung aufgeklärt werden, damit möglichst alle Kinder an der Schluckimpfung teilnehmen (Näheres s. S. 20).

5.1.11 Wundstarrkrampf (Tetanus)

Die *Inkubationszeit* beträgt 5–180 Tage.
Der Erreger ist ein Bazillus, der in der Erde, aber auch als natürlicher Bewohner im Darm des Pferdes vorkommt. Daher besondere Vorsicht bei allen Stallverletzungen.

Übertragung: Durch Riß-, Schürf-, Kratz-, Biß-, Quetsch- und Platzwunden, durch Eintreten von Nägeln oder Dornen kommen die Erreger in den Körper. Wundstarrkrampf ist also bei jeder Verletzung möglich, besonders gefährlich sind aber mit Erde oder Straßenstaub verschmutzte Wunden oder Verletzungen durch Tiere.

Die Erreger bleiben an der Eintrittspforte liegen und bilden Toxine, die in den Körper gelangen und die Krankheitserscheinungen hervorrufen. Durch die sehr lange Inkubationszeit ist oft die Wunde verheilt und die Verletzung längst vergessen. 50 % der unbehandelten Fälle enden tödlich.

Vorbeugende Maßnahmen: Bei Klein- und Schulkindern kommen besonders häufig Verletzungen vor. Der Erzieher sollte sich dann an Hand des Impfpasses orientieren, wann die letzte Impfung gegen Tetanus ausgeführt wurde. War die dreimalige, vollständige Impfung erst im letzten Jahr, so liegt noch ein ausreichender Impfschutz vor.

Ist der Abstand zur letzten Impfung größer als ein Jahr, so sollte das Kind unbedingt dem Arzt vorgestellt werden. Er entscheidet, ob ein Ausschneiden der Wunde zur Entfernung des Bakterienlagers vorgenommen werden muß, ob eine Auffrischungsimpfung genügt, oder ob eine Serumgabe (Tetagam = menschliches Serum) angezeigt scheint.

Hat ein Kind, das noch nie gegen Tetanus geimpft wurde, eine Verletzung, muß Serum gegeben werden und gleichzeitig die erste Impfung, die unbedingt in den nächsten 18–30 Tagen wiederholt werden muß. Nach einem Jahr vollendet eine dritte Impfung die Grundimmunisierung, die alle 10 Jahre aufgefrischt werden soll.

Bei ungeimpften Kindern ist die Serumgabe und gleichzeitige Impfung nötig, da die durch das Serum zugeführten Antikörper in 7–14 Tagen abgebaut sind, aber die Tetanusbazillen bei einer so langen Inkubationszeit noch lebens- und vermehrungsfähig bleiben.

Treten Unfälle bei Reisen im Ausland auf, so muß man sich informieren, ob noch, wie früher auch bei uns, tierisches Serum gegeben wurde. Tierart und Serumgabe muß in den Impfpaß eingetragen werden (Überempfindlichkeitsreaktionen s. bei passiver Immunisierung S. 123).

Der Erzieher muß wissen, daß durch jede auch unscheinbare Verletzung Tetanusbazillen in den Körper eindringen und später einen Wundstarrkrampf auslösen können. Nur die vorbeugende Impfung bietet einen ausreichenden Schutz. Die Impfung ist heute für jedes Lebensalter, also auch für den Erwachsenen, als nötig anzusehen, besonders bei der großen Gefährdung durch Verkehrsunfälle.

5.1.12 Tollwut

Die *Inkubationszeit* beträgt 10 Tage bis 8 Monate.
Es ist eine Virusinfektion.

Übertragung: Die Tollwut kommt nur bei Wildtieren (Fuchs, Reh, Kaninchen, Eichhörnchen) vor, kann aber durch Biß auch auf Haustiere (Hund und Katze) und den Menschen übertragen werden. Die Infektion erfolgt durch Beißen, Kratzen, Berührung von infektiösem Speichel, der an Maulkörben, Futternäpfen und Zaumzeug ist, und durch das Anfassen von Kadavern kranker Tiere. Voraussetzung für das Eindringen der Erreger sind allerdings Hautverletzungen.

Bei Tieren verläuft die Erkrankung immer tödlich. Kranke Tiere werden zutraulich, lassen sich anfassen und beißen plötzlich. Gebiete, in denen Tollwut bekannt ist, sind öffentlich gekennzeichnet. Der Erzieher muß bei Waldspaziergängen die Kinder vor Berührung verendeter, kranker oder zutraulicher Tiere warnen. Besteht Verdacht, daß Personen mit einem an Tollwut erkrankten Tier in Kontakt gekommen sind, so müssen sie sich sofort in ärztliche Behandlung begeben. Die Meldung an das Gesundheitsamt muß bei Verdachts- und Erkrankungsfällen erfolgen. Eine aktive Immunisierung durch Impfung ist möglich. In besonders gefährdeten Fällen ist eine zusätzliche Behandlung mit Tollwut-Serum möglich. Erfolgt keine Behandlung, so ist die Tollwut auch beim Menschen immer tödlich.

5.1.13 Infektiöse Gelbsucht (Hepatitis epidemica)

Die *Inkubationszeit* beträgt 14–40 Tage.
Der Erreger ist ein Virus. 65–80 % der Fälle kommen im Kindesalter vor.

Übertragung: Sie erfolgt durch Schmier- (besonders auf Toiletten) und Tröpfcheninfektion. Infektiös ist der Stuhl, Urin, Nasen-Rachensekret und das Blut.

Verlauf der Erkrankung: Es macht sich bei der Erkrankung zunächst ein Vorstadium bemerkbar. Das Kind ist appetitlos, klagt über Übelkeit, Erbrechen, Fieber und Bauchschmerzen. Man denkt daher zunächst an einen verdorbenen Magen. Nach einigen Tagen fällt dann aber eine Gelbfärbung der Augenbindehaut und der Haut auf. Allerdings haben 70 % der Kinder diese Verfärbung nicht. Die Hepatits ist unikterisch, wird daher nicht so leicht erkannt und stellt eine vermehrte Ausbreitungsgefahr dar. Bei der Gelbsucht ist der Stuhl hell, der Urin bierbraun. Bei der infektiösen Hepatitis liegt eine Leberentzündung vor. Die Leber ist geschwollen und klopfschmerzhaft. Die normale Ausscheidung des Gallenfarbstoffs über die Leber in die Gallenblase und von dort in den Darm, ist verhindert. Dadurch wird der Stuhl nicht mehr angefärbt und erscheint hell und tonfarben. Der Gallenfarbstoffspiegel im Blut steigt an. Es wird vermehrt Gallenfarbstoff (Bilirubin) über die Niere ausgeschieden, was den Urin bierbraun macht. Durch den erhöhten Gallenfarbstoffspiegel im Blut haben wir auch im Gewebe vermehrt Gallenfarbstoff, was zu einer Gelbfärbung der Haut (Ikterus) führt. Die Gelbsucht ist die zweithäufigste meldepflichtige Krankheit in der Bundesrepublik. Bei einer Erkrankung im Kindergarten muß Meldung an das Gesundheitsamt erfolgen. Eine Raum- und besonders Toilettendesinfektion wird durchgeführt. Wenn mehrere Fälle auftreten, muß der Kindergarten geschlossen werden. Die Kontaktpersonen, Kinder und Personal, sollten unbedingt mit Gamma-Globulin zum Schutz gegen eine Infektion gespritzt werden. Der Schutz hält etwa 4 Wochen an. In vielen Fällen läßt sich so der Ausbruch der Hepatitis bei den Infizierten und eine Ausbreitung in Gemeinschaftseinrichtungen verhindern.

Behandlung: Erkrankte Kinder werden immer zur Behandlung in eine Kinderklinik eingewiesen. Nach der Krankenhausentlassung ist auf die vorgeschriebene Diät und auf die regelmäßige Einnahme der verordneten Medikamente zu achten. Vorsicht ist mit Alkohol und Arzneimitteln am Platze. Eine Lebererkrankung muß ausheilen, da sonst die Gefahr eines chronischen Leberschadens besteht.

5.1.14 Serum-Hepatitis

Die *Inkubationszeit* kann bis zu 180 Tagen betragen.
Der Erreger ist ein Virus.

Übertragung: Das Virus wird meist durch Bluttransfusionen oder Spritzen übertragen. Besonders häufig kommt die Serum-Hepatitis

bei „Fixern" vor, die ohne ausreichende Sterilisation eine Spritze zur Injektion von „Stoff" bei mehreren Personen benutzen. Da ein Teil der Hepatitis auch ohne Gelbsucht verläuft, also übersehen werden kann, ist eine Übertragung von einem Kranken auf andere Personen bei Fixern besonders leicht möglich.
Das Krankheitsbild ist das gleiche wie bei der infektiösen Gelbsucht.

5.1.15 Grippe (Influenza)

Die *Inkubationszeit* beträgt 1–3 Tage.
Der Erreger ist ein Virus aus der großen Gruppe der Grippe-Viren.

Übertragung: Durch Tröpfchen- und Schmierinfektion erfolgt die Übertragung.

Verlauf der Erkrankung: Zu Beginn meist Frösteln, Gliederschmerzen, Zahn- und Rückenschmerzen. Dann treten Halsschmerzen, Husten, Schnupfen und Temperaturen bis 40°C auf. Allgemeines Abgeschlagenheitsgefühl. Die Dauer und Schwere der Erkrankung ist unterschiedlich. Es können sich Komplikationen wie Lungenentzündung und Mittelohrvereiterung anschließen.

Behandlung: Sie ist rein symptomatisch. Eine spezifische Therapie gibt es nicht, da das Grippe-Virus durch Antibiotika nicht beeinflußt wird.
Vorbeugend kann eine Impfung vorgenommen werden.

5.1.16 Hirnhautentzündung (Meningitis)

Dabei liegt eine bakterielle oder virale Entzündung der Hirnhäute vor, oft im Anschluß an eine andere Erkrankung wie Mumps, Masern, Grippe.

Verlauf der Erkrankung: Das Kind klagt über Kopfschmerzen, Benommenheit, Übelkeit und Erbrechen. Es hat hohes Fieber und hält den Kopf versteift nach hinten gebogen. Bei einem Beugeversuch der Halswirbelsäule nach vorn hat das Kind Schmerzen. Es zeigt sich eine „Nackensteifigkeit". Kinder mit einer Meningitis müssen in ein Krankenhaus verlegt werden.

5.1.17 Tuberkulose

1882 entdeckte Robert Koch die Tuberkel-Bakterien des Menschen und des Rindes. Seitdem weiß man, daß die Tuberkulose ansteckend ist. Die Zahl der an Tuberkulose Erkrankten ist in den letzten Jahrzehnten zurückgegangen, aber ausgerottet ist diese Krankheit noch lange nicht. 1973 betrugen im Bundesgebiet die jährlichen Neuerkrankungen noch 37 553, davon 3032 Kinder. Pro Jahr treten 4100 Sterbefälle an Tuberkulose auf. Man rechnet mit 133 000 Personen, die an Tuberkulose aller Organe erkrankt sind. Auf der ganzen Welt (WHO 1965) sterben jährlich noch etwa 3 Millionen Menschen an Tuberkulose.

Übertragung: Das Tuberkel-Bakterium ist sehr widerstandsfähig. Selbst im eingetrockneten Auswurf kann es noch lange aktiv bleiben. Die Übertragung erfolgt durch Tröpfchen-, Schmier- und Staubinfektion, auch Tiere können Überträger sein.
Eine Tröpfcheninfektion erfolgt durch Husten, Niesen oder Sprechen eines Menschen mit einer offenen Tuberkulose.
Durch das Aufwirbeln von Staub, der Tuberkel-Bakterien enthält, können beim Einatmen Erreger in die Lunge gelangen.
Am Boden kriechende Kinder können durch Schmierinfektion (direkte Berührung der Ausscheidungen Tuberkulöser) sich infizieren.
Die Übertragung von Tieren erfolgt durch die Milch tuberkulöser Kühe. Wenn auch die Rindertuberkulose im Bundesgebiet jetzt fast ausgerottet ist, sollte man doch alle Milch, die zur Säuglingsernährung benutzt wird, unbedingt abkochen. Das gilt erst recht bei einem Aufenthalt im Ausland. Die Bakterien werden durch den Kochprozeß abgetötet.

Ob eine Infektion sofort abgekapselt wird oder sich zu einer Krankheit entwickelt, ist abhängig von der Zahl der aufgenommenen Erreger (in einem Hustentröpfchen sind bis zu 20 000 Erreger), von der Häufigkeit der Ansteckungen und von der Abwehrlage des Menschen. Lebt eine Person in einer Wohngemeinschaft mit einem Kranken mit offener Tuberkulose, so ist die Gefahr der Ansteckung durch die immer wieder stattfindenden Infektionen besonders hoch. Auch eine gewisse familiäre Veranlagung spielt eine Rolle. Dunkle, feuchte Wohnungen, eine ungenügende Ernährung, wenig

Ruhe und Schlaf, schlechte hygienische Verhältnisse begünstigen eine Infektion. Nach bestimmten Infektionskrankheiten, vor allem nach Masern und Keuchhusten, kann es zum Wiederaufflackern einer tuberkulösen Erkrankung kommen.

Heute machen immer weniger Menschen die Erstinfektion im Kindesalter durch. Es ist eine zeitliche Verschiebung vom Kind zum Erwachsenen eingetreten. 1950 hatten unter den Vierzehnjährigen 60 % eine Tuberkulose-Infektion bereits gehabt, 1968 waren es nur noch 10 %.

5.1.17.1 Das Krankheitsbild

Die ersten Erscheinungen einer Tuberkulose sind Abnahme der Leistungsfähigkeit, Husten, Gewichtsabnahme, abendliche Temperaturen um 38° C, Nachtschweiß, Müdigkeit und Appetitlosigkeit.

Primärkomplex: Die Infektion erfolgt zu 90 % durch Tröpfcheninfektion. Die Bakterien bilden meist in einem Lungenlappen ein Knötchen. Die dazu gehörigen Lymphknoten an der Lungenwurzel schwellen an. Man bezeichnet diesen Primärherd zusammen mit den Lymphknoten als Primärkomplex. Meist heilt dieser Primärkomplex unbemerkt ab, wobei der Primärherd und meist die befallenen Lymphknoten verkalken. Im Röntgenbild erkennt man dann „Kalkflecken". Durch diese Infektion wird der Körper in seiner Immunität gegen die Tuberkulose-Bakterien verändert.

Blutsturz: Gelingt es dem Körper nicht, eine Verkapselung und Verkalkung der Tuberkulose-Infektion zu erreichen, so können sich die Tuberkel-Bakterien zunächst auf dem Blut- oder Lymphweg, später auch durch die Bronchien weiter ausbreiten. Lungengewebe wird durch die Bakterien eingeschmolzen. Wird dabei ein Gefäß zerstört, so kommt es zum Blutsturz. Der Mensch hustet dann plötzlich hellrotes, schaumiges Blut aus.

Kaverne: Durch die Einschmelzung von Lungengewebe kann aber auch eine Höhlung entstehen, die man als „Kaverne" bezeichnet. In diesem Stadium werden meistens Tuberkel-Bakterien ausgehustet.

Offene Tuberkulose: Sie liegt vor, wenn Tuberkel-Bakterien aus dem Körper des Erkrankten ausgeschieden werden. Das kann im

Auswurf, in Speicheltröpfchen oder beim Niesen der Fall sein. Durch Verschlucken des Speichels können sich Bakterien im Kot befinden, ebenso bei einer Darmtuberkulose. Der Urin ist bei einer Nierentuberkulose infektiös, ebenfalls der Eiter bei einer fistelbildenden Halslymphknotentuberkulose. Eine offene Tuberkulose ist hochinfektiös und muß sofort isoliert behandelt werden.

5.1.17.2 Besondere Verlaufsformen der Tuberkulose

Eine besonders häufige Form der Tuberkulose im Kindesalter ist die *Bronchiallymphknotentuberkulose.* Dabei sind die Lymphknoten im Bereich der großen Luftröhrenäste und deren Teilungsstellen befallen.

Bei der *Halslymphknotentuberkulose,* die nur noch selten auftritt, sind die Lymphknoten im Bereich des Halses erkrankt. Sie fallen durch eine harte, schmerzempfindliche Schwellung auf. Die Lymphknoten neigen zur Einschmelzung und zum Durchbruch nach außen. Sie verheilen oft mit unschönen Narben, so daß sie heute besser operativ entfernt werden.

Von der Tuberkulose können alle Organe, insbesondere die Hirnhäute, Nieren, Gelenke, Knochen und die Haut befallen werden. Die Infektion mit tuberkulosehaltiger Milch führt zu einer Infektion des Darmes und der dazu gehörigen Lymphknoten.

5.1.17.3 Die Tuberkulose-Fürsorge

Die Tuberkulose ist eine meldepflichtige Krankheit, auch der Verdachtsfall. Die Tuberkulose-Fürsorgestelle am Gesundheitsamt schaltet sich bei allen Fällen ein und veranlaßt Umgebungsuntersuchungen, um die noch unbekannte Infektionsquelle ausfindig zu machen und weitere stattgefundene Infektionen herauszufinden. Auch nach der Ausheilung des Patienten erfolgt eine Überwachung durch die Tuberkulose-Fürsorge. Der Patient muß mindestens 2–3 Jahre in regelmäßigen Abständen zur Kontrolluntersuchung gehen.

Vorbeugende Maßnahmen: Gute soziale Verhältnisse, ausreichende Ernährung, luftige, sonnige Wohnungen bieten einen gewissen Schutz vor der Tuberkulose.

Eine jährliche *Röntgenkontrolle* der Lunge muß bei allen Personen, die beruflich mit Kindern zusammenarbeiten, vorgenommem werden. Das sind Erzieher, Lehrer, Kinderkrankenschwestern, Schul- und Reinigungsbedienstete. Personen, die im Lebensmittelgewerbe tätig sind, werden alle zwei Jahre geröntgt. Damit soll eine mögliche Verbreitung der Tuberkulose durch diesen Personenkreis verhindert werden, insbesondere bei Kindern und Jugendlichen.

Nach dem Gesetz über die Röntgenreihenuntersuchungen werden alle Bevölkerungsteile in geringen Abständen erfaßt.

Impfung gegen Tuberkulose

Eine Impfung gegen die Tuberkulose, die BCG-Impfung (Bazillus-Calmette-Guérin), ist vorbeugend wirksam und wird besonders bei gefährdeten Säuglingen angeraten. Diese Impfung empfiehlt sich auch für Jugendliche, die in Tuberkulose-Heilstätten oder in Kliniken arbeiten wollen und noch „Tuberkulin negativ" sind.

5.1.17.4 Tuberkulinproben

Um frühzeitig eine Tuberkulose zu erkennen, soll bei allen Kindergartenkindern und nochmals bei Schulkindern eine Tuberkulinprobe gemacht werden.

Dabei werden drei Methoden angewandt:

1. Salbenprobe nach Moro (häufigste Methode)

Auf die entfettete Haut des Brustbeins wird ein linsengroßes Stück Tuberkulinsalbe auf Fünfmarkstückgröße eingerieben. Das Kind darf an dieser Stelle nicht gewaschen oder gebadet werden. Die Nachschau erfolgt nach 48–72 Stunden. Haben sich im Bereich der Einreibungsstelle 3–5 Knötchen gebildet, so ist die Probe positiv.

2. Tuberkulin Pflasterprobe

Sie ist besonders für Reihenuntersuchungen gut geeignet. Dabei wird auf die entfettete Haut des Brustbeins ein Pflaster mit Tuberkulinsalbe geklebt, z. B. Frekatest. Verhalten, Nachschau und Beurteilung wie bei der Moro-Probe. Es kann hierbei aber zu Reizerscheinungen der Haut durch das Heftpflaster kommen, was die Beurteilung erschwert.

3. Stempel-Test

Hierbei wird in die Haut am Unterarm mit einem Teststempel Tuberkulin eingebracht, z. B. Tine-Test. Bei positiver Reaktion schwellen die vier Stempelstellen an. Diese Methode wird bisher überwiegend in der Praxis und Klinik angewandt.

Sind die Tuberkulinproben positiv, so bedeutet das:

a) Das Kind ist mit BCG geimpft worden. Es hat sich eine tuberkulöse Allergie mit ausreichender Immunität gebildet. Die Probe bleibt nach der Impfung 6–8 Jahre positiv.

b) Das Kind hat eine Tuberkulose-Infektion durchgemacht, hat eine tuberkulöse Allergie mit guter Abwehrlage erworben, ist also nicht krank.

c) Es liegt eine aktive, behandlungsbedürftige Tuberkulose vor.

Ist b) oder c) anzunehmen, so müssen die Kinder zur Röntgenkontrolle.

Sind die Tuberkulinproben negativ, so bedeutet das:
Das Kind oder auch der Erwachsene hat noch keine Infektion mit Tuberkel-Bakterien durchgemacht. Er hat folglich auch keine Antikörper gegen die Tuberkulose gebildet.
Man rechnet, daß zur Zeit etwa 50 % der Bevölkerung bei den Tuberkulinproben negativ reagiert, d. h. daß diese Personen noch nie mit Tuberkulose infiziert wurden oder daß der Schutz gegen diese Erkrankung wieder erloschen ist.

5.1.18 Verhalten bei Infektionskrankheiten in Kindergärten und anderen Gemeinschaftseinrichtungen nach dem Bundesseuchengesetz

Zusammengestellt vom staatlichen Gesundheitsamt Mannheim

Krankheit	Inkubationszeit	Wiederzulassung der Erkrankten	Wiederzulassung der Ansteckungsverdächtigen
Diphtherie	2–5 Tage	nach klinischer Genesung und mindestens drei neg. bakt. Nasen-Rachen-Abstrichen, frühestens nach 14 Tagen	eine Woche nach Absonderung des Erkrankten und Desinfektion und nach einem neg. bakt. Nasen-Rachenabstrich oder prophyl. Antibiotica
Infekt. Darmentzündung, Salmonellose	mehrere Stunden bis 7 Tage	nach kl. Genesung und mindestens drei neg. Stuhlbefunden	eine Woche nach Absonderung des Erkrankten, Desinfektion und einen neg. Stuhlbefund
Infektiöse Gelbsucht (Hepatitis epid.)	2 – 4 – 6 Wochen	frühestens vier Wochen nach Abklingen der kl. Symptome und Normalisierung der Blutwerte	vier Wochen nach Absonderung des Erkrankten und Desinfektion Nach Gammaglobulinprophylaxe sofort
Übertragbare Hirnhautentzündung (Meningokokken-Meningitis)	2–5 Tage (Erreger im Nasen-Rachenraum)	nach Abklingen der kl. Symptome	fünf Tage nach Desinfektion (Abwarten der Inkubationszeit)

Krankheit	Inkubationszeit	Wiederzulassung der Erkrankten	Wiederzulassung der Ansteckungsverdächtigen
Übertragbare Hirnhautentzündung, übrige Formen	je nach Erreger, z. B. Virus: 3–5 Tage Mumps 8 Tage	nach Abklingen der kl. Symptome	je nach Inkubationszeit der Grundkrankheit Virus fünf Tage
Übertragbare Gehirnentzündung	2–15 Tage (meist 10 Tage)	nach Genesung	sofort
Keuchhusten	7–21 Tage (meist 14 Tage)	etwa 4 Wochen nach Beginn des Krampfhustens	Erwachsene sofort, Kinder nach überstandener Krankheit oder Impfschutz sofort, sonst 21 Tage nach Kontaktunterbrechung
Kinderlähmung	6–21 Tage	frühestens 3 Wochen nach Krankheitsbeginn	drei Wochen nach Absonderung des Kranken und Desinfektion. Bei ausreichendem Impfschutz (drei Schluck) sofort.
Masern	10–21 Tage (meist 14 Tage)	nach kl. Genesung, frühestens nach zwei Wochen	Erwachsene und Kinder nach früher überstandener Krankheit sofort, auch bei ausreichendem Impfschutz (Lebendimpfung). Sonst 14 Tage.

Krankheit	Inkubationszeit	Wiederzulassung der Erkrankten	Wiederzulassung der Ansteckungsverdächtigen
Mumps	12–26 Tage (meist 18 Tage)	nach kl. Genesung, frühestens nach 10–14 Tagen	Erwachsene und Kinder nach überstandener Krankheit sofort. Sonst nach drei Wochen.
Paratyphus A und B	8–12 Tage bei massiver Infektion kürzer	nach kl. Genesung und drei neg. bakt. Stuhlbefunden. Wiederzulassung nur mit Zustimmung des Gesundheitsamtes.	nach Absonderung des Erkrankten, Desinfektion und drei neg. bakt. Befunden.
Ruhr	1–7 Tage (meist 4 Tage)	nach kl. Genesung und drei neg. bakt. Stuhlbefunden.	eine Woche nach Absonderung des Erkrankten, Desinfektion und drei neg. bakt. Stuhlbefunden.
Typhus abdominalis	1–3 Wochen (meist 2 Wochen)	nach Krankenhausentlassung und nach neg. bakt. Befund. Wiederzulassung nur mit Zustimmung d. Gesundheitsamtes.	nach Absonderung des Erkrankten, Desinfektion und drei neg. bakt. Befunden.
Röteln	14–21 Tage (meist 18 Tage)	nach kl. Genesung	sofort, Hinweis an junge Frauen auf Gefahr während einer Frühschwangerschaft.

Krankheit	Inkubationszeit	Wiederzulassung der Erkrankten	Wiederzulassung der Ansteckungsverdächtigen
Scharlach	2–8 Tage	nach Antibiotica-Behandlung und nach Abklingen der klin. Symptome. Nicht behandelte Kinder frühestens nach drei Wochen.	acht Tage nach Absonderung oder n. Beginn der Antibiotica-Behandlung des Erkrankten oder n. Antibiotica-Prophylaxe des Ansteckungsverdächtigen. In Gemeinschaftseinrichtungen Desinfektion.
Windpocken	14–21 Tage	nach Abfallen der Borken, frühestens nach 10 Tagen	sofort
Tuberkulose	4–12 Wochen	nach ärztl. Zeugnis und mit Zustimmung des Gesundheitsamtes.	nach Absonderung des Erkrankten, Desinfektion und Umgebungsuntersuchung.
Krätze	20–30 Tage bei Erstinfektion, bei Reinfektion wenige Tage	nach klinischer Heilung	Sofort nach Behandlungsbeginn des Erkrankten und ärztl. Überwachung des Ansteckungsverdächt. während d. Inkubationszeit.
Verlausung	Vermehrung der Läuse wenige Tage nach Ansteckung.	nach erfolgreicher Entlausungsbehandlung (mind. zweimal im Abstand von 8–10 Tagen) und Nissenentfernung.	bei negativem Inspektionsbefund.
Borkenflechte (Impetigo contagiosa)	2 Tage	nach klinischer Heilung oder Abschluß einer antibakteriellen Behandlung.	sofort

5.2 Krankheiten der Atmungsorgane

5.2.1 Mundfäule (Stomatitis)

Diese Erkrankung wird durch eine Virusinfektion hervorgerufen.

Übertragung: Die Verbreitung erfolgt durch Schmierinfektion. Die Mundfäule wird von Mensch zu Mensch durch infizierten Speichel übertragen, z. B. durch gemeinsames Zahnputzglas, Zahnbürste, Becher und Löffel. Auch wenn Kinder von einem gemeinsamen Brot essen oder aus der gleichen Flasche trinken, ebenso bei gemeinsamer Benutzung von Blasinstrumenten kommen Übertragungen vor.

Verlauf der Erkrankung: Man beobachtet bei den Erkrankten Bläschen an der Zunge, am Gaumen, an der Wangenschleimhaut und am Zahnfleisch. Die Bläschen platzen und werden zu kleinen weißlichen Geschwüren auf rotem Grund. Sie sind sehr schmerzhaft, besonders wenn saure Speisen (Obst, Obstsaft) und scharfe Gewürze an diese Stellen kommen. Es besteht vermehrter Speichelfluß, übler Mundgeruch und manchmal hohes Fieber.
Die Kinder müssen isoliert werden. Das Eßgeschirr und auch das Spielzeug muß nach Gebrauch in Desinfektionslösung gelegt werden.

Behandlung: Sie erfolgt durch Einpinseln der betreffenden Stellen mit einem vom Arzt verordneten Präparat. Das Mundspülen mit Kamillentee wird als angenehm empfunden. Das Kind erhält weiche, flüssigbreiige Speisen, z. B. Pudding, da jede Kaubewegung weh tut. Bettruhe ist bei Fieber angezeigt.

5.2.2 Mandelentzündung (Angina)

Die Erreger der Angina sind Bakterien, insbesondere Streptokokken. Begünstigt wird das Angehen der Infektion durch Unterkühlung.

Krankheitsbild: Klagt ein Kind über Halsschmerzen, so wird man zunächst selbst in den Hals sehen. Man läßt das Kind „A" sagen, damit das Zäpfchen in diesem Augenblick in die Höhe gehoben wird und der Rachen und die Mandeln überblickt werden können. Kann man dabei die Mandeln nicht sehen, so drückt man mit einem Löffelstiel die Zunge leicht herunter. Man muß aufpassen, daß man dabei nicht an das Zäpfchen oder die Rachenhinterwand kommt, da dadurch der Brechreiz ausgelöst wird. Sehr ängstlichen Kindern gibt man einen Handspiegel, und fordert sie auf, sich selbst in den Hals zu sehen. Aus Interesse und Neugierde machen die Kinder nun den Mund weit auf. Man kann leicht über den Spiegel hinweg den Rachen besichtigen. Das ist zwar etwas umständlich, aber sicher richtiger, als durch Gewalt das Kind für immer zu verängstigen.

Bei der Angina entzünden sich die Gaumenmandeln, die beidseits neben dem Zäpfchen liegen. Sie können so stark anschwellen, daß sie sich in der Mitte berühren. Das Kind bekommt dann eine kloßige Sprache und ist nicht mehr in der Lage, den eigenen Speichel hinunterzuschlucken. Die Mandeln sind gerötet und zeigen kleine, weiße Stippchen, aber auch weißgelbe, zusammenfließende Beläge können sich fast über die ganze Mandeloberfläche ausbreiten. Das Kind hat dabei hohes Fieber, eine belegte Zunge, Mundgeruch, Kopfschmerzen, manchmal sogar Erbrechen und Bauchschmerzen. Die Lymphknoten sind meist beiderseits am Unterkieferwinkel und am Hals geschwollen.

Abbildung 6: Lage der Lymphknoten am Hals

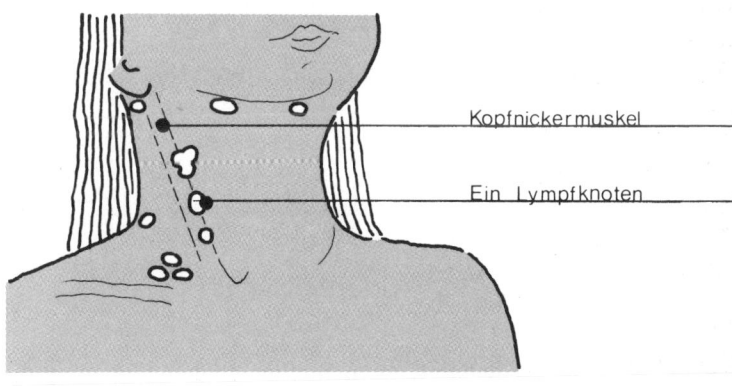

Kopfnickermuskel

Ein Lympfknoten

Behandlung: Bestehen nur Halsschmerzen und eine Rötung der Mandeln, so kann die Erzieherin dem Kinde einen kalten, feuchten Halswickel machen, es mit einem Mundwasser oder Salbeitee gurgeln lassen und flüssige oder breiige Nahrung geben.

157

Jede Angina mit Belägen und Temperaturen gehört aber unbedingt in ärztliche Behandlung, da verschiedene Nachkrankheiten (Herz, Niere, Gelenke) auftreten können.

Wenn Anginen gehäuft vorkommen, muß mit dem Arzt besprochen werden, ob eine operative Entfernung der Mandeln (Tonsillektomie) angezeigt ist.

5.2.3 Erkältung (Infekt)

Der virusbedingte Racheninfekt ist die häufigste Erkrankung im Kindesalter überhaupt. Besonders im Kindergartenalter treten diese Infekte auf.

Übertragung: Die Erreger sind meist Viren, die von Mensch zu Mensch durch „Anhusten" (Tröpfcheninfektion) übertragen werden. Voraussetzung für die Infektion ist eine schlechte Abwehrlage, durchnäßte Kleidung und Unterkühlung.
Vorbeugend sollte man versuchen, eine gute Abwehrlage des Körpers durch Abhärtung, frische Luft, gesunde Ernährung, genügend Schlaf und eine ausreichende Vitaminzufuhr zu erreichen.

Krankheitsverlauf: Der Rachen ist diffus gerötet, die Mandeln sind geschwollen, haben aber keine Beläge. Eine scharfe Abgrenzung zur Grippe ist schwierig. Aus dieser zunächst harmlosen Erkältung kann sich später auch eine Lungenentzündung, Mittelohrvereiterung, Stirn- und Kieferhöhlenentzündung entwickeln.

Behandlung: Bei einem Infekt wird man symptomatisch behandeln. Das Kind erhält Nasentropfen („für Kinder"), man läßt gurgeln (s. Angina) und versucht den Husten zu lindern (s. Bronchitis).

5.2.4 Wucherungen (Adenoide, Polypen)

Es handelt sich um eine Vergrößerung der Rachenmandel, die im Bereich der oberen Hinterwand des Rachens sitzt und aus lymphatischem Gewebe besteht. Viele Kinder haben zwischen dem 2. und 6. Lebensjahr eine Vergrößerung der Rachen- und Gaumenmandeln. Mit zunehmendem Alter läßt die Wucherung des lymphatischen Gewebes nach.

Krankheitszeichen: Dem Erzieher fällt auf, daß ein Kind mit Wucherungen eigentlich immer mit offenem Mund atmet, besonders auch nachts im Schlaf, da die Nasenatmung durch die vergrößerte Rachenmandel verlegt ist. Man bemerkt eine näselnde Sprache, manchmal Schwerhörigkeit. Das Kind hat einen „dummen" Gesichtsausdruck.

Behandlung: Durch Klimawechsel, abhärtende Maßnahmen, bestimmte Medikamente kann man eine Rückbildung versuchen. Tritt kein Erfolg ein, so sollte die Rachenmandel entfernt werden, was ambulant geschehen kann. Eine Wiederholung der Operation kann nötig werden, wenn die Rachenmandel wieder nachwächst.

Abbildung 7: Lage der Rachenmandel

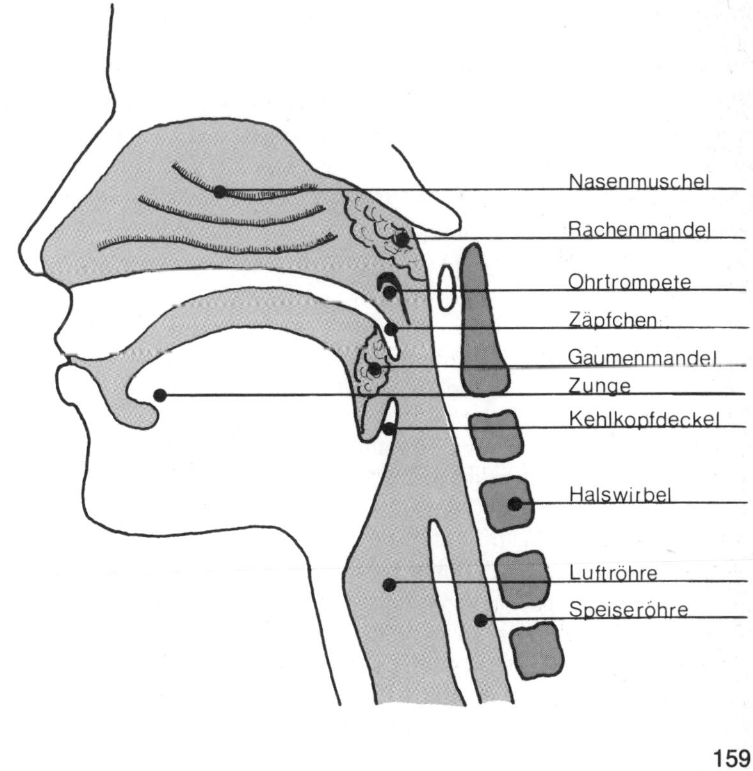

Nasenmuschel

Rachenmandel

Ohrtrompete

Zäpfchen

Gaumenmandel

Zunge

Kehlkopfdeckel

Halswirbel

Luftröhre

Speiseröhre

5.2.5 Stirn- und Kieferhöhlenentzündung

Nach Schnupfen, Grippe und Rachenentzündung können Viren oder Bakterien in die Hohlräume der Stirn oder des Oberkiefers, die durch Gänge mit der Nase in Verbindung stehen, einwandern und zu einer Entzündung führen.

Krankheitsbild: Das Kind klagt über Schmerzen im Bereich der Stirn, das kann auch einseitig (kranke Seite) sein, oder des Oberkiefers, besonders wenn es sich bückt. Es kann Fieber auftreten und zu örtlichen Schwellungen kommen. Besteht auch nur der Verdacht einer solchen Erkrankung, so sollte das Kind dem Arzt vorgestellt werden.

5.2.6 Akute Kehlkopfentzündung (Akute Laryngitis, Pseudo-Krupp)

Der „echte Krupp" ist die Kehlkopfdiphtherie, die z. Z. selten auftritt. Der „falsche" oder Pseudo-Krupp, heute meist als akute Kehlkopfentzündung bezeichnet, wird durch Viren hervorgerufen und bewirkt eine Entzündung mit Schwellung der Schleimhäute oberhalb der Stimmbänder am Kehlkopfeingang. Die Schwellung kann so stark sein, daß die Atemwege verlegt werden und das Kind erstickt. Das Auftreten des Pseudo-Krupp ist witterungsmäßig bedingt, meist im Herbst, Winter oder Frühjahr, und befällt Kinder bis etwa zum 6. Lebensjahr.

Verlauf der Erkrankung: Der akuten Kehlkopfentzündung geht meist eine Erkältung voraus. In den Abendstunden setzt beim Erkrankten plötzlich ein trockener, laut bellender Husten mit Atmungsbehinderung beim Einatmen und zunehmender Atemnot ein. Das Kind gebraucht die Atemhilfsmuskeln am Hals, Schlüsselbein und Bauch, bekommt blaue Lippen und wird unruhig. Es will sich hinsetzen.

Sofortmaßnahme: Der Erzieher sollte unbedingt, auch mitten in der Nacht, schnellstens und dringendst den Arzt rufen, da es schnell zum Tode durch Ersticken kommen kann. Bis der Arzt da ist, sollte man das Kind warm angezogen im Bett möglichst bei offenem Fenster hinsetzen, und versuchen, es zu beruhigen.

5.2.7 Bronchitis

Krankheitsbild: Eine Bronchitis ist ein zunächst trockener, später mit Absonderung eines eitrigen Sekretes (Auswurf = Sputum) einhergehender, rasselnder Husten. Das Sputum wird von kleinen Kindern verschluckt. Der Übergang in eine chronische, sich wiederholende Bronchitis ist besonders in Industriegegenden (Luftverschmutzung) möglich.

Behandlung: Bei der einfachen, fieberfreien Bronchitis kann die Erzieherin die Behandlung selber durchführen. Es wird abends eine hustenlindernde Salbe, wie z. B. Wick-Vaporub, Pertussin Balsam oder Pinimenthol Salbe, auf Rücken und Brust aufgetragen und Watte oder ein Moltontuch darüber gelegt. Tagsüber bekommt das Kind Hustentee, heiße Milch mit Honig und einen Hustensaft. Die akute Bronchitis eines Kindes sollte nach 8 Tagen wieder abgeklungen sein. Ist das nicht der Fall, ist das Kind dem Arzt vorzustellen.

5.2.8 Asthma

Ursache: Das Asthma bronchiale ist wie der Heuschnupfen, das Nesselfieber und das Säuglingsekzem eine allergische Erkrankung. Die Allergie (Überempfindlichkeit) wird durch verschiedene Stoffe ausgelöst. Es können Wohnungsstaub, Tierhaare (Hund, Katze, Pferd), Kunstfasern, Bettfedern, Pflanzen oder Nahrungsmittel (z. B. Eiweiß der Milch, Ei, Fisch) in Frage kommen. Das Asthma wird meist im Verlauf durch psychische Ursachen überlagert. Seelische Probleme können dann bei diesen Kindern einen Anfall auslösen.

Verlauf der Erkrankung: Beim Asthmaanfall verkrampft sich die Muskulatur der Luftröhrenverzweigungen. Die Folge davon ist eine Verengung des Kalibers. Gleichzeitig schwillt die Schleimhaut an. Die Luft kann zwar bei der Einatmung in die Lunge eindringen, kommt aber durch den Krampf der kleinen Bronchialmuskeln nur schwer bei der Ausatmung wieder heraus. Die Kinder bekommen eine übermäßig ausgedehnte, geblähte Lunge, was nach Jahren zu einer Verformung des Brustkorbs führen kann. Beim Anfall haben die Kinder einen heftigen Hustenreiz, dabei tritt Atemnot auf. Der Anfall kann einige Minuten bis mehrere Stunden dauern. Der akute Asthmaanfall kann lebensbedrohlich sein.

Behandlung: Der Arzt verordnet ein Asthmamittel, das das Kind immer bei sich haben und im Anfall benutzen soll. Asthmamittel werden meist in Form von Spray, Tabletten oder Zäpfchen gegeben.

Die Kinder sollten in Kurheime, besonders an der Nordsee oder im Hochgebirge gelegen, verschickt werden, wo meist die Anfälle ausbleiben, da der die Allergie auslösende Stoff fehlt oder die häuslichen Probleme wegfallen. Auch eine in frischer Luft durchgeführte Atemgymnastik verspricht einigen Erfolg.

5.2.9 Heuschnupfen

Ursache: Der Heuschnupfen wird ebenfalls durch eine Allergie ausgelöst. Die auf die Schleimhäute der Augen und der Nase wirkenden Stoffe sind Blütenstaub oder Pollen von blühenden Gräsern.

Krankheitsbild: Das Kind hat einen wäßrigen Schnupfen mit starkem Niesreiz, entzündete, tränende Augen und ist lichtscheu. In jedem Jahr wiederholt sich im Mai, Juni, Juli der Heuschnupfen.

Behandlung: Sie besteht in der Desensibilisierung (desensibilisieren = unempfindlich machen) gegen den die Allergie auslösenden Stoff. Dieser wird durch spezielle Teste in einer Hautklinik festgestellt. Auch bestimmte Medikamente bringen vorübergehend Linderung. Ein Aufenthalt an der See oder im Hochgebirge während der Sommermonate wäre für die betreffenden Kinder ideal und sollte angestrebt werden, so lange sie noch nicht zur Schule gehen.

5.3 Magen-Darmerkrankungen

5.3.1 Der verdorbene Magen

Ursache: Durch Ernährungfehler, die durch das Essen von zuviel Torte, Schlagsahne, Obst, Süßigkeiten oder einfach durch eine zu große Nahrungsaufnahme hervorgerufen werden, entsteht ein „verdorbener Magen".

Krankheitszeichen: Dem Kind ist übel, es hat Bauchschmerzen, muß sich erbrechen, Durchfälle treten häufig dazu.

Behandlung: In den ersten Stunden nach dem Ernährungsfehler erhält das Kind nur Tee, später Schleimsuppen. Am nächsten Tag kann das Kind meist alles wieder mitessen.
Das Erbrechen ohne Ernährungsfehler hat andere Ursachen. Es kann als Begleiterscheinung bei Hirnhautentzündung, Blinddarmentzündung, Darmverschlingung, Angina und Infektionskrankheiten auftreten.

5.3.2 Der Brechdurchfall (Gastroenteritis)

Ursache: Es ist meist eine Infektion von Salmonellen, Viren oder Staphylokocken.

Übertragung: Die bakteriellen Durchfallserreger werden meist durch Schmierinfektion übertragen, Viren durch Tröpfcheninfektion verbreitet. Oft sind auch bakteriell infizierte Lebensmittel (z. B. Kartoffelsalat, Eis) oder verdorbene Nahrung als Ursache anzusehen. Besonders in Heimen, Krankenhäusern usw. kann sich durch die zentral verteilten Speisen die Infektion schlagartig ausbreiten.

Krankheitsbild: Der Beginn des Brechdurchfalls ist meist ganz plötzlich. Das Kind hat Bauchschmerzen, Erbrechen, Durchfall und häufig Fieber.
Wenn im Heim mehrere Kinder mit diesen Symptomem erkranken, ist mit einer bakteriellen Infektion zu rechnen. Die Kinder sollen sofort isoliert werden. Benutztes Geschirr und die Toiletten sind zu desinfizieren. Der Arzt muß benachrichtigt werden. Erbrochenes und Stuhl ist aufzuheben und dem Arzt zu zeigen. Die Anzahl der Stühle ist aufzuschreiben. Bei Verdacht auf eine bakterielle Infektion werden Stuhlproben zur Untersuchung in ein hygienisches Institut eingeschickt. Der Arzt wird entscheiden, ob die Kinder im Heim bleiben können, oder ob eine Verlegung in eine Klinik notwendig ist.
Liegt eine Typhus-, Paratyphus-, Cholera- oder Ruhrinfektion vor, so muß nach dem BSG die Erkrankung dem Gesundheitsamt gemeldet werden und eine Einweisung in die Klinik erfolgen.

Behandlung: Kann das Kind im Heim bleiben, so wird eine Behandlung mit Diät, Wasser- und Salzzufuhr, eventuell Kohle und Antibiotika vorgenommen.

Das Kind muß im Bett bleiben und erhält eine Gummiwärmflasche oder feucht-warme Umschläge auf den Bauch. Je nach Schwere der Erkrankung, gibt man die ersten 12–24 Stunden nur Fenchel-, Pfefferminz- oder dünnen schwarzen Tee mit Traubenzucker und mit einer Zugabe von Kochsalz (eine Messerspitze auf ein viertel Liter). Der Körper hat durch die Durchfälle und das Erbrechen viel Wasser und Salze verloren. Je stärker die dadurch verursachte Austrocknung des Körpers ist, um so größer muß die Wasser- und Salzzufuhr sein. Bei Kleinkindern gibt man $1^1/_2$ Liter, bei Schulkindern 2 Liter pro Tag in kleinen Portionen, zuerst nur schluckweise. Nach einer Beruhigung des Magens kann man als Salzzufuhr auch Salzstangen oder Salzbrezeln knabbern lassen. Später bekommen die Kinder rohen geriebenen Apfel, Karottensuppe, Bananen, Zwiebäcke und Schleimsuppen. Äpfel und Karotten enthalten Pektine. Die Hemizellulosen der Pektine wirken quellend und binden Wasser, so ist die gute Wirkung bei Durchfällen zu erklären. Je nach Befinden des Kindes und der Stuhlbeschaffenheit wird man dann als weitere Diät Weißbrot, Kartoffelbrei, Magerquark, Reis, Nudeln und gekochtes Huhn geben. Mit Fett und Milch soll man zunächst noch etwas vorsichtig sein.

5.3.3 Blinddarmentzündung (Appendizitis)

Eigentlich müßte die Erkrankung Wurmfortsatzentzündung heißen, denn nicht der Blinddarm, sondern der Wurmfortsatz entzündet sich.

Der Häufigkeitsgipfel der Blinddarmentzündung liegt zwischen dem 4. und 10. Lebensjahr.
Der Verlauf der Erkrankung kann so stürmisch sein, daß es innerhalb von Stunden zum Platzen des vereiterten Wurmfortsatzes kommt. Es entsteht dann eine lebensgefährliche Bauchfellvereiterung.
Es können aber auch wiederkehrende leichte Beschwerden auftreten, die auf eine aufflackernde und abschwellende Blinddarmentzündung hinweisen.

Das Krankheitsbild der akuten Blinddarmentzündung: Schmerzen im rechten Unterbauch zwischen Nabel und Darmbeinkante oder um den Nabel herum, Übelkeit, manchmal Erbrechen, häufig Verstopfung, selten Durchfall. Das Kind hat im Bauch Erschütterungsschmerz beim Husten und Lachen. Es zieht im Liegen das rechte oder beide Beine an, da dadurch ein Nachlassen der Bauchmuskelspannung auftritt und der Schmerz geringer wird. Kinder, die herumlaufen, gehen vor Schmerzen krumm. Die Erzieherin soll die Temperatur unter der Achsel und im Darm messen. Ist die Darmtemperatur um 1 Grad höher als die axillare Messung, so kann das für eine Blinddarmentzündung sprechen. Diese Temperaturdifferenz ist aber kein sicheres Zeichen. Bei Blinddarmentzündung, selbst mit Durchbruch des Wurmfortsatzes, können, im Gegensatz zum Erwachsenen, Kinder noch umherlaufen. Man darf sich dadurch nicht täuschen lassen.

Abbildung 8: Die Lage des Wurmfortsatzes.

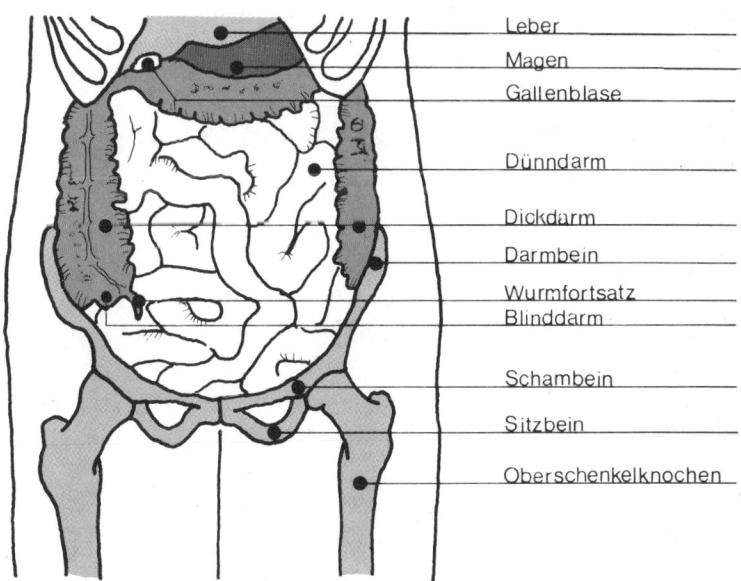

Leber

Magen

Gallenblase

Dünndarm

Dickdarm

Darmbein

Wurmfortsatz
Blinddarm

Schambein

Sitzbein

Oberschenkelknochen

Behandlung: Die Erzieherin muß bei dem geringsten Verdacht auf eine Blinddarmentzündung den Arzt benachrichtigen und ihn über die Dringlichkeit seines Besuches informieren.

Bis der Arzt da ist, wird das Kind ins Bett gelegt. Es darf nichts zu essen oder zu trinken haben, damit es nüchtern zu einer eventuellen Operation kommt. Keine Schmerz- oder Schlaftabletten verabreichen, da sonst bei der ärztlichen Untersuchung ein verwischtes Krankheitsbild erscheint, was die Entscheidung des Arztes erschweren kann. Zur Beruhigung des Kindes kann man einen stubenwarmen Umschlag auf die Blinddarmgegend legen.

5.3.4 Appetitlosigkeit

Man hört immer wieder Mütter oder Erzieher über die Appetitlosigkeit ihrer Kinder klagen. Ißt das Kind tatsächlich schlecht, so wiegt es für seine Größe auch zu wenig. Man muß dann den Ursachen nachgehen.

Appetitlosigkeit nach Erkrankungen: Es ist fast natürlich, daß ein Kind bei und nach einer Erkrankung keinen Appetit hat. Ist das Kind aber wieder gesund, so wird es einen kräftigen Hunger entwickeln und alles nachholen. Kommt dieser Umschwung nicht, so muß das Kind dem Arzt nochmals vorgestellt werden. Es könnte sich eine Folgekrankheit anbahnen oder es liegt ein Vitaminmangel vor. In seltenen Fällen ist das Kind appetitlos, weil es eine Magenerkrankung hat.

Appetitlosigkeit im Kinderheim: Bei verwöhnten Kindern kann eine Appetitlosigkeit im Kinderheim auftreten. Die Mutter kocht dann zu Hause besser, sie bevorzugt andere Gerichte, andere Gewürze. Das Kind bekommt daheim Wunschkost. Zu Hause ist das Essen vielleicht auch liebevoller angerichtet, und es herrscht eine ruhigere Atmosphäre bei den Mahlzeiten. Appetitlosigkeit kann auch ein Ausdruck für Heimweh sein.

Appetitlosigkeit, ein Erziehungsproblem: Ängstliche Mütter glauben oft, daß ihr Kind zu dünn wäre. In ihrer Sorge versuchen sie bei jeder Mahlzeit mit Versprechungen, Drohungen oder Strafe das Kind zum Essen zu bewegen. Das so zum Essen gezwungene Kind entwickelt einen Widerwillen gegen die Nahrung und reagiert manchmal auch noch mit Erbrechen. Die Mahlzeiten werden zum Machtkampf.

Bei Kindern kann die Appetitlosigkeit auch eine Reaktion auf die zu große Essensmenge sein. Der Teller wird zu voll geladen, so daß sich das Kind vor der Menge, die es essen soll, fürchtet. Das Essen ist in diesem Fall keine Freude und Lust, sondern eine Qual für das Kind.

Manche Kinder können nicht essen, weil Streit am Familientisch während der Mahlzeit herrscht (es schlägt ihm auf den Magen). Auch durch dauerndes Ermahnen, gute Tischmanieren zu zeigen, kann dem Kind der Appetit „vergehen".

In einer größeren Kinderschar versuchen mitunter Kinder durch Nahrungsverweigerung die Aufmerksamkeit auf sich zu lenken.

Pubertätsmagersucht: Man versteht darunter ein Abmagern von jungen Mädchen, die psychisch mit dem Reifungsprozeß nicht fertig werden. Sie wollen klein und dünn bleiben und hoffen, den kindlichen Körper durch Nahrungseinschränkung zu behalten.

Behandlung: Ehe man überhaupt von Appetitlosigkeit spricht, sollte man überprüfen, ob das Kind nicht durch Zwischenmahlzeiten, Leckereien, Eis, Obst oder eine zu große Menge Milch (mehr als ein halber Liter) seinen Nahrungsbedarf deckt. Grundsätzlich sollte man als Erzieher die Einstellung gewinnen, daß das Kind essen darf – und nicht essen muß. Ist die Appetitlosigkeit auf einem Erziehungsfehler beruhend, so müssen entsprechend veränderte Verhaltensweisen vorgenommen werden.

5.3.5 Die Verstopfung (Obstipation)

Ursache: Frühere Generationen hatten kaum Beschwerden mit der Verdauung, da die Zusammensetzung der Nahrung eine andere war. Es wurden mehr Grobgemüse, Vollkornbrot und Kartoffeln gegessen. Heute leiden viele Menschen, auch Kinder, bedingt durch unsere verfeinerte Nahrung, an Verstopfung. Diese Entwicklung kann man in allen Industrieländern feststellen.

Krankheitsbild: Bei der Verstopfung ist der Stuhl hart und knollig. Es wird nur jeden 2. oder 3. Tag ausgeschieden. Durch eine begleitende Dickdarmreizung kann Schleim auf dem Stuhl aufgelagert sein.

Eine scheinbare Stuhlverstopfung sehen wir bei Kindern, die durch eine Krankheit oder Hungerkur (ältere Mädchen) wenig Nahrung aufnehmen.

Behandlung: Zur Behandlung der Verstopfung wird eine schlakkenreiche Kost, eingeweichte Backpflaumen und Feigen, Weizenkleie und geschroteter Leinsamen empfohlen. Für Säuglinge und Kleinkinder ist Milchzucker leicht abführend. Für eine ausreichende Flüssigkeitszufuhr muß gesorgt sein. Man sollte bei verstopften Kindern Kakao und Schokolade einschränken. Auch Sport, Bewegung und Bewegungsspiele regen die Darmtätigkeit an.

Schlackenreiche Kost vergrößert das Stuhlvolumen, da die Ballaststoffe (Zellulose, Hemizellulose) nicht durch die Darmwand aufgenommen werden und Wasser binden. Durch die dadurch bedingte Dehnung der Darmwand wird eine Kontraktion der Darmmuskulatur bewirkt, was wiederum zur Fortbewegung des Darminhalts führt.

Feigen und Backpflaumen wirken durch ihre Schleimstoffe und fördern das Gleiten des Darminhalts.

Diese diätetischen Maßnahmen genügen in den meisten Fällen, um eine Verstopfung beim Kind zu beheben.

Abführmittel, Stuhlzäpfchen und Einläufe sind nicht angebracht. Sie führen zur Reizung der Dickdarmschleimhaut und zu kolikartigen Bauchschmerzen. Der Körper gewöhnt sich an das Abführmittel, so daß die Dosis ständig erhöht werden muß.

Risse am After (Analfissuren): Von Kindern, die kleine Risse am After haben, wird der Stuhl oft zurückgehalten, weil die Entleerung mit großen Schmerzen verbunden ist. Es wird hierbei eine Verstopfung vorgetäuscht.

In diesem Fall müssen zuerst die Wunden am After mit bestimmten Salben zur Abheilung gebracht werden. Danach ist ein regelmäßiger Stuhlgang wieder zu erwarten.

5.4 Herz- und Kreislauferkrankungen

5.4.1 Angeborene Herzfehler

Ursache: Jährlich werden im Bundesgebiet etwa 5000 Kinder mit angeborenen Herzfehlern geboren. Die Mißbildungen am Herzen entstehen in den ersten Wochen der Schwangerschaft oder sind ein Überbleibsel des fötalen Kreislaufes. Eine Virusinfektion der Mutter während der Schwangerschaft kommt bei einem kleinen Teil in Frage. Meist sind die Ursachen aber unbekannt.

Erscheinungsbild: Die Schwere des Herzfehlers kann ganz unterschiedlich sein. Fast 25 % der Kinder sind nicht lebensfähig. Bei manchen Kindern macht sich allerdings der Herzfehler erst im Kleinkindalter bemerkbar und zwar nur bei Belastungen. Dem Erzieher fällt auf, daß dieses Kind bei Laufspielen besonders schnell außer Atem gerät, blaue Lippen bekommt und nicht weiter spielen will und kann. Eine genaue Untersuchung in einer Herzspezialklinik ist erforderlich. Eine Herzoperation ist in vielen Fällen möglich.

5.4.2 Erworbene Herzerkrankungen

Ursache: Als Nachkrankheit von Rheumatismus, Anginen, Scharlach und Diphtherie kann eine Entzündung der Herzmuskulatur, der Herzklappen, des Herzbeutels oder des Reizleitungssystems auftreten.

Krankheitserscheinungen: Eingeschränkte körperliche Leistungsfähigkeit, schnelle Ermüdbarkeit, Abnahme der Spiellust, bei geringer Anstrengung Atemnot, manchmal blaue Lippen. Das Kind muß in ärztliche Behandlung gebracht werden.

Kinder mit einem bleibenden Herzklappenfehler sollen nicht von allen Bewegungsspielen ausgeschlossen werden. Das Kind und die Erzieherin muß die Grenze der Belastbarkeit kennen. Eine vorsichtige Verlagerung der Interessengebiete des Kindes auf ihm zuträgliche Beschäftigungen ist angebracht.

5.4.3 Kreislaufstörungen

Ursache: Kreislaufstörungen kommen besonders häufig beim schnell gewachsenen Kind etwa vom 10. Lebensjahr bis zum Ende der Pubertät und bei ungenügendem Kreislauftraining vor. Bei der Kreislaufstörung werden die Organe, insbesondere das Gehirn, nicht ausreichend durchblutet. Das liegt nicht an einer mangelhaften Herzleistung, sondern an einer ungenügenden Gefäßfunktion. Die Weit- und Engstellung der Arterien und Venen wird über das vegetative Nervensystem (Vagus und Sympathikus) geregelt. Verengen sich z. B. bei längerem Stehen die Gefäße in den Beinen nicht, so sackt das Blut in die untere Körperhälfte ab und das Gehirn wird nicht genügend mit Sauerstoff versorgt. Die Folgen sind Kollapserscheinungen.

Kinder mit Kreislaufstörungen neigen zum Kreislaufkollaps.

Auslösende Ursachen des Kreislaufkollaps: Langes Stehen in schlecht gelüfteten Räumen, seelische Erregung wie Schreck, die Teilnahme an einem Unfall, das Zusehen bei ärztlichen Eingriffen (Impfungen). Auch nach langem Krankenlager sowie heftigem Schmerz bei Unfällen kommt es zu diesen Symptomen.

Krankheitsbild: Wir beobachten bei Kreislaufstörungen alle Veränderungen, die von leichter Ermüdbarkeit bis zur Ohnmacht reichen.
Je nach Schwere der Störungen zeigt das Kind Blässe, feuchte Hände und Fußsohlen. Es wird ihm schlecht, schwindlig, schwarz vor den Augen. Das Gehör kann nachlassen, das Kind verliert die Besinnung. Seine Haut ist blaß und fühlt sich feucht und kühl an. Die Nase erscheint spitz. Der Puls ist kaum zu tasten. Der Blutdruck sinkt auf niedrige Werte ab. Die Atmung ist beschleunigt. Alle Symptome sind Folge einer Weitstellung der Gefäße in der unteren Körperhälfte und einer mangelhaften Sauerstoffversorgung des Gehirns.

Sofortmaßnahmen: Der Kopf wird tief gelagert, die Beine angehoben, damit das Gehirn wieder mehr Blut erhält. Die Kleider sind zu öffnen. Den Bewußtlosen soll man in die stabile Seitenlage bringen, den Kopf zur Seite drehen, damit die Atemwege frei sind. Mit kaltem Wasser besprengen. Bei länger anhaltender Ohnmacht muß man den Arzt benachrichtigen.

Vorbeugende Maßnahmen: Kinder mit Kreislaufstörungen sollte man allgemein kräftigen und zur Erholung in das Mittelgebirge oder an die See verschicken. Ist das nicht möglich, so sollte man den Kreislauf durch bestimmte Methoden trainieren: Kalte Abwaschungen des Kindes am Morgen und anschließend Bürstenmassage der Haut. Weiterhin sollte das Kind täglich wenigstens eine Stunde an der frischen Luft sein zum Fußball- oder Tennisspielen, Radfahren, Reiten, Rollschuhlaufen, Leichtathletik und Gymnastik. Bei einem Teil der Kinder werden auch nach der Pubertät ähnliche Beschwerden erhalten bleiben. Im Vordergrund steht dann der zu niedrige Blutdruck.

5.5 Blutkrankheiten

5.5.1 Blutarmut (Anämie)

Ursache: Eine Blutarmut kann durch Blutverlust bei Unfällen, Operationen, heftigem Nasenbluten oder starker Monatsblutung (Menses) auftreten. Die Blutarmut kann auch die Folge einer Fehlernährung oder häufiger Infekte sein. Bei der Fehlernährung handelt es sich um eine ungenügende Eisenzufuhr durch die Nahrung. Bei den Infekten wird vom Abwehrsystem des Körpers besonders viel Eisen verbraucht, und dadurch ist Eisen nicht ausreichend für die Bildung der roten Blutkörperchen vorhanden.

Eisengehalt in Nahrungsmitteln	
100 g Leber	= 6,6 mg Eisen
100 g Spinat	= 5,2 mg Eisen
100 g Leberwurst	= 5,2 mg Eisen
100 g Rotbarsch	= 4,3 mg Eisen
100 g weiße Bohnen	= 6,0 mg Eisen
100 g Linsen	= 6,9 mg Eisen
100 g Schnittlauch	= 13,0 mg Eisen
100 g Roggenvollkornbrot	= 3,3 mg Eisen

Krankheitsbild: Man beobachtet bei der Blutarmut große Müdigkeit, das Kind ist appetitlos und neigt zu häufigen Infekten. Ein blutarmes Kind sieht nicht in jedem Fall blaß aus.

Behandlung: Bei der Eisenmangel-Anämie muß Eisen zugeführt werden, da das Eisen für die Bildung der roten Blutkörperchen benötigt wird. Der Arzt wird ein eisenhaltiges Medikament verordnen. Danach kann eine Schwarzfärbung der Stühle auftreten. Auch bei der Ernährung muß man für eine ausreichende Eisenzufuhr sorgen. Besonders eisenhaltig sind Leber, Leberwurst, Nieren, Spinat und Hülsenfrüchte.

Der Eisenbedarf des Schulkindes beträgt 10 mg pro Tag.

5.6 Erkrankungen der Harnorgane

5.6.1 Blasenentzündung (Cystitis)

Ursache: Die Blasenentzündung tritt bei Mädchen häufiger auf als bei Jungen. Begünstigend wirkt eine Unterkühlung des Unterleibes, die die Ansiedlung von Bakterien in der Blase fördert. Die Unterkühlung entsteht durch nasse Füße, einen zu langen Aufenthalt im Wasser, zu dünner Kleidung oder durch das Sitzen auf kalten Steinen.

Krankheitsbild: Häufiges Wasserlassen. Brennen beim und nach dem Wasserlassen, ständiger Harndrang.

Die Behandlung und das Verhalten nach der Abheilung entsprechen in etwa denen der Nierenbeckenentzündung.

5.6.2 Nierenbeckenentzündung (Pyelitis)

Ursache: Durch Heraufwandern der Bakterien aus der Blase bei einer Blasenentzündung oder durch das Einschleppen von Erregern auf dem Blutwege in das Nierenbecken tritt eine Nierenbeckenentzündung auf.

Krankheitsverlauf: Der Beginn ist meist stürmisch mit heftigen Schmerzen im Bereich der Nieren und des Bauches. Dabei bestehen hohe Temperaturen, Kopfschmerzen, Übelkeit und Erbrechen.

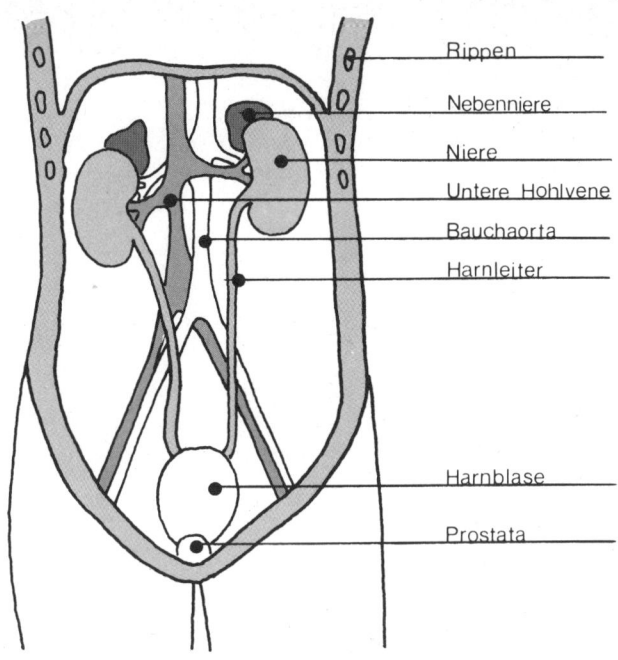

Abbildung 9: Lage der Niere

Rippen

Nebenniere

Niere

Untere Hohlvene

Bauchaorta

Harnleiter

Harnblase

Prostata

Abbildung 10: Darstellung des Nierenbeckens

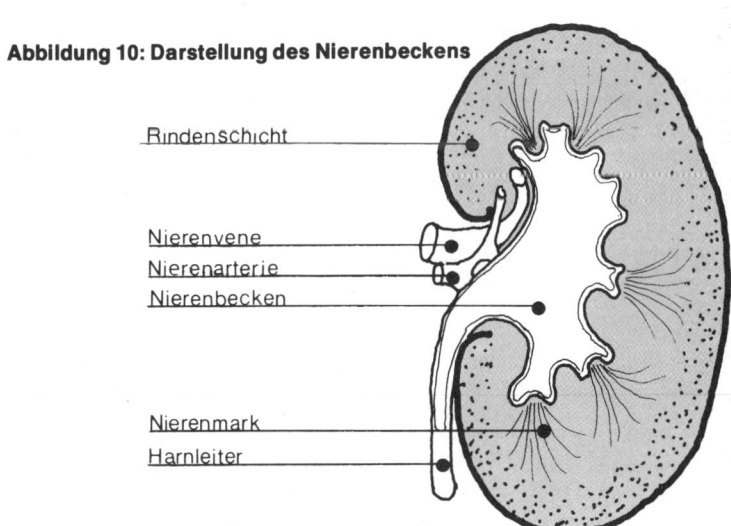

Rindenschicht

Nierenvene

Nierenarterie

Nierenbecken

Nierenmark

Harnleiter

Behandlung: Sie erfordert meist ein Antibiotikum. Das Kind soll viel trinken (Bärentraubenblättertee oder anderen Nierentee). Man gibt Wärme auf die Blasen- und Nierengegend. Die Medikamente müssen regelmäßig und über einen langen Zeitraum eingenommen werden, da die Erkrankung zu Rückfällen neigt. Das Kind darf für einige Wochen nicht barfußlaufen und schwimmen. Es soll lange Hosen, Strümpfe und warme Schuhe tragen. Jede Abkühlung ist zu vermeiden. Zur Kontrolle muß der Urin in gewissen Abständen im Labor untersucht werden.

5.7 Geschlechtskrankheiten

Geschlechtskrankheiten werden beim Kind nicht durch direkten Kontakt, den Geschlechtsverkehr, übertragen. Die Infektion erfolgt durch Schmierinfektion oder ist wie bei der Lues angeboren.

5.7.1 Tripper (Gonorrhoe)

Ursache: Ein Kind kann durch Schmierinfektion mit dem Erreger, dem Gonokokkus, infiziert werden. Das kann schon bei der Geburt passieren. Hat die Mutter eine Gonorrhoe, so kommen bei der Geburt Gonokokken aus der mütterlichen Scheide in das kindliche Auge und verursachen dort eine Bindehautentzündung mit Vereiterung. Es können sich Geschwüre auf der Hornhaut des Auges bilden, die nach ihrer Abheilung Narben hinterlassen und zur Erblindung des Kindes führen. Jedes Neugeborene bekommt deshalb sofort nach der Geburt vorbeugend einen Tropfen 1 % Silbernitratlösung in jedes Auge (Prophylaxe nach Credé).

Das Kind kann sich später jederzeit bei der gonorrhoischen Mutter oder anderen infizierten Personen durch Kontakt mit infektiösem Ausfluß anstecken. Das kann durch ein gemeinsames Bett, Unterwäsche, Toilette und durch Verschmieren von Ausfluß mit den Händen auf andere Personen erfolgen.

Krankheitsbild: Die Erreger siedeln sich beim Kind in der Scheide, im Mastdarm und in der Harnröhre an. Das Kind hat an diesen Organen eine Entzündung, die Juckreiz auslöst und grün-gelblichen Ausfluß hervorruft. Der Ausfluß ist für andere Kinder hochinfektiös. Bei Kindern wandern die Gonokokken nicht in die Gebärmutter und den Eileiter ein. Es kommt also nicht, im Gegensatz zum Erwachsenen, zu einer Eileiterentzündung, die zu einer Verklebung der Eileiter und damit zur Sterilität führen kann.

Behandlung: Nach dem Gesetz zur Verhütung der Geschlechtskrankheiten ist eine Geschlechtskrankheit melde- und behandlungspflichtig. Arzt und Erzieher haben Schweigepflicht gegenüber Dritten.

Die Zahl der Gonorrhoe-Kranken nimmt in den letzten Jahren wieder zu. Eine überstandene Gonorrhoe hinterläßt keine dauernde Immunität.

Unspezifischer Ausfluß in der Pubertät: Der oft auftretende weißliche Ausfluß bei Kindern in der Pubertät kann ganz harmlos sein und ist eine Folge der sich einpendelnden Hormone. Zur Abklärung und Behandlung soll man einen Arzt aufsuchen.

5.7.2 Lues (Syphilis)

Ursache: Der Erreger der Lues ist die Spirochäta pallida. Beim Kind ist die Lues in den meisten Fällen angeboren.

Die *Infektion* erfolgt im Mutterleib. Das Kind wird mit den Zeichen einer Lues geboren.

Eine sofortige *Behandlung* mit Penicillin führt auch dann noch beim Kind zu einer Ausheilung der Erkrankung. Viel besser ist es aber, bei der Mutter eine Lues-Kur schon während der Schwangerschaft durchzuführen.
Beim Erwachsenen erfolgt die Infektion am häufigsten beim Geschlechtsverkehr. Spirochäten dringen in die Haut- oder Schleimhautläsionen ein.

Die Entwicklung der Lues beim Erwachsenen

Stadium I:
3 Wochen nach der Infektion bildet sich ein sogenannter Primäraffekt. An der Stelle der Infektion entsteht ein schmerzloses hartes Geschwür. Der entsprechende Lymphknoten schwillt an.

Stadium II:

Im Sekundärstadium, etwa 8 Wochen später, treten Hautausschläge auf. Die Wassermann-Reaktion (spezifischer Nachweis der Lues) ist positiv.

Stadium III:

Nach 3–4 Jahren beginnt das Tertiärstadium, bei dem dann das Nervensystem, die Inneren Organe, Haut und Knochen befallen werden können.

Für die Lues gelten die gleichen gesetzlichen Bestimmungen wie für die Gonorrhoe.

Behandlung: Eine erfolgreiche Behandlung kann bei der Gonorrhoe und bei der Lues in den ersten beiden Stadien durchgeführt werden. Auch eine Mutter, die früher einmal eine Lues gehabt hat, kann, rechtzeitig und ausreichend während der Schwangerschaft behandelt, ein gesundes Kind zur Welt bringen.

5.8 Krankheiten des Stoffwechsels

5.8.1 Zuckerkrankheit (Diabetes mellitus)

Ursache: Bei der Verdauung werden die Kohlenhydrate bis zu den Einfachzuckern abgebaut. Sie gelangen über die Darmwand in das Blut und kommen durch die Pfortader in die Leber. Der Zucker wird im Stoffwechsel – so weit benötigt – verbrannt. Der Überschuß wird mit Hilfe des Hormons Insulin als Glykogen in der Leber und in den Muskeln gespeichert. Wird nicht genügend Insulin in den Langerhansschen Inseln der Bauchspeicheldrüse produziert, so kann die Umwandlung in Glykogen nicht stattfinden. Der Blutzuckerspiegel ist erhöht.

Krankheitsbild: Bei einem erhöhten Blutzuckerspiegel wird über die Niere Zucker zusammen mit Lösungswasser ausgeschieden. Dadurch wird vermehrt Urin gebildet und die Folge davon ist großer Durst. Außerdem beobachtet man bei der Zuckerkrankheit Gewichtsabnahme trotz ausreichender Ernährung, Leistungsschwäche und Neigung zu Eiterungen der Haut. Steigt der Blutzuckerspiegel zu hoch an, so entwickelt sich ein sogenanntes „diabetisches Coma" mit Aceton in der Atemluft (obstartiger Geruch), Benommenheit und Bewußtlosigkeit.

Behandlung: Ein Kind mit einem Diabetes muß regelmäßig in genauer Dosierung (Berechnung in Einheiten) Insulin gespritzt bekommen. Meist 3mal täglich. Kleinere Kinder müssen von der Erzieherin, Mutter oder Krankenschwester gespritzt werden. Vom 10. Lebensjahr an können es die Kinder meist selbst. Tabletten können beim kindlichen Diabetes nicht gegeben werden, auch nicht, wenn diese Kinder später in das Erwachsenenalter kommen. Die Diät muß ebenfalls nach Vorschrift erfolgen, es darf nur eine bestimmte Menge Kohlenhydrate, Fett und Eiweiß pro Tag gegeben werden. Kommen Kinder mit der im Krankenhaus bei der Einstellung ermittelten Insulinmenge plötzlich nicht mehr aus, so muß überprüft werden, ob sie nicht doch ab und zu heimlich Süßigkeiten essen.

Zweimal in der Woche muß der Urin mit Teststreifen auf Zucker und Aceton kontrolliert werden. Das Ergebnis wird schriftlich festgehalten und dem Arzt gezeigt. Alle 4–12 Wochen muß das Kind dem Arzt vorgestellt werden. Einmal im Jahr ist eine gründliche ärztliche Untersuchung angezeigt. Lebt das diabetische Kind in der Familie, so sollten Lehrer, Erzieher und nahe Verwandte über die Erkrankung informiert sein, damit sie bei einem beginnenden diabetischen Coma oder einem Insulinschock erste Hilfsmaßnahmen treffen können. Durch ungenügende Insulindosen oder Diätfehler, z. B. zu hohe Kohlenhydratzufuhr, ebenso bei fieberhaften Erkrankungen, kann das Kind in ein lebensbedrohliches *Coma* kommen. Zu Beginn des Comas tritt Gähnen und Benommenheit auf, im Coma selbst kommt es zu Bewußtlosigkeit. Ein diabetisches Coma gehört auf dem schnellsten Wege in die Klinik. Durch zu hohe Insulindosen, zu geringe Nahrungsaufnahme (z. B. durch weitere Krankheiten bedingt) oder große körperliche Anstrengungen kann der Blutzuckerspiegel zu weit absinken. Es entsteht ein Insulinschock.

Merksätze für das diabetische Kind:
1. Jedes mit Insulin behandelte diabetische Kind soll immer ein Stückchen Traubenzucker, z. B. mehrere Täfelchen Dextro Energen, oder Brot bei sich tragen. Falls Anzeichen (s. S. 178) eines be-

beginnenden Insulinschocks auftreten, kann es sich helfen, indem es sofort ein Stück Zucker oder Brot ißt.

2. Das Kind soll einen Ausweis mit Namen, Adresse, mit Diagnose und z. Z. verabfolgter Insulindosis bei sich haben. Falls das Kind einmal im Coma aufgefunden wird, können diese Angaben lebensrettend sein.

5.8.2 Verminderung des Blutzuckers (Hypoglykämie)

Die Ursachen für das Absinken des Blutzuckers können folgende sein:

1. Eine zu große Insulindosis oder eine zu geringe Nahrungsaufnahme beim Diabetes (Insulinschock).
2. Bei vegetativ-labilen Kindern 3–4 Stunden nach einer großen Mahlzeit als Zeichen einer überschießenden Insulinproduktion.
3. Bei Hungerzuständen.

Krankheitsbild: Die Kinder haben Heißhunger, Schwäche, Schweißausbrüche, Gliederzittern, erhöhten Puls, schließlich Bewußtlosigkeit und Krämpfe.

Die Behandlung besteht im Verzehr von Traubenzucker, Kochzucker oder anderen Kohlenhydraten. Traubenzucker ist besonders geeignet, da er im Darmtrakt am schnellsten resorbiert wird.

5.8.3 Acetonämisches Erbrechen

Ursache: Das unstillbare acetonämische Erbrechen ist immer durch eine Übererregbarkeit des Kleinkindes bedingt. Bei diesen Kindern tritt während und nach festlichen Anlässen (Weihnachten, Geburtstage, Kinderfeste), bei denen sie reichlich süße Sachen gegessen haben, plötzlich heftiges Erbrechen auf. Auch Erkältungskrankheiten oder kleinere Operationen können eine auslösende Ursache sein. In der Regel tritt das acetonämische Erbrechen nach dem 6. Lebensjahr nicht mehr auf.

Krankheitsbild: Das Kind hat ein sich ständig wiederholendes Erbrechen. Es wird vermehrt Aceton (daher die Bezeichnung acetonämisches Erbrechen) gebildet und im Urin und in der Atemluft ausgeschieden, was zu einem obstartigen Geruch führt.

Behandlung: Bei dieser Form des Erbrechens wird man einen Arzt zuziehen müssen. Die Behandlung besteht in Beruhigungsmitteln, Flüssigkeitszufuhr, Gaben von Kochsalz und Traubenzucker. Bei sehr stark ausgetrockneten Kindern muß eine Klinikaufnahme erfolgen.

5.9 Erkrankungen des Nervensystems

5.9.1 Fallsucht (Epilepsie)

Ursache: Bei etwa der Hälfte der Epileptiker beginnen die Anfälle in der Kindheit. Die Ursache ist zu 10 % in einer familiären Belastung zu suchen. Hirnmißbildungen, schwere Geburt, hochgradige Gelbsucht nach der Geburt, spätere Gehirn- und Hirnhautentzündungen rufen häufig diese Krankheit hervor.

Krankheitsbild: Die Eltern eines Kindes mit Krampfleiden sollten die Erzieherin über dessen Erkrankung informieren, damit sie sich nicht zu sehr erschreckt und hilflos ist, wenn das Kind plötzlich einen Anfall hat. Die Erzieherin muß das Kind im Anfall so lagern, daß es sich bei den einsetzenden krampfartigen Zuckungen der Arme und Beine nicht verletzt oder stößt. Sie soll die krampfenden Gliedmaßen nicht festhalten wollen. Man kann zwischen die Zähne ein zusammengefaltetes Taschentuch stecken, um einen Zungenbiß zu verhindern. Der Kopf des bewußtlosen, krampfenden Kindes muß zur Seite gedreht, die Atemwege müssen frei gehalten werden. Der Anfall kann von einigen Minuten bis zu einer Viertelstunde dauern. Dabei kann Stuhl und Urin spontan abgehen und Schaum aus dem Munde treten. Nach dem Anfall tritt für einige Stunden tiefer Schlaf auf.
In 70–75 % der Fälle kann man bei den Kindern eine normale Intelligenz feststellen. Eine Epilepsie ist kein Grund, ein Kind in eine Sonderschule abzuschieben. Bei langem Anhalten der Krankheit ohne Behandlung werden die Kinder antriebsarm und zeigen eine geringe geistige Aktivität. Das läßt sich bei richtiger anti-epileptischer Medikation heute weitgehend vermeiden.

Die Behandlung besteht in der Verordnung von Medikamenten durch den Arzt.

Die Erzieherin sollte im Umgang mit epileptischen Kindern folgende Dinge beachten: Ein Kind mit einer Epilepsie darf nicht im Straßenverkehr radfahren. Es sollte nicht ohne Aufsicht schwimmen. Es darf keinen Leistungssport treiben. Die Kinder dürfen nicht auf Bäume oder Mauern klettern, weil sie bei einem Anfall herunterstürzen könnten.

5.9.2 Kleine Anfälle (Absencen)

Erscheinungsform: Bei Kindern bis zur Pubertät kann man einen kurzen Bewußtseinsschwund von 5–10 Sekunden beobachten, den man als Absence bezeichnet. Während einer Absence blicken diese Kinder, ohne daß sie krampfen, zusammenfallen oder hinstürzen, starr gerade aus, lassen Gegenstände fallen, bewegen ihre Hände unruhig suchend auf dem Schoß, machen Schluck- oder Kaubewegungen. Von diesen Vorgängen wissen die Kinder nichts und können sich hinterher auch nicht daran erinnern.

Behandlung: Hatte das Kind bisher keine Absencen, so müssen die Eltern benachrichtigt werden, damit das Kind dem Arzt zur Untersuchung vorgestellt wird. Ein Teil der Fälle kann später in eine Epilepsie übergehen. Die Absencen lassen sich im allgemeinen ohne Schwierigkeiten medikamentös behandeln.

5.9.3 Wutkrämpfe

Ursache: Wutkrämpfe sind in erster Linie ein erzieherisches Problem.

Erscheinungsform: Besonders Kleinkinder im Alter von 3–4 Jahren können, wenn sie ihren Willen nicht bekommen, im Affekt so heftig schreien, daß es zum Atemstillstand kommt. Das Kind wird blau, läßt sich zu Boden fallen und wird für kurze Zeit bewußtlos. Leichte Zuckungen der Muskeln können auftreten. Diese Symptome sind eine Folge der Minderversorgung des Gehirns mit Sauerstoff, bedingt durch den Atemstillstand.
Wutanfälle sind nie lebensgefährlich und haben mit Krampfleiden nichts zu tun.

Behandlung: Änderung der Erziehungsmethoden.

5.9.4 Zerebrale Kinderlähmung (Infantile Cerebral Parese, „I.C.P.")

Kinder mit dieser Erkrankung werden meist als „Spastiker" bezeichnet, obwohl diese Gruppe nur einen, wenn auch den größten Teil der Infantilen Cerebral Parese darstellt.

Ursachen: Schädigung des Gehirns durch Sauerstoffmangel unter der Geburt, einen zu hohen Bilirubinspiegel (Rh-Schaden), Hirnblutung oder eine Infektion vor oder nach der Geburt. Auch Mißbildungen des Gehirns können sich dahinter verbergen.

Krankheitsbild: Die Erkrankung ist fast immer von Geburt an vorhanden, ist aber zu diesem Zeitpunkt noch nicht sicher festzustellen. Das Ausmaß der Schädigung macht sich erst mit der geistigen und körperlichen Entwicklung bemerkbar. Nur einer aufmerksamen Mutter, die auch schon mehrere normale Kinder gehabt hat, fällt bereits im Säuglingsalter eine gewisse Starre der Muskulatur, häufiges Schreien und ein Zurückbleiben in der normalen Entwicklung auf. Bei ersten Geh- und Stehversuchen steht ein Teil der Kinder auf den Zehen mit überkreuzten Beinen. Je nach Ausbreitung der Hirnschädigung findet man spastische Halbseitenlähmung, Lähmungen von beiden Armen und Beinen. Bei leichten Fällen können auch nur einige Muskelgruppen betroffen sein. Die Lähmung ist meist spastisch, d. h. die Gliedmaßen sind nur gegen einen Widerstand zu bewegen. Es fällt auch eine starke Bewegungsunsicherheit auf. Das Kind kann das Gleichgewicht schlecht halten. Beim spastisch gelähmten Kind finden sich außerdem 50 % Sprachstörungen, 25 % Hörstörungen, 50 % Sehstörungen, 35 % Krampfanfälle und 50 % Intelligenzminderung.

Behandlung: Es ist wichtig, daß ein Spastiker möglichst im Säuglingsalter, d. h. ab 3.–4. Monat, einer gezielten krankengymnastischen Behandlung zugeführt wird, da man durch bestimmte Bewegungsübungen Schäden bessern oder aufhalten kann. Um aber frühzeitig einen Schaden feststellen zu können, ist es nötig, daß die Mutter mit ihrem Säugling zu den Vorsorgeuntersuchungen geht. Besteht schon bei der Geburt der Verdacht einer Schädigung, so spricht man von einem „Risikokind", und die Mutter wird aufgefordert, unbedingt regelmäßig zu den Vorsorgeuntersuchungen zu gehen. Dabei ist es entscheidend wichtig, daß die spastische Bewegungsstörung des Säuglings schon in den ersten Lebensmonaten entdeckt und die krankengymnastische Behandlung sofort eingeleitet wird. Wird dieser entscheidende Zeitpunkt versäumt, so läßt sich die verlorene Zeit nicht wieder einholen. Vom 3. Lebensjahr an gehen die Erfolge der Behandlung stark zurück.

Je nach Schwere der Schädigung kann das Kind später die normale Schule besuchen, oder aber es geht in einen Sonderkindergarten und anschließend in die Sonderschule, die meist in den sogenannten „Spastikerzentren" untergebracht sind. In den Spastikerzentren sind Erzieher, Krankengymnastinnen, Lehrer und Ärzte tätig, die die Kinder in individuellen Programmen bestmöglich fördern.

5.9.5 Schwachsinn

Zur Prüfung der Intelligenzleistung kann der Intelligenz-Quotient (I.Q.) festgestellt werden. Bei altersentsprechender normaler Intelligenz ist der I.Q. = 1. Liegt die geistige Leistung höher, so ist der I.Q. über 1. Bei Intelligenzminderung liegt er unter 1.
Man bezeichnet den Schwachsinn als Intelligenzminderung verschiedenen Grades: Debilität, Imbezillität, Idiotie.

Ursachen: Bei dem größten Teil der Minderbegabten ist der Schwachsinn angeboren. Er kann erblich, auf einer Chromosomenanomalie (Mongolismus), durch einen Rh-Schaden oder eine andere Hirnschädigung bedingt sein.
Etwa 3–4 % der Bevölkerung ist schwachsinnig. Die ersten Anzeichen findet man bereis im Säuglingsalter. Die Entwicklung ist verzögert, die Kinder lernen verspätet sprechen, einfache Spiele und Handreichungen können nicht altersgemäß gemacht werden.

5.9.5.1 Das lernbehinderte Kind (Debilität)

Die leichteste und häufigste (85 %) Form des Schwachsinns ist die Debilität. Der I.Q. liegt unter 1, aber nicht unter 0,7. Die Kinder können die Sonderschule für Lernbehinderte besuchen und später einfache Berufe ausüben. In der Sonderschule für Lernbehinderte sind auch Kinder, die nur scheinbar schwachsinnig sind. Sie sind durch ungenügende Förderung in der Familie oder Heim, durch

extrem schlechte soziale Verhältnisse, oder durch Erziehungsschwierigkeiten in ihrer geistigen Entwicklung so im Rückstand,
daß sie dem Niveau einer allgemeinen Schule nicht entsprechen.
Unter den Sonderschülern befindet sich auch immer ein Teil der
Legastheniker. Der Lebenserfolg ist für einen geförderten Sonder-
schüler oft größer als für einen Volksschüler, der aus der 7. oder
8. Klasse abgehen mußte. Wenn in der Volksschule eine unzureichende Begabung festgestellt wird, so sollte möglichst bald eine
Umschulung in eine Sonderschule vorgenommen werden, um
dem Kind die Überforderung der Normalschule und das Bewußtsein des Versagens zu ersparen.

5.9.5.2 Das geistig behinderte Kind (Imbezillität und Idiotie)

Bei der Imbezillität (10 % der Schwachsinnigen) ist keine geregelte
Ausbildung in Schule und Beruf möglich. Der I.Q. liegt zwischen
0,4 und 0,7. Die Kinder besuchen die Sonderschule für das geistig
behinderte Kind. Es wird versucht, die vorhandenen Bildungs-
möglichkeiten auszuschöpfen, damit sie körperlich und geistig
einen gewissen Grad von Selbständigkeit erreichen. Sie werden in
einer sinnvollen manuellen Tätigkeit ausgebildet und können einfache Arbeiten in beschützenden Werkstätten ausführen. Eine ständige Betreuung ist aber nötig.

Unter *Idiotie* (5 % der Schwachsinnigen) versteht man einen so
ausgeprägten Schwachsinn, daß diese Menschen nur in geschlossenen Heimen leben können, die Sprache nur bruchstückhaft sprechen, oft überhaupt kein Sprachverständnis haben. Der I.Q. liegt
unter 0,4. Teilweise sind sie nicht fähig, allein zu essen, sich sauber
zu halten, Stuhl und Urinabgang zu kontrollieren.

Förderungsmöglichkeiten: Eine bestmögliche Förderung des geistig behinderten Kindes ist nur möglich durch die Zusammenarbeit
von Arzt, Sonderpädagogen, Erzieher, Psychologen und Sozialarbeiter. Die Früherfassung ist die Voraussetzung für eine optimale
Ausbildung. Gerade aber die Früherfassung stößt auf Schwierigkeiten, da keine Meldepflicht besteht. Manche Familien möchten
die geistige Behinderung ihres Kindes vertuschen. Sie verbergen
diese Kinder vor der Umwelt und bewirken damit nur noch einen
ausgeprägteren geistigen Rückstand.

5.9.6 Legasthenie

Ursache: Es besteht keine einheitliche Meinung über die Ursache der Legasthenie. So beobachteten einige Pädagogen zum Beispiel, daß besonders viele Legastheniker bei der Unterrichtung mit der „Ganzwortmethode" auftraten, andere beschuldigen die Unreife der linken Gehirnhälfte, wo das Schreibzentrum für die rechte Hand sitzt.

Erscheinungsbild: Hierbei handelt es sich bei sonst normal oder gut begabten Kindern um partielle Ausfälle für Schreiben und Lesen. Sie verwechseln Buchstaben beim Schreiben, auch bei einfachen Worten. Beim Lesen verdrehen sie Silben, so daß sie andere Worte lesen als tatsächlich im Buch stehen.

Hilfe: Nach Erkennen der Legasthenie kann durch Einzelunterricht oder Unterrichtung ganzer Legasthenie-Klassen diese Schwäche behoben werden. Die Kinder werden angewiesen, langsam und einzeln (z. B. mit der Schreibmaschine) die Buchstaben zu schreiben, um so den „Wortsalat" in Ordnung zu bringen.

5.9.7 Mongolismus

Ursache: Es ist eine Chromosomenstörung, die besonders häufig bei Geburten älterer Mütter (über 40 Jahre) auftritt. Bei 500–600 Geburten wird durchschnittlich ein mongoloides Kind geboren. Bei Müttern zwischen 40 und 45 Jahren kommt dagegen ein mongoloides Kind auf 100 Geburten. Die Chromosomenstörung ist meist nur einmalig. Besonders bei jüngeren Frauen können später wieder normale Kinder geboren werden. Vor einer erneuten Schwangerschaft sollte jedoch ein Humangenetisches Institut zur Chromosomenanalyse aufgesucht werden. Die Störung ist meist nicht erblich.

Erscheinungsbild: Charakteristisch ist für das mongoloide Kind eine Schrägstellung der Augen, ähnlich wie bei den Mongolen, eine dicke Zunge, ein leicht geöffneter Mund und eine vermehrte Speichelsekretion. Der Körperbau ist gedrungen, die Hände sind kurz und plump. In der Handinnenfläche befindet sich die sogenannte Vierfinger- oder Affenfurche, eine Handlinie, die von der Kleinfinger- zur Daumenseite ohne Unterbrechung durchläuft. Die Gelenke sind überstreckbar. Das Kind ist schwachsinnig und erreicht etwa den Intelligenzgrad eines 4–5 Jahre alten Kindes. In günstigen Fällen kann es eine Sonderschule besuchen. Im Wesen sind die Mongoloiden freundlich, zutraulich, musikalisch und oft der Clown einer Gemeinschaft.

Aufgrund gleichzeitig vorhandener Mißbildungen (Herzfehler) sterben 75 % der Mongoloiden vor der Pubertät. Nur 10 % erreichen das 25. Lebensjahr.

5.9.8 Der leichte frühkindliche Hirnschaden (Das erethische Kind)

Ursache: Diese Störung findet man schon bei Kindern im Kindergartenalter. Sie ist durch einen leichten frühkindlichen Hirnschaden (Sauerstoffmangel, Erkrankungen des Gehirns) bedingt.

Verhalten des Kindes: Hier liegen keine ins Auge fallenden körperlichen, sondern psychische und geistige Veränderungen vor. Bei diesen Kindern kann man folgende Störungen beobachten.

1. *Hypermotilität:* Die Kinder sind dauernd in Bewegung. Sie sind nicht in der Lage, still zu sitzen. Das beobachtet man im Kindergarten bei sitzenden Beschäftigungen und später in der Schule.

2. *Kurze Aufmerksamkeitsspanne.* Bei unterschiedlichem, oft leicht vermindertem Intelligenzgrad, können sie sich nicht einer Arbeit oder dem Spiel konzentriert zuwenden. Schon der geringste Reiz lenkt sie unweigerlich ab. Bei vielfachen Eindrücken können sie nicht wie das normale Kind Wichtiges vom Unwichtigen unterscheiden.

3. *Impulsivität.* Zum Krankheitsbild gehört auch der impulsive und stürmische Bewegungsablauf, der dem erfahrenen Erzieher sofort auffällt. Alles vom Kind Gewünschte muß sofort ausgeführt werden. Es ist dem Kind nicht möglich, mit der Befriedigung seiner Wünsche zu warten, anderenfalls kommt es zu Zornesausbrüchen.

4. Hinzu kommt noch ein schneller *Stimmungswechsel,* eine gewisse Gedächtnisschwäche, und später in der Schule auffallend schlechte Leistungen im Rechnen.

Es ist wichtig, diese Kinder im Kindergarten nicht als „schwererziehbar" einzustufen. Außerdem ist es notwendig, die organische Ursache, nämlich den leichten frühkindlichen Hirnschaden, durch eine entsprechende fachärztliche Untersuchung feststellen zu lassen.

Die Behandlung wird mit Medikamenten, aber auch durch geeignete Konzentrationsübungen schon im Kindergarten erfolgen müssen. Konzentrationsspiele, wie Memori oder Kim-Spiele, trainieren das Erinnerungsvermögen.

5.10 Hautkrankheiten

5.10.1 Borkenflechte (Grindflechte, Impetigo contagiosa)

Übertragung: Hierbei liegt eine Staphylokocken- oder Streptokokken-Infektion vor, die durch Schmierinfektion von Kind zu Kind, aber auch durch Handtücher übertragen wird. Besonders leicht geht die Ausbreitung der Borkenflechte in Kindergärten, Schulen und Heimen vor sich.

Krankheitsbild: Das Kind bekommt im Gesicht, hinter den Ohren am behaarten Kopf einen Ausschlag, der zunächst Blasen bildet, die platzen und nässen. Beim Eintrocknen bilden sich honiggelbe Krusten.
Die Kinder müssen mit einer antibiotikahaltigen Salbe behandelt werden. Die Borkenflechte heilt ohne Narbenbildung ab.
Nach dem BSG dürfen Kinder mit einer Borkenflechte den Kindergarten und andere Gemeinschaftseinrichtungen nicht besuchen. Eine Zulassung kann erst nach Abheilung oder Einleitung einer Behandlung, die eine Weiterverbreitung ausschließt, erfolgen.
Bei Ausbreitung im Kindergarten ist eine laufende Desinfektion durchzuführen.

5.10.2 Furunkel

Ursache: Die Furunkelbildung beruht auf einer bakteriellen Infektion der Haarbälge. Die bevorzugte Lokalisation ist der Nacken, die Achselhöhle und das Gesäß.

Man sieht eine gerötete, geschwollene Stelle, die schmerzhaft ist. Der Mittelpunkt wird innerhalb weniger Tage gelb. Es entleert sich meist spontan Eiter. In manchen Fällen muß der Furunkel vom Arzt operativ eröffnet werden. Furunkel im Bereich des Kopfes oder des Gesichtes müssen stets durch den Arzt behandelt werden.

5.10.3 Nesselfieber (Urtikaria)

Ursache: Die Urtikaria ist eine allergische Reaktion des Körpers auf bestimmte Stoffe. Sie sind meist durch den Magen-Darm-Trakt oder durch die Haut mit dem Körper in Kontakt gekommen. Die Allergie kann durch Nahrungsmittel, Arzneistoffe, Pflanzen, Waschmittel oder Kunstfasern ausgelöst werden. Durch die ständige Zunahme der chemischen Stoffe um uns steigt die Zahl der Allergien.

Krankheitsbild: Das Kind bekommt beim Nesselfieber plötzlich einen Ausschlag, der sich durch eine Hautrötung und meist auch durch Juckreiz bemerkbar macht. Der Ausschlag sieht sehr unterschiedlich aus und kann leicht mit beginnendem Scharlach, Masern oder einer anderen Hautkrankheit verwechselt werden.

Eine besondere Form der Hautallergie ist der *Strophulus,* bei dem kleine Bläschen auf kleinen Knötchen gebildet werden. Er ist leicht mit Windpocken zu verwechseln.

Behandlung: Der Arzt sollte beim ersten Auftreten einer Allergie und in allen Zweifelsfällen zu Rate gezogen werden. Die Behandlung erfolgt mit bestimmten Salben. Ist der eine Allergie auslösende Stoff bekannt, so darf das Kind damit nicht mehr in Berührung kommen.

5.10.4 Faulecken

Faulecken treten im Bereich der Mundwinkel auf und sind eine harmlose Erscheinung. Beim Sprechen und Essen reißen diese Stellen auf und verursachen Schmerzen. Sie können auch durch Vitamin- oder Eisenmangel bedingt sein.

Zur lokalen Pflege sollte man diese Stellen mit Zinkpaste oder Penatencreme abdecken.

6 Erkrankungen der Sinnesorgane

6 ERKRANKUNGEN DER SINNESORGANE

6.1 Das Auge

Augenfehler müssen möglichst frühzeitig erkannt und behandelt werden. Die Elastizität der kindlichen Augenlinse ist noch sehr groß, so daß zunächst geringe Augenfehler ausgeglichen werden können und nicht auffallen.

Erhaltung der Sehkraft: Es ist darauf zu achten, daß Kinder „nicht mit der Nase schreiben", da das Auge dabei überanstrengt wird. Der Abstand zum Buch sollte wenigstens 30 cm betragen.
Eine gute Beleuchtung soll zum Lesen und Schreiben vorhanden sein. Das ist z. B. nicht der Fall, wenn Kinder abends im Bett mit der Taschenlampe unter der Bettdecke oder bei schwacher Dekkenbeleuchtung noch lesen. Durch die ungenügende Helligkeit werden die Augen geschädigt.

Die Erzieherin muß wissen, welche Kinder Brillen, besonders Schielbrillen, tragen müssen. Die anderen Jungen und Mädchen sollen über die Notwendigkeit des Brilletragens unterrichtet werden, damit sie nicht beim Spiel die Brille beschädigen oder den Brillenträger auslachen.

Eine regelmäßige Kontrolle der Seh- und Hörfähigkeit erfolgt z. T. durch das Gesundheitsamt bereits im Kindergarten, regelmäßig dann in der Schule. Werden krankhafte Veränderungen festgestellt, so wird eine entsprechende fachärztliche Untersuchung und Behandlung eingeleitet.
Bei zu korrigierenden Augenfehlern wird das Kind in eine Sehschule, die meist großen Augenkliniken angeschlossen ist, zur ambulanten Behandlung überwiesen, oder es wird durch den Augenarzt eine Brille verordnet.

Kinder mit einer Sehschärfe, die nur noch ein Viertel der normalen Sehkraft entspricht, kommen in einen Sonderkindergarten, später in eine Sonderschule für Sehbehinderte.

In eine Blindenschule kommt ein Kind, das keinen Lichtschein mehr wahrnehmen kann, oder eine so hochgradige Sehschwäche hat, daß es als „blind" zu bezeichnen ist. In den Blindenschulen können die Kinder eine Volks- und Mittelschulbildung erwerben und werden später einer Berufsausbildung zugeführt.

Abbildung 11: Anordnung der Augenmuskeln

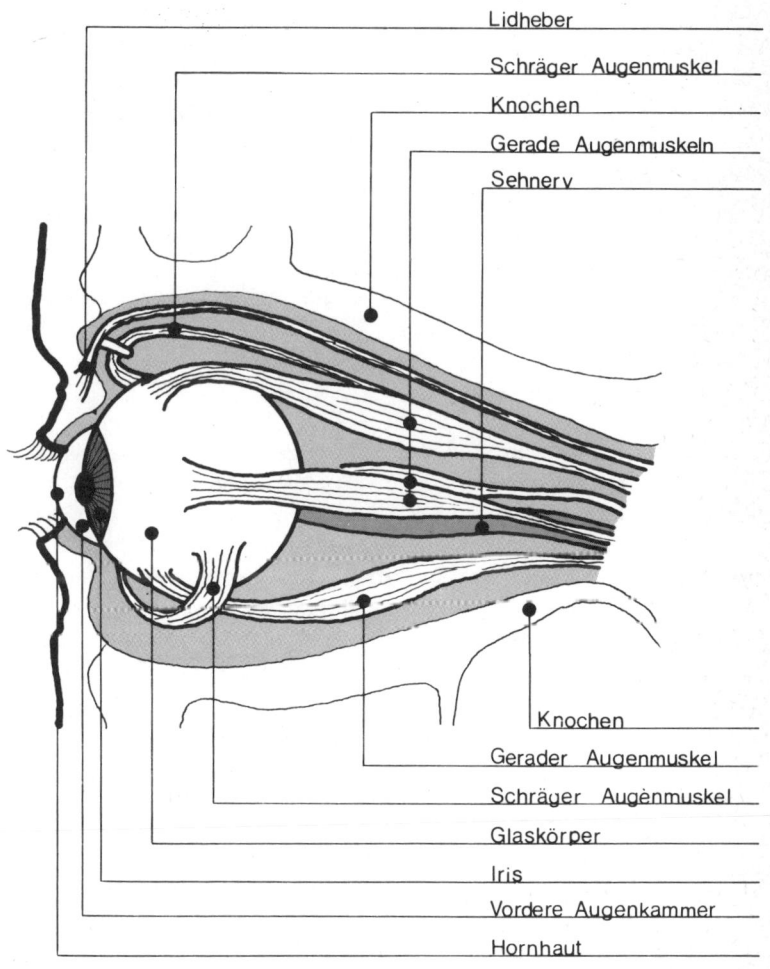

6.1.1 Schielen (Strabismus)

Beim Schielen ist das Zusammenspiel der Augenmuskeln durch Verkürzung oder Lähmung eines Augenmuskels gestört. Es fällt das Abweichen eines oder beider Augen auf. In den ersten 6–8 Wochen findet man beim Säugling ein „normales Schielen", bis das Kind einen Gegenstand fixieren kann.

Behandlung: Bei einem Kleinkind muß das Schielen durch das Tragen einer Schielbrille und Besuch einer Sehschule behandelt werden, da sonst Schwachsichtigkeit auftritt. Das schielende Auge wird vom Sehen ausgeschaltet, was zur Verminderung seiner Funktion, d. h. zum Erblinden des Auges, führt. Korrigiert die Schielbrille den Fehler nicht aus, so muß nach dem 6. Lebensjahr eine Operation gemacht werden. Jedes schielende Kleinkind muß unbedingt von einem Augenarzt untersucht werden.

6.1.2 Sehstörungen

Bei etwa 7 % der Schulanfänger liegen behandlungsbedürftige Sehstörungen vor.

6.1.2.1 Kurzsichtigkeit

Dem Erzieher fällt auf, daß das Kind Gegenstände in der Ferne nicht erkennt und beim Abmalen von einer Tafel die Dinge nicht genau abzeichnet. Beim etwas älteren Kind beobachtet man ein Zusammenkneifen der Augenlider, wenn es in der Ferne etwas erkennen will. In der Schule haben diese Kinder oft schlechte Schulleistungen und einen Entwicklungsrückstand, weil sie die Aufzeichnungen des Lehrers an der Tafel nicht genau sehen und z. T. dadurch falsch abschreiben. Bei starker Kurzsichtigkeit klagen die Kinder über Kopf- und Augenschmerzen.

Ursache: Der Durchmesser des Augapfels ist zu lang. Ein Vererbungseinfluß ist vorhanden. Der Augenfehler nimmt noch zu, bis das Wachstum abgeschlossen ist. Die Kinder benötigen bis zum 18.–20. Lebensjahr eine immer stärkere Brille. Bis zu diesem Zeitpunkt soll das Kind alle 2–3 Jahre den Augenarzt zur Kontrolluntersuchung aufsuchen. Die verordnete Brille hat eine Zerstreuungslinse. Aus kosmetischen Gründen können ab 15. Lebensjahr auch Kontaktlinsen getragen werden.

Abbildung 12: Augenfehler

KURZSICHTIGES AUGE   Der Augapfel ist zu lang

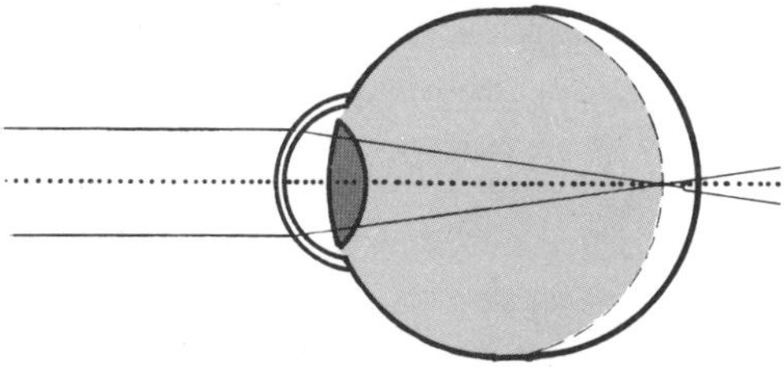

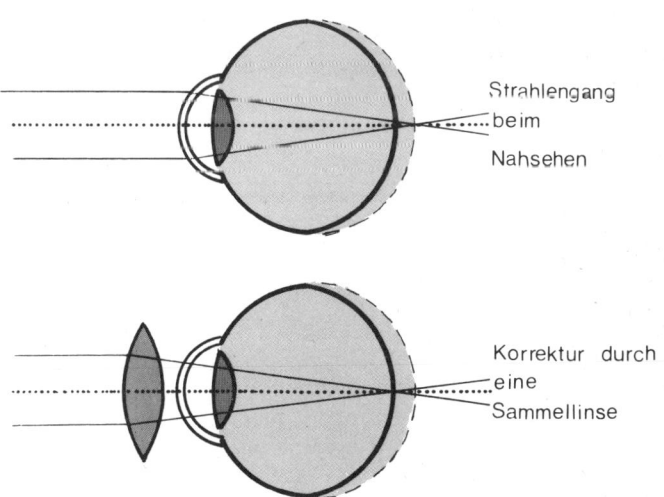

Strahlengang bei Ferneinstellung

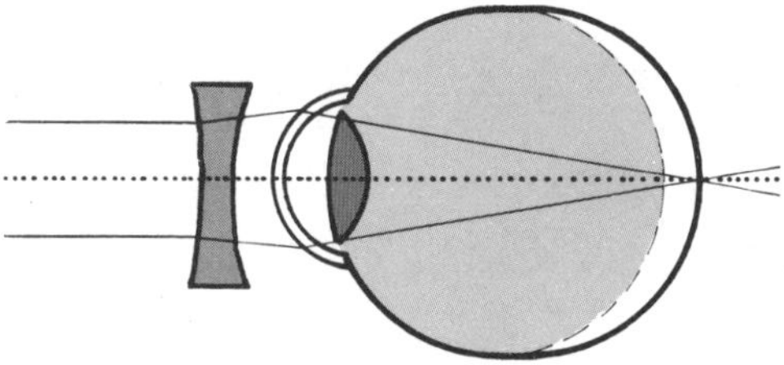

Korrektur durch eine Zerstreuungslinse

WEITSICHTIGES AUGE   Der Augapfel ist zu kurz

Strahlengang beim Nahsehen

Korrektur durch eine Sammellinse

6.1.2.2 Weitsichtigkeit

Hierbei ist der Durchmesser des Augapfels zu kurz. Es bilden sich unscharfe Bilder auf der Netzhaut beim Sehen in der Nähe. Dieser Augenfehler ist seltener als die Kurzsichtigkeit. Das Kind wird zur Korrektur eine Sammellinse tragen müssen.

6.1.3 Augenerkrankungen

6.1.3.1 Gerstenkorn (Hordeolum)

Ursache: Das Gerstenkorn ist eine eitrige Entzündung der Talgdrüsen des Augenlides. Bei manchen Kindern besteht eine Neigung zur Wiederholung dieser Erkrankung.

Krankheitsbild: Das Kind klagt über Schmerzen und Reiben im Auge. Man beobachtet eine Rötung und Schwellung des Lidrandes. Durch die Vereiterung und Einschmelzung der Talgdrüse entleert sich Eiter nach außen. Von diesem Moment an lassen die Schmerzen nach.

Behandlung: Sie besteht in Wärmeanwendung (Rotlicht oder Auflagen von warmen, feuchte Kamillensäckchen) und Salben, die vom Augenarzt verordnet werden.

6.1.3.2 Bindehautentzündung (Konjunktivitis)

Ursache: Durch Bakterien, Fremdkörper und Wind, sowie bei Erkältungen, Masern und Heuschnupfen findet man eine Bindehautentzündung.

Krankheitsbild: Die Augenbindehaut ist gerötet, die Gefäße zeichnen sich deutlich ab, die Augenlider sind geschwollen, das Auge tränt, es besteht Lichtscheu. In schweren Fällen sind die Augenlider morgens eitrig verklebt.

Behandlung: Nach Klärung der Ursache wird der Augenarzt eine bestimmte Salbe verordnen. Die verklebten Augenlider können mit Kamillentee ausgewaschen werden.

6.1.4 Fremdkörper

Durch den ständig vorhandenen Tränenstrom wird oft der störende Fremdkörper von alleine zum inneren Augenwinkel geschwemmt und kann dort leicht herausgwischt werden. Geschieht das nicht, so wird zur Entfernung des Fremdkörpers zunächst das Unterlid leicht heruntergezogen. Das Rußteilchen, die kleine Fliege oder ähnliches wird mit einem angefeuchteten Wattestäbchen oder einer Taschentuchecke aus dem unteren Lidsack entfernt. Dabei dürfen keine harten Gegenstände verwendet werden. Befindet sich der Fremdkörper unter dem Oberlid, kann man vorsichtig die Wimpern des Oberlides anfassen und das Oberlid über das Unterlid ziehen. Oft gelingt es damit, den Fremdkörper aus dem Auge zu entfernen. Das Aufklappen des Oberlides über ein Streichholz sollte man Geübten überlassen.

6.1.5 Augenverletzungen

Bei Verletzungen des Auges durch spitze oder harte Gegenstände, Schußwaffen oder Feuerwerkskörper, muß man das Auge abdecken und das Kind schnellstens in eine Augenklinik bringen.

Bei Verätzungen (Lauge oder Säure) und beim Eindringen von Sand in das Auge durch Werfen oder Fall in den Sand, muß der Kopf zur Seite gedreht und das Auge mit klarem, handwarmem Wasser ausgespült werden. Anschließend muß bei Verätzungen das Kind sofort in eine Augenklinik transportiert werden.

6.2 Das Ohr

Die Funktion des Ohres: Sie besteht in der Aufnahme von Schallwellen durch das Trommelfell, Weiterleitung im Mittelohr durch die Gehörknöchelchen Hammer, Amboß und Steigbügel zum ovalen Fenster, das mit der Schnecke, dem eigentlichen Sinnesorgan, verbunden ist. Von hier laufen die Hörnerven zur Wahrnehmung der Töne in das Hörzentrum des Zentralnervensystems im Großhirn. Bei Schwerhörigkeit liegt eine Störung auf dem Weg der Schallleitung oder der Schallwahrnehmung vor.

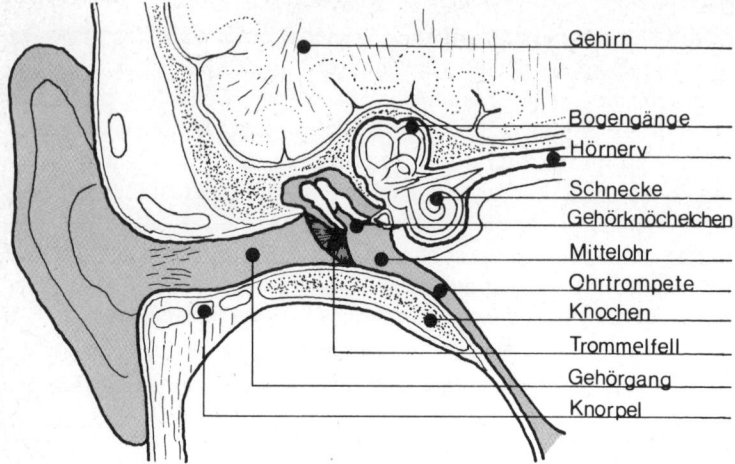

Abbildung 13: Das Ohr

Gehirn

Bogengänge

Hörnerv

Schnecke

Gehörknöchelchen

Mittelohr

Ohrtrompete

Knochen

Trommelfell

Gehörgang

Knorpel

6.2.1 Die Schwerhörigkeit

Prüfung der Hörfähigkeit: Die ausgeprägte Schwerhörigkeit oder
Taubheit fällt schon im Säuglingsalter auf. Bei normaler Hörfähigkeit erschrickt der Säugling bei plötzlich auftretenden lauten Geräuschen. Er horcht auf bestimmte Töne und Laute, wie die Stimme
der Mutter, Glocke oder Klapper. Am Ende des ersten Lebensjahres
ahmt das Kleinkind bereits einzelne gehörte Laute nach. Es reagiert
auf seinen Namen und freut sich, wenn es selbst „Krach machen"
kann, z. B. mit Topfdeckeln. Beobachtet die Mutter, daß diese
Reaktionen auf Laute nicht vorhanden sind, müssen diese Kinder
möglichst frühzeitig untersucht werden. Sie müssen zur Sprech-
erziehung in Sonderkindergärten, Gehörlosen- und Sprachheilschulen, damit zur Taubheit nicht auch noch das Stummsein hinzu-
kommt. Es wird versucht, die geistig-seelischen und körperlichen
Anlagen zu fördern, Hör- und Sprachtraining mit elektroakusti-
schen Hörhilfen durchzuführen. Wenn ein Kind bis zum 4. Lebensjahr die Sprache nicht erlernt hat, kann es später noch kaum nach-
geholt werden.

Eine *Hörprüfung* ist schon im ersten Lebensjahr möglich. Um möglichst alle Hörstörungen zu erfassen, wird z. T. schon im Kindergarten vom Gesundheitsamt eine Hörprüfung vorgenommen. Bei

196

der Einschulung wird das Gehör erneut überprüft. Kontrolluntersuchungen sind im 4. und 8. Schuljahr vorgesehen.

Folgen der Schwerhörigkeit: Bei Schulkindern gibt es 1–2 % Hörstörungen. Schwerhörigkeit ist oft die Ursache für schlechte Schulleistungen. Das Kind kann dem Unterricht nicht folgen, weil es die Erklärungen des Lehrers teilweise nicht hört. Dadurch entstehen Wissenslücken und schließlich Schulversagen.

Schwerhörige Menschen werden oft mißtrauisch, sie sind schüchtern und empfindlich. Sie bauen Schranken um sich auf. So kann Schwerhörigkeit zu psychischen Veränderungen führen.

Kinder, die Lautstärken von mindestens 70 dB nicht mehr hören, lernen ohne Hilfe auch nicht sprechen.

Im Alter läßt die Hörfähigkeit nach. Besonders hohe Töne, wie z. B. das Zirpen der Grillen, können nicht mehr wahrgenommen werden.

Einteilung der Lärmstufen nach Lehmann:

		wird erzeugt durch:
1. 30–65 dB	= psychische Wirkung	Unterhaltung in mittlerer Lautstärke, Schreibmaschine
2. 65–90 dB	= psychische und vegetative Wirkungen auf Magen, Darm, Kreislauf, Drüsen innerer Sekretion	Straßengeräusche bei Großstadtverkehr
3. 90–120 dB	= Schädigungen am Hörorgan. Kann zu Schwerhörigkeit und Taubheit führen	schwerer Lastwagen, Stanzmaschinen, Diskotheken
4. über 120 dB	= werden im Ohr als Schmerz empfunden und können für den Menschen lebensgefährlich sein	Geräuschwaffen

6.2.1.1 Lärm als Ursache der Schwerhörigkeit

Ständig starker Lärm kann zu Schwerhörigkeit führen. In Fabriken haben Stanzmaschinen mit 115 dB und pneumatische Pressen mit 130 dB die stärkste Lärmentwicklung. Aber auch in Diskotheken hat man einen Geräuschpegel von 114 dB, was sicher nicht nötig wäre. Kurze Exponierungen über 150 dB kann Hörverlust zur Folge haben.

dB = Dezibel-Einheit des Schalldrucks = Messung in der Akustik.

6.2.2 Erkrankungen des Ohres

6.2.2.1 Die Mittelohrvereiterung (Otitis media)

Ursache: Durch Einwandern von Erregern durch die Ohrtrompete aus dem Nasen-Rachenraum bei Schnupfen, bei Rachenentzündung oder Angina, durch Einschleppen von Erregern auf dem Blutweg nach bestimmten Erkrankungen, kann eine Mittelohrvereiterung entstehen.

Krankheitsbild: Die Kinder haben Temperaturen und klagen über heftige Ohr-, manchmal auch Kopfschmerzen. Sie weinen oft vor Schmerzen und greifen sich an das kranke Ohr.

Behandlung: Das Trommelfell kann spontan platzen oder es wird durch den Arzt aufgestochen (Parazentese). Danach läßt der Schmerz nach und der Eiter kann sich nach außen durch den Gehörgang entleeren. Der Arzt verordnet Antibiotika und führt eine lokale Behandlung durch.

6.2.2.2 Das laufende Ohr

Wenn man bei Kindern einen gelben Fleck auf dem Kopfkissen findet, so deutet das immer auf eine Sekretion aus dem Ohr hin. Es kann eine Mittelohrvereiterung, die auch einmal ohne stürmische Erscheinungen ablaufen kann, ein Gehörgangsekzem oder ein Gehörgangsfurunkel die Ursache sein. Ein laufendes Ohr muß dem Arzt gezeigt werden.

Wenn eine Mittelohrvereiterung übersehen oder nicht richtig behandelt wird und über lange Zeit besteht, können Verwachsungen an den Gehörknöchelchen oder eine Narbe im Trommelfell zurückbleiben. Auch kann sich ein Loch im Trommelfell bilden. Kinder mit einem Loch im Trommelfell dürfen nicht ins Wasser springen oder untertauchen, da durch das eindringende Wasser in das Mittelohr die Bogengänge (das Gleichgewichtsorgan) gereizt werden. Das Kind verliert unter Wasser die Orientierung und kann ertrinken. Bevor man mit einer Gruppe zum Schwimmen geht, sollte man sich informieren, ob ein Kind mit diesem Defekt dabei ist.

6.2.3 Das Ohrschmalz (Cerumen)

Die Talgdrüsen des äußeren Gehörgangs sondern ständig Ohrschmalz ab. Eine regelmäßige Entfernung durch den Erzieher ist bei den Heimkindern nötig. Man zieht zur Ohrsäuberung die Ohrmuschel nach oben, hinten, da sich in dieser Stellung der Gehörgang streckt und leichter zu säubern ist. Ein Wattestäbchen oder Zellstoff wird dazu benutzt. Man darf keine harten oder spitzen Gegenstände dazu benutzen, da sonst das Trommelfell verletzt werden könnte. Bei Ohrschmalzverhärtung oder Pfropfbildung kann Schwerhörigkeit auftreten. Die Entfernung sollte man dann aber nicht selbst versuchen, sondern das Kind zum Arzt schicken.

6.2.4 Fremdkörper im Ohr

Kinder stecken gerne Fremdkörper (Erbsen, Perlen, Knete) in den Gehörgang. Man sollte die Entfernung dem Arzt überlassen, denn durch ungeschicktes Manipulieren wird der Fremdkörper meist noch tiefer in den Gehörgang geschoben.

6.2.5 Abstehende Ohren

Abstehende Ohren können so auffallend sein, daß die Kinder Hänseleien ausgesetzt sind. Eine plastische Operation kann Abhilfe schaffen.

6.3 Das Gleichgewichtsorgan

Neben der Hörfähigkeit hat das Ohr auch noch die Funktion, das Gleichgewicht zu steuern. Mit Hilfe der drei Bogengänge im Innenohr kann man sich im Raum orientieren.

6.3.1 Die See- oder Reisekrankheit

Dabei werden die Bogengänge durch die ständigen Dreh- oder Schaukelbewegungen so gereizt, daß Übelkeit, Erbrechen und Schwindel auftreten.

Behandlung: Es gibt bestimmte beruhigende Medikamente, die, rechtzeitig eingenommen, diese Erscheinungen unterbinden. Man muß wissen, daß diese Präparate gleichzeitig auch sehr müde machen. Beim Aussteigen aus dem Schiff usw. sollte man besonders auf diese Kinder achten.

6.4 Die Sprache

6.4.1 Die Sprachentwicklung

Zur Entwicklung der Sprache gehört das Hören von Lauten und der Versuch, diese nachzuformen. Der Säugling macht mit 5 Monaten die ersten unverständlichen Laute. Etwa mit 11 Monaten beginnt das Kind einfache Worte nachzusprechen. Mit 2 Jahren kann es Sätze mit 3 Worten bilden. Im Alter von 3 Jahren beherrscht es die Umgangssprache. Es gibt Kinder, besonders Knaben, die eine verzögerte Sprachentwicklung haben oder die Schwierigkeiten beim Sprechen verschiedener Konsonanten, die aufeinander folgen, aufweisen. Auch bei ganz normal entwickelten Knaben kann das Sprechen erst im 4. Lebensjahr beginnen. Wird mit 4–5 Jahren keine verständliche Sprache gesprochen, so ist mit einer Sprachstörung zu rechnen.

6.4.2 Sprachstörungen

Zu den Sprachstörungen gehört das Stammeln, Stottern, Poltern und Näseln. Eine der häufigsten und leichtesten Sprachstörungen ist das Lispeln. Dabei stößt die Zunge an die Zähne. Das erzeugt besonders bei „S"-Lauten ein Zischen, oft dabei mit Absonderung von kleinen Speicheltröpfchen.

Bei allen Sprachstörungen wird man das Kind möglichst frühzeitig, ab 3. Lebensjahr, zu einem Sprachtherapeuten (Logopäden), später in Sprachheilschulen für Schulkinder mit leichten Sprachstörungen und geistig normaler Entwicklung schicken. Kinder mit schweren Sprachstörungen werden in Sprachheimen oder Sprachheilstätten behandelt.

7 Störungen des Bewegungsapparates

7 STÖRUNGEN DES BEWEGUNGSAPPARATES

Als Folge mangelnder Bewegung, bedingt durch veränderte Umweltverhältnisse, findet man eine Zunahme der Haltungsschwächen und Haltungsfehler bei unseren Kindern. Man rechnet mit etwa 30 % Störungen im Bereich des Bewegungsapparates.

Die Erzieherin kann diese Fehlhaltungen durch einen veränderten Bewegungsablauf beim Kind erkennen. Eine möglichst frühzeitige Erfassung ist nötig, damit auch eine Frühbehandlung einsetzen kann. Unbehandelte Veränderungen des Bewegungsapparates führen im späteren Leben mit zunehmendem Alter mit Sicherheit zu Beschwerden und sind dann wesentlich schlechter korrigierbar.

Die mangelnde natürliche Bewegung wird in geringem Umfang durch den Turnunterricht ausgeglichen. Die jetzige Zahl der Turnstunden (2 Stunden wöchentlich) reicht aber nicht aus, die fehlende Bewegung zu ersetzen. Die notwendige tägliche Turnstunde wird wohl für Jahre noch eine Utopie bleiben. Für zusätzliche Bewegungsmöglichkeiten muß aber in jedem Lebensalter gesorgt werden, ganz besonders beim Kind. Spielgymnastik und Bewegungsspiele sollten in den täglichen Zeitplan des Kindergartens gehören.

7.1 Die angeborenen Störungen des Bewegungsapparates

Klumpfüße und Hüftgelenksverrenkungen sind angeborene Erkrankungen, die im Säuglingsalter erkannt und behandelt werden müssen.

7.1.1 Klumpfüße

Bei den Kindern besteht eine Drehung der Fußsohle nach oben, der äußere Fußrand liegt unten. Sofort nach der Geburt werden die Füße durch einen Gipsverband in die richtige Stellung gebracht. Der Erfolg ist meist gut.

7.1.2 Hüftgelenksverrenkung

Bei der Hüftgelenksverrenkung liegt eine mangelhafte Ausbildung der Hüftgelenkspfanne vor. Sie ist zu flach und zu steil, so daß der Kopf des Oberschenkels durch den Muskelzug nach oben aus der Pfanne gezogen wird, was eine scheinbare Verkürzung des Beines zur Folge hat. Bei den Vorsorgeuntersuchungen wird auf diese Anomalie geachtet. Ab 4. Monat ist eine Diagnose durch das Röntgenbild möglich.

Zeichen, die auf eine Hüftgelenksverrenkung hinweisen:
Das kranke Bein hat
1. eine höher stehende Kniegelenksfalte
2. eine höher stehende Oberschenkelfalte
3. eine Asymmetrie der Gesäßfalten.

Behandlung: Bei rechtzeitiger Behandlung (Spreizhöschen und Bandagenapparate im Säuglingsalter) kann mit 50–60 % Dauerheilung gerechnet werden. Wird die Behandlung erst eingeleitet, wenn sich bereits ein hinkender Gang bemerkbar macht, so bestehen nur noch 10 % Heilungschancen. Vom Laien wird die doppelseitige Hüftgelenksverrenkung besonders spät registriert, weil das Kind nicht hinkt, sondern einen watschelnden Gang hat. Man muß auch aus diesem Grunde Mütter immer wieder auf die Vorsorgeuntersuchungen hinweisen.

7.2 Fußveränderungen

Bei allen krankhaften Fußveränderungen handelt es sich um eine Bindegewebs- und Muskelschwäche.

7.2.1 Plattfuß

Der Säugling hat zunächst noch einen Plattfuß, da er noch kein ausgebildetes Fußgewölbe hat. Dieses ist noch mit Fettgewebe ausgefüllt. Erst durch die Benutzung der Fußmuskeln beim Laufen und im Zehenstand bildet sich das Fußgewölbe aus.
Beim Plattfuß ist das Längsgewölbe eingesunken. Man findet einen charakteristischen Fußabdruck.

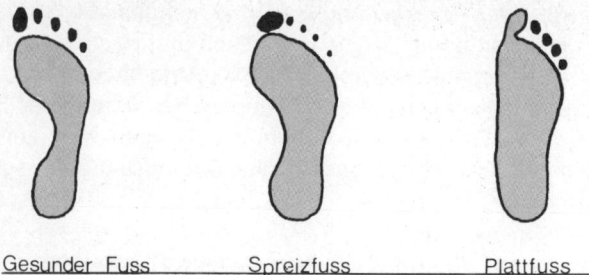

Gesunder Fuss   Spreizfuss   Plattfuss

7.2.2 Knick-Senkfuß

Das Kind hat einen Plattfuß und außerdem ist der Fuß im Sprunggelenk nach außen abgeknickt. Die Kinder gehen dadurch mehr auf der Innenseite des Fußrandes.

Beschwerden der Fußfehler: Im Kindesalter machen sie kaum Beschwerden. Später stellt sich bei längerem Gehen und Stehen schnelle Ermüdung, Schmerzen in den Füßen und Knien oder im Hüftgelenk ein.

7.2.3 Gesunderhaltung der Füße

Wenn das Kind nur im Ställchen, in der Wohnung auf Teppichen oder Teppichboden umherläuft, kann es weiche Schuhe, eventuell Socken tragen oder barfuß laufen. Später sollen Kinder Schuhe mit biegsamer Sohle ohne eingearbeitete Fußstütze anziehen. Das Kind soll auf Sand und Rasen möglichst viel barfuß gehen. Findet man an Kinderfüßen rote Stellen oder eingewachsene Fußnägel, so trägt das Kind zu enge oder zu kurze Schuhe. Eine spätere Folge davon sind Hühneraugen, Verkrümmungen der Zehen und Krallenzehen.

Fußgymnastik: Zur Vorbeugung und Behandlung von Fußfehlern ist eine regelmäßige Fußgymnastik geeignet. Die Übungen können von der Erzieherin mit allen Kindern im Kindergarten gemacht werden. Die Fußgymnastik sollte täglich durchgeführt werden.

Zur Kräftigung der Zehenmuskeln gibt es Greifübungen, die auch als Wettspiel geeignet sind:
ein Handtuch mit den Zehen aufnehmen und an eine andere Stelle legen,
Kugeln mit den Zehen auflesen und in einen Topf fallen lassen,
Tauziehen mit den Zehen,
Seil mit den Zehen greifen und hochheben.
Zur Kräftigung der gesamten Fußmuskulatur übt man mit den Kindern:
auf den Zehen, dem Hacken und dem Fußrand gehen.
Liegen Fußveränderungen bereits vor, so wird eine Krankengymnastin geeignete Übungen zeigen, die dann die Mutter oder der Erzieher dreimal täglich etwa 5 Minuten lang mit dem Kind üben muß. Mit einer Besserung ist nach 1–2 Jahren zu rechnen. Die Behandlung erfordert Geduld und Ausdauer, ist aber, rechtzeitig angewandt, erfolgreicher als das Tragen von Einlagen oder orthopädischen Schuhen, was sich bei schweren Schäden allerdings nicht vermeiden läßt.

7.3 Wirbelsäulenverbiegungen

Die Wirbelsäule hat die Aufgabe, den Körper zu stützen, ihn aufrecht zu halten und Lasten zu tragen. Um diese Funktionen zu übernehmen, muß eine gut ausgebildete Rückenmuskulatur vorhanden sein.

7.3.1 Haltungsschwächen

Die Ursachen der Haltungsschwächen können bereits im Säuglingsalter liegen. Durch das zu lange Tragen auf dem Arm oder im Rucksack wird die Wirbelsäule überbeansprucht. Auch das zu frühe Sitzen im Kinderwagen oder auf dem Töpfchen können die Ursache sein. Man soll Kinder nicht hinsetzen, bevor sie das nicht alleine längere Zeit wollen und können. Auch eine Rachitis im Säuglingsalter, eine zu weiche Matratze in späteren Lebensjahren, unzweckmäßige Stühle und Tische oder ein Wachstumsschub kommen als auslösende Faktoren in Frage. Eine unterentwickelte, schlaffe Rückenmuskulatur findet man besonders in der zweiten Streckungsphase. Längenwachstum und Zunahme der Muskulatur laufen hier nicht parallel. Rundrücken und Hohlkreuz sind Haltungsschwächen, die durch den mangelhaft entwickelten Bewegungs- und Stützapparat beim Schulkind jederzeit auftreten können.

7.3.1.1 Vorbeugende Maßnahmen zur Vermeidung von Haltungsschwächen

Den Säugling soll man möglichst viel krabbeln und kriechen lassen, ihn stundenweise in Bauchlage legen, damit sich die Rückenmuskulatur kräftigt.

Im Kleinkindalter Spiele in Bauchlage machen lassen, Gymnastik, Schwimmen und viel Bewegung in frischer Luft. Allgemein kräftigende Maßnahmen, wie Kuraufenthalte an der See oder im Gebirge. Sind Haltungsschwächen festgestellt, so ist eine krankengymnastische Behandlung und Schulsonderturnen angezeigt.

7.3.2 Haltungsschäden

Dabei liegt eine Verkrümmung der Wirbelsäule, Schulter- oder Beckenschiefstand vor.

Ist eine seitliche Verkrümmung der Wirbelsäule eingetreten, so spricht man von einer *Skoliose.*

Ist die Lendenwirbelsäule zu sehr nach vorn durchgedrückt, so bildet sich ein Hohlkreuz-*Lordose.*

Ist die Brustwirbelsäule nach hinten gewölbt, so bildet sich ein Rundrücken, der auch als *Kyphose* bezeichnet wird.

Die Schäden können angeboren sein, durch eine Erkrankung einzelner Wirbelkörper entstehen oder durch eine Rachitis im Säuglingsalter erworben werden. Beinverkürzungen nach Knochenbrüchen können in jedem Lebensalter zu Veränderungen der Wirbelsäule führen.

Die Behandlung dieser ausgeprägten Schäden besteht in orthopädischem Turnen, Gipsbett oder Operation.

Abbildung 15: Haltungsschäden

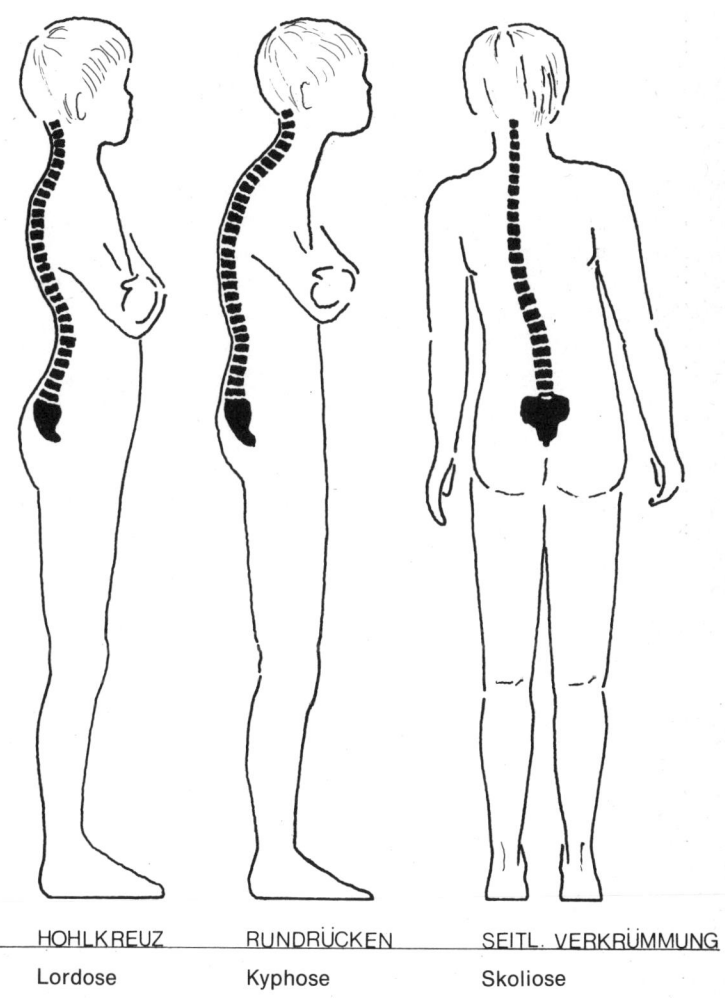

HOHLKREUZ	RUNDRÜCKEN	SEITL. VERKRÜMMUNG
Lordose	Kyphose	Skoliose

7.4 Krankhafte Veränderungen der Beine

7.4.1 O-Beine

Bei O-Beinen besteht eine Krümmung der Beine nach außen. Die Kniee bilden den äußersten Punkt.

Bei jedem Säugling bis zum ersten Lebensjahr findet man O-Beine, die mit dem Laufenlernen aber verschwinden. Sieht man jenseits des ersten Lebensjahres O-Beine, so ist als Ursache Rachitis oder ein Knick-Senkfuß anzunehmen.

Die Beschwerden sind unsicheres Gehen und schnelle Ermüdbarkeit. Werden O-Beine nicht korrigiert, so treten im mittleren Lebensalter Kniegelenksveränderungen auf.

7.4.2 X-Beine

Bei der X-Beinstellung gehen die Kniee zusammen, Ober- und Unterschenkel weichen nach außen ab.

Zwischen dem 2.–5. Lebensjahr haben Kinder eine geringe X-Beinstellung, die nicht krankhaft ist und später verschwindet. Bleibt die X-Beinstellung bestehen, so treten ähnliche Beschwerden wie bei O-Beinen auf.

Eine *krankengymnastische Behandlung* ist meist erfolgreich. Bei ausgeprägten Formen sind im Schuh Einlagen und nachts Schienen nötig. In schweren Fällen muß später eine Operation vorgenommen werden.

8 Parasiten

8 PARASITEN

8.1 Ungeziefer

8.1.1 Kopfläuse

Seit 1967/68 nimmt die Zahl der Kopfläuse wieder zu. Es gibt bestimmte Kindergärten und Schulen, in denen Kopfläuse immer wieder beobachtet werden.

Die Läuse leben vom Blut des Menschen. Sie stechen alle 2–3 Stunden in die Kopfhaut und bringen gleichzeitig Speicheldrüsensekret in die Wunde, wodurch ein starker Juckreiz entsteht. Das Kind kratzt sich. Die Kratzstellen können sich infizieren und mit Sekret, Eiter und Schorf bedeckt sein. Man findet die Kratzstellen am häufigsten am Nacken, an den Schläfen und über den Ohren. Bei der Durchsicht der Kopfhaut kann man die wie winzige weiße Schuppen aussehenden Nissen, die Eier der Läuse, an den Haaren finden. Die Nissen kleben im Gegensatz zu den Schuppen fest am Haar. Man kann aber auch die 2–3 mm großen Läuse entdecken. Die Farbe der Laus ist grau-weiß, grau-gelb oder grau-braun. Die Lebensdauer der Weibchen beträgt 40 Tage. Es legt in dieser Zeit etwa 90 Eier ab. Die Entwicklung vom Ei bis zur geschlechtsreifen Laus dauert 3 Wochen.

Übertragung: Die Verbreitung der Läuse erfolgt durch gemeinsamen Kamm, Kopftuch, Mütze, Kopfkissen oder Bürste. Die Läuse können auch von einem Kopf auf den anderen überkriechen (lange Haare, Zusammenstecken der Köpfe). Im Kindergarten muß besonders darauf geachtet werden, daß jedes Kind seine eigene Zudecke und Kopfkissen hat.

Entlausung: Nach dem BSG muß Läusebefall dem Gesundheitsamt gemeldet werden. Personen, die Läuse haben, dürfen Kindergärten, Horte und Heime nicht betreten. Sie werden erst nach der Entlausung wieder zugelassen. Die üblichen Haarwaschmittel, Auskämmen oder Bürsten führen nicht zur Beseitigung der Läuse. Zur Entlausung wird heute vorwiegend Jacutin (Emulsion, Gel, Puder) oder Goldgeist gebraucht. Die Anwendung soll nach der Gebrauchsanweisung, die dem Präparat beigefügt ist, erfolgen. Nach 8–10 Tagen ist eine Wiederholung der Kur nötig, da die Nissen durch das Mittel nicht alle abgetötet werden. Nach stattgefundener Entlausung müssen Kämme, Bürsten, Kopftücher, Mützen und Kopfkissen ebenfalls entlaust werden. Kleidungsstücke, die verlaust sind, kann man 4 Wochen in einen Plastikbeutel stecken. Die Läuse verhungern dann darin. Auch Hitzegrade von 60–70° C können Läuse abtöten.

Verlauste Kinder dürfen nur mit Einwilligung der Eltern von der Erzieherin entlaust werden, ebenso dürfen die stark verlausten, verklebten Haare nicht ohne Erlaubnis der Eltern abgeschnitten werden.

8.1.2 Filzläuse

Sie leben ebenfalls vom Blut des Menschen. Die Stiche jucken aber nicht so stark wie bei der Kopflaus.

Die Filzläuse sitzen in den Scham- und Achselhaaren, bei Kindern auch in den Augenbrauen und Wimpern. Sie werden durch körperlichen Kontakt übertragen. Die Vernichtung erfolgt ebenfalls durch Jacutin.

8.1.3 Kleiderläuse

Sie befinden sich in der Kleidung (Pelze), aber auch in Polstermöbeln. Die Kleiderläuse leben vom menschlichen Blut und nicht, wie häufig angenommen wird, von den Kleidern.

Fundstellen beim Kind: Man findet beim Kind nur Beiß- und Kratzstellen, besonders im Bereich der Gürtellinie. Eine Laus sieht man selten, da sie sich nach dem Biß wieder in die Kleider zurückzieht, wo man sie aber finden kann. Besonders muß man dabei die Nähte der Unterwäsche untersuchen. Ein regelmäßiger Wäschewechsel und das Auskochen der Unterwäsche unterbindet die Ausbreitung der Kleiderläuse.

Entlausung: Bei der Entlausung eines Kindes genügt es, das Kind zu baden und die Kleidung zur Entwesung zu geben oder auszukochen. Ist jedoch auch die Wohnung verlaust, muß der Kammerjäger zur Entwesung bestellt werden.

8.1.4 Flöhe

Der Menschen- und der Hundefloh, die beide den Menschen befallen, ist im Gegensatz zur Laus ein „Meisterspringer". Er kann 50 cm weit und 30 cm hoch springen. Durch diese Sprungfähigkeit wechselt er den Wirt schnell. Offensichtlich sind ihm manche Menschen besonders „schmackhaft", die er zur Blutaufnahme sticht. Die Stichstellen jucken stark und sind meist zu mehreren Exemplaren vorhanden. Einen Floh zu entdecken oder gar zu fangen, erfordert eine große Geschicklichkeit. Die Lebensdauer der Flöhe beträgt 3–4 Monate. Das Weibchen legt in dieser Zeit 400–500 Eier.

Um Flöhe zu beseitigen, wird das Kind in der Badewanne ausgezogen und gebadet. Die Wäsche wird sofort eingeweicht und ausgekocht.

8.1.5 Krätze (Skabies)

Die Inkubationszeit beträgt 20–30 Tage bei Erstinfektionen, bei Reinfektionen nur wenige Tage.

Krankheitsbild: Es ist eine Erkrankung, die durch die Krätzemilbe hervorgerufen wird und seit 1965 wieder im Zunehmen begriffen ist. Wir finden beim Kind Milbengänge und Kratzspuren, besonders an den Handgelenken, Ellenbeugen, Achselfalten und Füßen. Diese Stellen jucken am Abend in der Bettwärme. Die Milben sind mit bloßem Auge nicht zu erkennen, wohl aber die Milbengänge. Die Weibchen graben Gänge in die Haut, in die sie Kot und täglich 2–3 Eier ablegen. Nach 14–17 Tagen haben sich daraus wieder geschlechtsreife Milben entwickelt.

Übertragung: Die Übertragung der Krätze erfolgt von Mensch zu Mensch durch engen körperlichen Kontakt, z. B. gemeinsames Bett.

Behandlung: Sie besteht in einer Schmierkur. Die Kleidung und Bettwäsche muß ausgekocht werden.

Personen mit Krätze dürfen Kindereinrichtungen (BSG) nicht betreten und werden erst nach klinischer Heilung wieder zugelassen.

8.1.6 Holzbock (Zecke)

Der Holzbock lebt in Wäldern und Unterholz. Das befruchtete Holzbockweibchen springt, angelockt durch durch Wärme und Geruch, auf Säugetiere und Menschen, bohrt sich mit den Mundwerkzeugen in die Haut und beginnt Blut zu saugen. Hat das Weibchen genügend Blut aufgenommen, läßt es sich abfallen und legt 1000 bis 3000 Eier.

Entdeckt man einen Holzbock, so sitzt er meist an unbekleideten Hautstellen, ist zuerst stecknadelkopfgroß und schwillt dann durch Blutaufnahme auf etwa Erbsgröße an. Der Holzbockkörper ist dunkelblau bis schwarz. Der Kopf ist nicht sichtbar, da er in der Haut steckt.

Entfernung des Holzbocks: Man soll nicht am Körper ziehen, da dann der Kopf, der sich mit Widerhaken in die Haut gebohrt hat, abreißen würde und die Stelle später vereitern könnte. Wenn man den Körper des Holzbocks mit Öl oder Fettcreme bestreicht, so kann man ihn nach einigen Minuten mit Leichtigkeit aus der Haut herausziehen.

8.1.7 Bett-Wanze

Die hungrige Wanze ist „platt wie eine Wanze". Die satte, mit Blut vollgesogene Wanze hingegen ist kugelrund und mit bloßem Auge gut sichtbar. Am Tage verkriecht sich die Wanze hinter Bildern, Scheuerleisten, Tapeten und in Matratzen. Nachts kommt sie aus ihrem Versteck und sticht den Menschen zur Blutaufnahme. Bei manchen Menschen entwickelt sich an der Stichstelle eine große Quaddel, andere merken gar nicht, daß sie gestochen wurden. In ganz bestimmten Wohngegenden, z. B. in alten Häusern, sind die Wanzen heimisch. Eine sorgfältige Entwesung durch den Kammerjäger kann für eine gewisse Zeit Ruhe bringen. Da Wanzen aber „gut zu Fuß" sind, können sie aus anderen Wohnungen wieder einwandern.

8.1.8 Bienen-, Wespen- und Hornissenstiche

Wird ein Kind von einer Biene, Wespe oder Hornisse gestochen, so soll man augenblicklich einschnürende Gegenstände (Ringe) im Bereich der Einstichstelle entfernen, da sehr schnell eine Schwellung auftritt. Wenn möglich, den Stachel aus der Stichstelle ziehen. Systral oder ähnliche Salbe auftragen. Feuchte Verbände darüber machen.

Erfolgt ein Stich in den Mund, Rachen oder Speiseröhre, muß das Kind sofort zum Arzt oder in ein Krankenhaus gebracht werden, ebenso bei mehreren Bienen- oder Wespenstichen und bei jedem Hornissenstich.

8.2 Würmer

8.2.1 Madenwürmer (Oxyuren)

Es sind etwa 0,6 bis 1 cm große Würmer, die wie weiße Fäden aussehen, auf dem frisch abgesetzten Stuhl zu finden sind und sich teilweise noch bewegen. Die Madenwürmer leben im unteren Dünndarm und Dickdarm und haben eine Lebensdauer von 6 Wochen. Die Weibchen legen nachts um den After ihre Eier ab. Eine Eiablage beträgt etwa 15 000 Eier.

Übertragung: Sie ist innerhalb einer Lebensgemeinschaft, im Heim oder in der Familie besonders leicht möglich. Die Eier können durch gemeinsam benutzte Waschlappen, Handtücher, Unterwäsche, Schlafanzüge, Badewasser und Bettwäsche übertragen werden. Im Kurheim sollte man an eine Übertragungsmöglichkeit durch Fieberthermometer beim Messen im Darm oder durch Unsauberkeit von wurmbefallenem Küchenpersonal denken. Die Selbstinfektion erfolgt durch Kratzen am After, wobei die abgelegten Eier unter die Fingernägel geraten. Das Kind steckt anschließend die Finger in den Mund und schluckt so die Eier herunter, die sich im Darm wieder zu Würmern entwickeln.

Beschwerden: Kinder mit Madenwürmern klagen über Afterjucken, haben aber sonst keine Beschwerden.

Der Nachweis des Wurmbefall erfolgt durch Entdecken des Madenwurms im Stuhl oder durch das Finden von Wurmeiern bei mikroskopischen Untersuchungen durch den Arzt.

Behandlung: Zur Behandlung wird vom Arzt ein Medikament verschrieben. Die Pflegerin soll nach dem Benutzen der Toilette den After des Kindes mit Zellstoff und Öl reinigen. Nachts sollen die Kinder eng anliegende Höschen tragen, um das Kratzen im Schlaf zu vermeiden. Die Höschen sollen täglich gewechselt und ausgekocht werden. Auch ein häufiger Wechsel der Bettwäsche ist ratsam. Die Fingernägel des Kindes müssen ganz kurz geschnitten sein. Nach Benutzung der Toilette und vor dem Essen müssen die Fingernägel mit der Nagelbürste gereinigt werden. Bei der Betreuung wurmbefallener Kinder muß auch die Pflegerin selbst auf größte Sauberkeit achten, denn auch Erwachsene können sich anstecken.

8.2.2 Spulwürmer (Askariden)

Sie sind 20–30 cm lang und sehen wie Regenwürmer aus. Ein oder mehrere Exemplare leben im Dünndarm des Menschen. Das Weibchen legt täglich 200 000 Eier ab, die mit dem Kot in die Jauche und über die Jauchedüngung (Kopfdüngung) an Gemüse, Kresse, Radieschen und Rettiche gelangen. Beim rohen Genuß dieser Nahrungsstoffe kommen die Eier in den Darm des Menschen. Sie entwickeln sich zunächst in eine winzige Larve, die die Darmwand durchdringt und über die Leber auf dem Blutweg in die Lunge kommt. Sie gelangt dort in ein Lungenbläschen, wandert anschließend die Luftröhre herauf und wird wieder verschluckt. Im Dünndarm entwickelt sich endlich aus der Larve ein Spulwurm.

Krankheitsbild: Die Kinder klagen über Bauchschmerzen oder Nabelkoliken, besonders wenn es sich um mehrere Spulwürmer handelt. Man erkennt den Spulwurmbefall erst beim Abgang eines Wurmes oder bei der Untersuchung des Kotes auf Wurmeier.

Behandlung: Sie besteht in der Verabfolgung eines vom Arzt verordneten Medikamentes.

Abbildung 16: Die Würmer

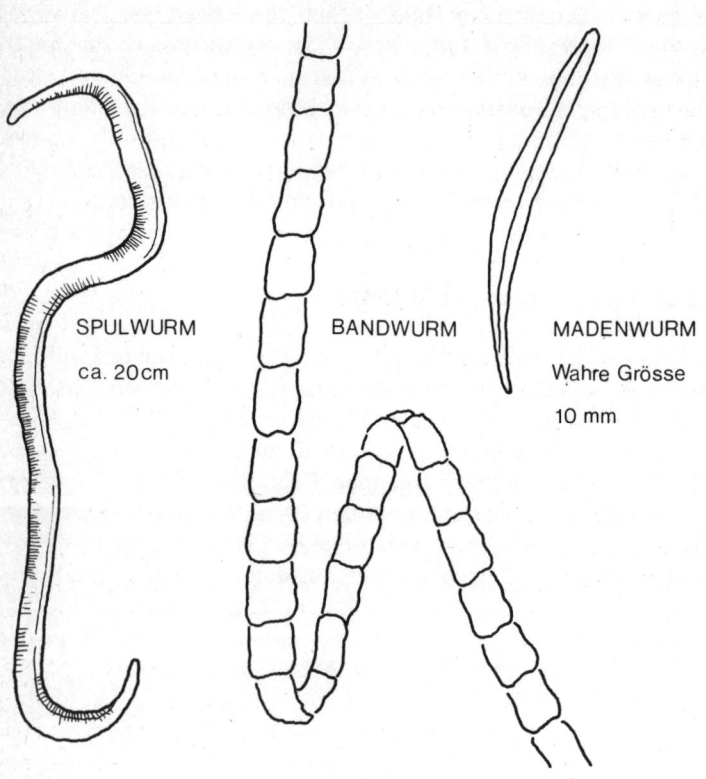

SPULWURM

ca. 20 cm

BANDWURM

MADENWURM

Wahre Grösse

10 mm

8.2.3 Bandwürmer (Tänien)

Der Schweine- und Rinderbandwurm lebt im Darm des Menschen. Im Bundesgebiet kommt fast nur der Rinderbandwurm vor, da die Finnen des Schweinebandwurmes zahlreich und relativ groß sind, so daß sie bei der Fleischbeschau gesehen werden.

Der Bandwurm tritt immer als Einzelexemplar auf. Der Rinderbandwurm wird 6–10 Meter lang. Sein Kopf ist stecknadelkopfgroß, dahinter ist eine Knospungszone, von der das Wachstum aus erfolgt. Der Bandwurm kann durch die ganze Körperoberfläche direkt Nahrung aufnehmen. Er ist zweigeschlechtlich, kann sich also selbst befruchten. Das abgestoßene Ende des Bandwurms, das mit dem Stuhl abgeht, ist wesentlich breiter als die Teile am Kopf. Es sieht bandnudelförmig aus und enthält reife Eier. Die Lebensdauer des Bandwurms beträgt bis zu 18 Jahren.

Übertragung: Durch Jauchedüngung gelangen Bandwurmeier auf die Weiden. Rinder und Schweine fressen mit dem Gras die Eier. Eine Finne entsteht als Zwischenstadium im Fleisch des Tieres. Wird Fleisch in rohem Zustand (Tatar, roher Schinken) gegessen, entwickelt sich im Darm des Menschen aus der Finne ein Bandwurm.

Krankheitsbild: Bei dem befallenen Kind fällt auf, daß es Heißhunger hat, dabei aber keine Gewichtszunahme zeigt. Das Kind kann abmagern. Es kann auch über Bauchschmerzen klagen. Ein sicherer Nachweis eines Bandwurmes ist der Abgang von Gliedern, die wie unverdaute Nudeln aussehen.

Behandlung: Vom Arzt wird ein Medikament verordnet, das den Abgang des Wurmes bewirkt. Moderne Bandwurmmittel lösen den Kopf des Wurmes auf.

9 Die Verhaltensstörungen

9 DIE VERHALTENSSTÖRUNGEN

Es soll hier nur kurz über die äußeren, faßbaren Symptome der Verhaltensstörungen berichtet werden. Es ist Aufgabe des Psychologen, über die tiefer liegenden auslösenden Ursachen zu informieren.

Die Verhaltensstörungen sind in die Gruppe der psychosomatischen Krankheiten einzuordnen. Der Körper reagiert mit Verhaltensstörungen auf Konflikt-Überbelastungen, die auch schon bei Kindern erschreckend zunehmen. Voraussetzung für diese Reaktionsform ist eine besondere Sensibilität und Reizbarkeit (Neuropathie) des Kindes. 20–25 % aller Verhaltensstörungen sind auf einen frühkindlichen Hirnschaden zurückzuführen (s. S. 185).

Bei allen Verhaltensstörungen ist es wichtig, die Ursachen zu erkennen, und die konfliktauslösenden Lebensumstände zu verändern. In leichten Fällen wird das der Erzieher selber können, bei allen ernsthafteren Störungen sollte er jedoch einen Psychologen hinzuziehen.

9.1 Nächtliches Aufschreien (Pavor nocturnus)

Nächtliches Aufschreien findet man besonders häufig bei ängstlichen Kindern. Mitten in der Nacht schrecken sie hoch und rufen ängstlich unverständliche Worte und weinen laut. Die Ursache ist meist Angst vor Personen oder unverarbeitete Angsterlebnisse des Tages; das kann auch Angst vor einer Trennung von der Familie bei Unterbringung im Krankenhaus oder im Kinderheim sein.

9.2 Wiederkäuen (Rumination)

Beim Wiederkäuen bringt das Kind die Nahrung, die es bereits geschluckt hat, noch einmal aus dem Magen in den Mund. Die Speisen werden erneut durchgekaut und dann wieder heruntergeschluckt. Dabei empfindet das Kind ein Wohlbehagen.

Tritt das Wiederkäuen jenseits des Säuglingsalters auf, muß ein Psychologe zu Rate gezogen werden.

9.3 Daumenlutschen, Nägelkauen, Haarbüschel- ausreißen

Das sind sehr häufig vorkommende Verhaltensstörungen. Beim Säugling ist das Daumenlutschen physiologisch und ein durchaus normales Verhalten. Als Verhaltensstörung ist es erst im Schulalter aufzufassen.

Nägelkauen, Ausreißen der Haare und Abbeißen der Haut an den Fingernägeln sind Ausdruck einer Aggression gegen sich selbst. Es ist oft eine Folge zu großer Strenge und Pedanterie, gegen die sich das Kind nicht auflehnen kann.

9.4 Tick

Als Tick bezeichnet man unwillkürliche Zuckungen bestimmter Muskelgruppen, z. B. im Gesicht, aber auch die Angewohnheit, sich ständig zu räuspern oder Grunzlaute von sich zu geben.

9.5 Bettnässen (Enuresis)

Ist ein Kind von 4 Jahren noch nicht Tag und Nacht trocken, so spricht man von einem Bettnässer. Zunächst muß der Arzt bei diesen Kindern einen krankhaften Befund im Bereich der Niere oder Blase ausschließen. Liegen keine organischen Schäden vor, so müssen Lebensumstände und Entwicklung des Kindes näher betrachtet werden. Häufig ist das Bettnässen ein sich Zurückziehen auf frühkindliche Verhältnisse. Das Kind versucht aus Eifersucht (neues Geschwisterchen in der Familie) die Aufmerksamkeit auf sich zu lenken, oder es fühlt sich von seiner Umgebung nicht verstanden, vernachlässigt, ungeliebt.

Um das Einnässen zu unterbinden, sollte man versuchsweise die Flüssigkeitsmenge am Abend einschränken, dabei soll das Kind aber nicht dursten. Abends werden also kein Obst, Breie, Suppen, Gemüse oder Kompott gegeben. Das Kind wird gegen 22 Uhr nochmals auf das Töpfchen gesetzt. Durch vermehrte Zuwendung, Lob, kleine Belohnungen und Ermutigungen werden zusätzlich Anreize für das Kind geschaffen, nachts trocken zu bleiben. Sind diese Versuche erfolglos, so kann man auf Weckapparate zurückgreifen, die beim Ausscheiden des ersten Tropfen Urins einen Summton abgeben, von dem das Kind erwacht.

9.6 Einkoten, Kotschmieren, Kotessen

Beim Säugling im ersten Lebensjahr sind oben genannte Verhaltensweisen entwicklungsbedingt und somit völlig normal. Findet man dieses Verhalten beim Kindergarten- oder Schulkind, so liegt eine schwere Verhaltensstörung vor. Ein Psychologe ist hier einzuschalten.

9.7 Nabelkoliken

Dabei treten Schmerzen im Bauch, besonders im Bereich des Nabels auf. Die Kinder krümmen sich oft vor Schmerzen und beunruhigen ihre Umgebung. Der Erzieher muß zunächst unbedingt organische Erkrankungen im Bereich des Bauches durch den Arzt ausschließen lassen. Die kolikartigen Bauchschmerzen sind wahrscheinlich Darmverkrampfungen, die psychisch ausgelöst sind und sich bei entsprechenden Situationen wiederholen. Man findet sie bei belastenden Zuständen wie Schulangst, Konflikte und persönliche Überforderungen.

Bei Nabelkoliken hilft oft schon ein feucht-warmer Umschlag und guter Zuspruch.

10 Unfälle

10 UNFÄLLE

Die häufigste Todesursache im Kindesalter ist der Unfall. In der Bundesrepublik Deutschland sterben im Jahr fast 4000 Kinder durch Unfälle, die Hälfte davon durch Verkehrsunfälle. Im Jahr werden 80 000 Kinder vorübergehend oder dauernd geschädigt.

Die meisten Unfälle wären vermeidbar. Eltern und Erzieher haben die Aufsichts- und Sorgfaltspflicht und müssen für eine Ausschaltung der Unfallmöglichkeiten sorgen.

Insgesamt gelang es durch die Fortschritte der Medizin seit der Jahrhundertwende, die Sterbeziffern der 0–30 Jahre alten Jugendlichen zu senken. Dabei zeigte sich aber eine Zunahme der Todesrate durch Unfälle, besonders durch den Verkehrstod. Bei Knaben starben im Jahr 1900 11 % durch Unfälle, 1970 waren es 58 %. Bei Mädchen sind die Zahlen etwas günstiger. 1900 waren es nur 2 %, 1970 37 % der Mädchen, die durch einen Verkehrsunfall ums Leben kamen. Das gefährdetste Alter für Verkehrsunfälle ist das 3.–5. Lebensjahr. Eine besonders hohe Unfallrate kommt in den Monaten Mai bis August vor, weil die Kinder bei gutem Wetter, in Ermangelung eines Spielplatzes, auf der Straße spielen oder mit dem Fahrrad fahren. 56 % der Verkehrsunfälle bei 10–14jährigen sind Fahrradunfälle.

10.1 Verkehrserziehung

Das Kind muß mit dem ersten Schritt auf die Straße zum verkehrssicheren Verhalten angehalten werden.
Im Kindergarten lernen die Kinder durch Verkehrsspiele das richtige Verhalten im Straßenverkehr. Verkehrsunterricht kann beim Spazierengehen praktisch erteilt werden, wobei der Erwachsene im Straßenverkehr umsichtig sein und als Vorbild wirken soll.

Der Erzieher wird mit einer Gruppe zum Überqueren der Straße den Fußgängerüberweg (Zebrastreifen) benutzen. Am Anfang und Ende der Kindergruppe geht eine Aufsichtsperson, die darauf achtet, daß alle Kinder zusammen über die Straße gehen.

Befindet sich die Gruppe auf der Landstraße, so soll sie auf der linken Straßenseite im Gänsemarsch gehen. Bei Dunkelheit wird vom Erzieher an der Spitze ein weißes, von dem Erzieher am Ende der Gruppe ein rotes Licht getragen.

10.2 Straßenverkehrsunfälle

Nach § 330c des Strafgesetzbuches ist jeder zur Hilfe bei Unglücksfällen verpflichtet.

10.2.1 Erste Maßnahmen

1. Den Verunglückten aus der Fahrbahn entfernen. Ist das nicht möglich, die Unfallstelle absichern, den Verkehr vorbeileiten.
2. Polizei und Krankenwagen verständigen. Telefon: 110.
3. Zeugen ausmachen.
4. Bei dem Verunglückten bleiben, bis der Abtransport erfolgt ist.

10.2.1.1 Schock

Bei fast allen Unglücksfällen erleben die Verunglückten einen Schock. Der Verunglückte ist dabei ängstlich und unruhig. Man findet einen kaum zu tastenden, beschleunigten Puls, blasse Gesichtsfarbe, feuchte Haut, Schwinden des Bewußtseins.

Hilfe: Verunglückten beruhigen, warm zudecken. Beine anheben, Kopf tief lagern, beengende Kleidungsstücke öffnen.

10.2.1.2 Atemstillstand

Prüfen, ob der Verunglückte noch atmet.
Hilfe: Atemwege bei Bewußtlosen frei machen. Erbrochenes, Blut, Zahnprothesen, Bonbons usw. aus den Atemwegen entfernen. Kinder in die Bauch-Seitenlage bringen, Erwachsene in die stabile Seitenlage.
Bei Atemstillstand ,Atemspende. Dabei werden die Schultern auf eine dicke, harte Unterlage gelegt, so daß der Kopf stark nach hin-

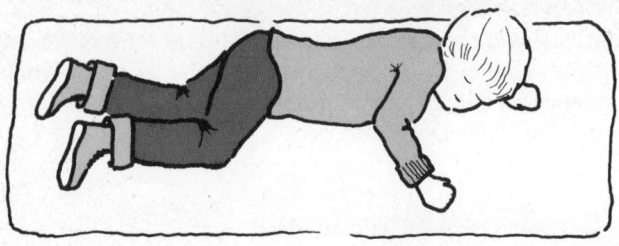

ten überstreckt ist. Die Atemwege werden dadurch erweitert. Setzt jetzt die Atmung nicht wieder ein, beginnt man mit der Mund-zu-Mund- oder Mund-zu Nase-Beatmung. Bei kleinen Kindern wird vom Spender gleichzeitig Mund und Nase bedeckt. Führt man die Beatmung von Mund zu Mund durch, so muß die Nase mit den Fingern verschlossen werden. Bei der Beatmung wird eine Hand unter das Kinn gelegt, und das Kinn nach vorn, oben geschoben, damit die Zunge nicht zurücksinkt und die Atemwege verlegt. Gleichzeitig öffnet man den Mund und drückt mit der anderen Hand die Stirn zurück. Man atmet tief ein, setzt seinen Mund auf den Mund des Verunglückten (man kann ein Taschentuch dazwischen legen) und bläst Luft ein. Bei kleineren Kindern muß man vorsichtig sein, da durch zu kräftiges Blasen die Lunge überdehnt werden könnte. Bei der wirkungsvollen Beatmung ist die Bewegung des Brustkorbs sichtbar. Er soll in die Ausatmungsstellung von allein zurückfallen. Der Beatmer wiederholt den Vorgang beim Erwachsenen 15–20mal in der Minute, beim Schulkind 25mal, beim Kleinkind 30mal. Die Beatmung muß so lange durchgeführt werden, bis das Kind wieder von alleine atmet oder ein Beatmungsgerät vorhanden ist.

Abbildung 18: Lagerung bei Atemspende

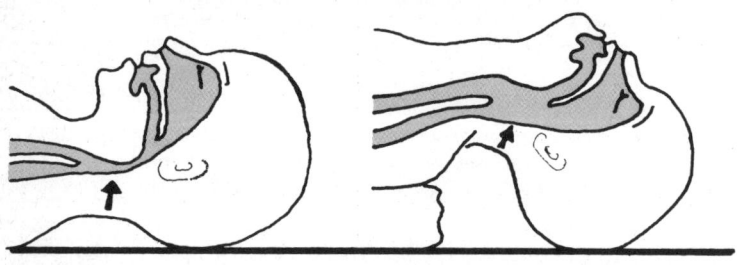

FALSCHE   UND RICHTIGE LAGERUNG

10.2.1.3 Herzstillstand

Ist kein Puls zu tasten und kein Herzschlag direkt am Herzen zu hören und tritt eine blaue, später weiße Verfärbung der Haut auf, so liegt Herzstillstand vor.

Hilfe: Durch Herzmassage muß versucht werden, die Herztätigkeit wieder in Gang zu bringen. Durch Herzstillstand, ebenso durch Atemstillstand, wird das Gehirn nicht mehr mit Sauerstoff versorgt, was schon bei 3 Minuten Dauer zu einer bleibenden Schädigung des Gehirns führen kann, und bei längerem Anhalten zum Tode.

Zur Herzmassage wird das Kind mit dem Rücken auf eine harte Unterlage gelegt. Der Helfer legt seine Hände aufeinander und drückt ruckartig auf die untere Hälfte des Brustbeins in Richtung auf die Wirbelsäule. Bei Kleinkindern wird der Druck nur mit dem Ballen einer Hand ausgeübt. Der Druck muß senkrecht nach unten im Rhythmus der Herzfrequenz erfolgen (s. S. 111). Bei Schulkindern soll dabei das Brustbein zirka 3 cm eingedrückt werden. Bei jüngeren Kindern entsprechend weniger. Zur Durchführung der Herzmassage gehört Erfahrung. Bei zu großer Kraftanwendung können, besonders bei Kleinkindern, das Brustbein und die Rippen brechen.

Liegt Herz- und Atemstillstand vor, so muß gleichzeitig, am besten durch zwei Helfer, Herzmassage und Beatmung durchgeführt werden.

10.2.1.4 Blutung

Eine arterielle, lebensgefährliche Blutung erkennt man am Herausspritzen des hellroten Blutes im Herzrhythmus.

Hilfe: Die Blutung muß zum Herzen hin abgebunden werden. Dabei wird durch Druck mit Hilfe eines Gürtels, Krawatte oder Tuches das arterielle Gefäß gegen einen Knochen gedrückt.

Bei einer geglückten Abbindung wird das abgebundene Glied weiß, die Blutung steht. Die Unterbindung darf nur eine Stunde liegen bleiben. Beim Abtransport in die Klinik muß man den Zeitpuntkt der Unterbindung aufschreiben und den Zettel mitgeben.

Bei Blutungen am Arm wird am Oberarm (s. Abbildung) abgebunden. Bei Blutungen im Bereich des Beines wird beim Kind am Oberschenkel, bei erwachsenen, kräftigen Personen besser in der Leistenbeuge unterbunden. Alle übrigen arteriellen Blutungen am Kopf oder im Bauchraum kann nur der Geübte abdrücken.

Abbildung 19: Unterbindung am Oberarm

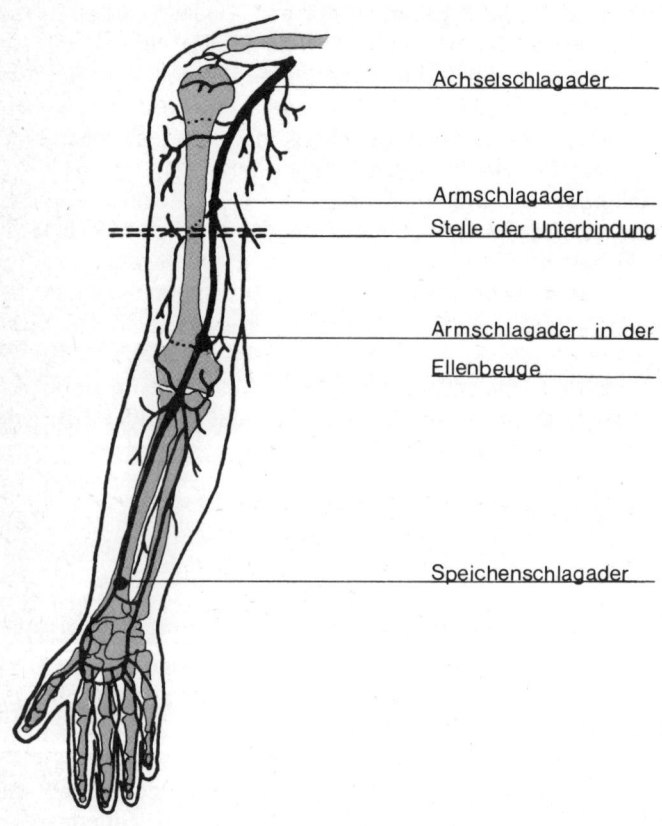

Achselschlagader

Armschlagader

Stelle der Unterbindung

Armschlagader in der Ellenbeuge

Speichenschlagader

10.2.2 Offene Unfallwunden

Bei allen Unfällen, die mit einer Verletzung der Hautoberfläche ein-
hergehen, muß man im Impfpaß prüfen, wann die letzte Tetanus-
impfung vorgenommen wurde. Näheres s. Tetanus s. Seite 21.

10.2.2.1 Schürfwunden

Die häufigsten Verletzungen im Kindesalter sind die Schürfwun-
den, die besonders oft bei sehr lebhaften oder ungeschickten Kindern vorkommen.

Versorgung der Wunde: Die Umgebung der Wunde von Schmutz
reinigen. Die Wunde selbst nicht auswaschen, nicht betasten und
untersuchen. Gefahr der Infektion. Hansaplast aufkleben oder ein
Gel (Aristamid-Gel oder Badional-Gel) auf die Wunde aufstreichen.
Das Jodieren der Wunde ist nicht mehr üblich.

10.2.2.2 Schnitt-, Platz-, Quetsch- und Bißwunden

Die Wundversorgung: Sie wird im allgemeinen wie bei den Schürf-
wunden vorgenommen.

Besteht eine Sickerblutung, so wird ein Druckverband mit einem
oder mehreren Verbandspäckchen angelegt und der Körperteil
hochgelagert. Nach einiger Zeit muß kontrolliert werden, ob der
Druckverband auch nicht zu fest angelegt ist und keine Schwellungen oder Stauungen aufgetreten sind.

Bei größeren Verletzungen, vor allem bei Schnitt- und Bißwunden,
muß der Arzt aufgesucht werden, der entscheidet, ob eine Wund-
naht, Wundklammerung oder Wundrevision nötig ist.

10.2.2.3 Wundheilungsstörungen

Bei allen Wunden dringen Bakterien in die verletzte Stelle ein. Es
hängt von der Zahl der eingedrungenen Erreger, von ihrer Patho-
genität und von der Abwehrlage des Menschen ab, ob die Wunde
glatt verheilt oder ob es zu einer Entzündung und Vereiterung
kommt.

10.2.2.4 Örtliche Entzündung

Bei einer Entzündung ist die Umgebung der Wunde gerötet, geschwollen, man spürt eine vermehrte Durchblutung (es „klopft" im Finger), es treten Schmerzen und Bewegungseinschränkung auf. Die Infektion kann örtlich begrenzt bleiben, die Erreger können aber auch über die Lymphwege in den Körper eindringen.

10.2.2.5 Blutvergiftung

Als Zeichen einer sich weiter ausbreitenden Infektion tritt Entzündung der Lymphgefäße auf. Man findet am Arm oder Bein, je nach Sitz der Infektion, einen „roten Strich". Die dazugehörigen Lymphknoten schwellen an. Bei Verletzungen am Arm schwellen die Lymphknoten unter der Achsel an, bei Infektionen am Bein die in der Leistenbeuge. Dabei tritt Fieber auf, die Lymphknoten sind vergrößert und schmerzhaft.
Wird die Barriere der Lymphknoten durchbrochen, so kommt es zur Blutvergiftung. Da die Lymphgefäße sich in die linke Schlüssel-

Abbildung 20: Aufsteigende Infektion am Bein

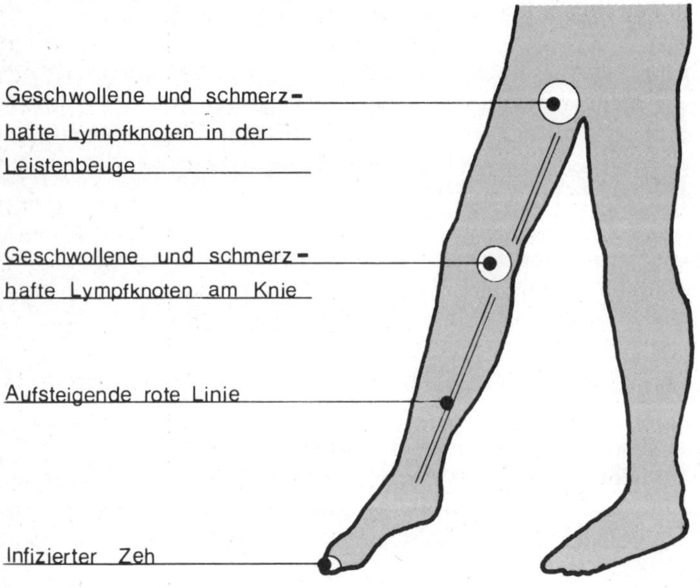

Geschwollene und schmerzhafte Lympfknoten in der Leistenbeuge

Geschwollene und schmerzhafte Lympfknoten am Knie

Aufsteigende rote Linie

Infizierter Zeh

Abbildung 21: Aufsteigende Infektion am Arm

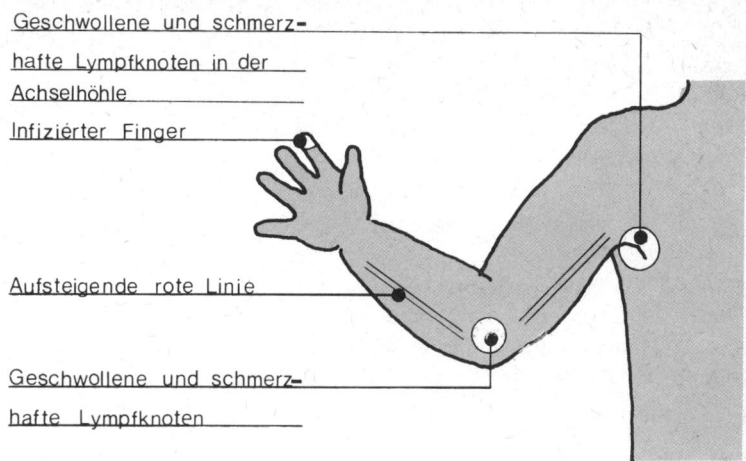

Geschwollene und schmerz-
hafte Lympfknoten in der
Achselhöhle

Infizierter Finger

Aufsteigende rote Linie

Geschwollene und schmerz-
hafte Lympfknoten

beinvene ergießen, kommen die Erreger in die Blutbahn und werden im Körper verbreitet.

Sowie nach einer Verletzung eine Entzündung, ein roter Strich, eine Schwellung der Lymphknoten oder Temperaturen auftreten, muß das Kind unverzüglich zum Arzt gebracht werden. Heute ist eine Blutvergiftung mit Hilfe der Antibiotika meist heilbar.

10.2.3 Prellungen, Bluterguß (Hämatom)

Durch Gewalteinwirkung (Sturz, Stoß, Schläge, Kindesmißhandlung) werden Blutgefäße zum Platzen gebracht. Es erfolgt Blutaustritt ins Gewebe und kommt je nach Lage zur Bildung einer Beule. Die Stelle erscheint zunächst blaurot, wird dann später gelbgrün und verschwindet wieder.

Hilfe: Das sofortige Auflegen von kalten, feuchten Kompressen oder Alkoholumschlägen (2 Teile Wasser, ein Teil 70 % Alkohol) bringt Linderung. Wenn das Kind am nächsten Tag noch über Schmerzen klagt oder eine Behinderung in der Bewegung besteht, muß der Arzt aufgesucht werden, da ein Bänderriß, Zerrung, Kapselriß oder ein Knochenbruch vorliegen kann.

10.2.4 Verstauchung (Distorsion)

Die Verstauchung ist eine häufige Sportverletzung. Dabei werden die Gelenkbänder stark gedehnt, Blutgefäße reißen ein. Das Gelenk schwillt stark an, wird blau und schmerzt stark.

Hilfe: Ruhigstellung des Gelenkes, feuchte, kalte Umschläge. Das Kind dem Arzt vorstellen.

10.2.5 Verrenkung (Luxation)

Auch Verrenkungen können als Sportverletzung oder durch Gewalteinwirkung auftreten. Dabei springt der Gelenkkopf aus der Gelenkpfanne und bleibt in dieser Stellung. Eine abnorme Stellung des Gelenkes fällt sofort auf. Es besteht Bewegungsunfähigkeit und starker Schmerz.

Hilfe: Keine Einrenkungsversuche. Das Kind auf dem schnellsten Wege zum Arzt bringen.

10.2.6 Gehirnerschütterung (Commotio cerebri)

Durch Gewalteinwirkungen (Sturz, Schlag, Stoß) auf den Kopf kann eine Gehirnerschütterung entstehen.

Das Kind klagt über Übelkeit, muß sich erbrechen, hat Kopfschmerzen und kann sich oft an den Unfallhergang nicht mehr erinnern.

Bei schweren Fällen besteht Bewußtlosigkeit oder es tritt nach einiger Zeit ein Schwinden des Bewußtseins auf.

Hilfe: Das Kind hinlegen. Bei Bewußtlosigkeit in Bauch-Seitenlage. Den Arzt benachrichtigen.

10.2.7 Knochenbruch (Fraktur)

Durch Gewalteinwirkungen bei Unfällen und bei Stürzen können Knochenbrüche auftreten, die sich durch starke Schmerzen, besonders bei Bewegung an der Bruchstelle und durch Verformung des Körperteils, bemerkbar machen.

Hilfe: Ein Knochenbruch muß durch das Anlegen einer Schiene (Stock, Schirm, Latte) ruhig gestellt werden. Die beiden benachbarten Gelenke werden in den Schienenverband mit einbezogen.

Beim offenen oder komplizierten Bruch haben sich die Knochenenden der Bruchstelle durch die Haut gebohrt.

Hilfe: Man legt auf die Wundfläche einen sterilen Verband und verhält sich sonst wie oben beschrieben.

Man sollte nie den Versuch unternehmen, das gebrochene Glied wieder in die richtige Stellung zu bringen. Ein vorsichtiger, schneller Abtransport in die nächste Arztpraxis oder Klinik ist angezeigt.

10.2.8 Schädelbruch

Durch starke Gewalteinwirkung auf den Kopf kann ein Schädelbruch entstehen. Dabei beobachtet man die gleichen Erscheinungen wie bei der Gehirnerschütterung, findet aber gleichzeitig eine Blutung aus dem Gehörgang und der Nase oder um den Augapfel herum. Der Zustand ist lebensgefährlich.

Hilfe: Jede unnötige Bewegung muß vermieden werden. Vorsichtiger, liegender Transport in die Klinik (nicht im Personenwagen, sondern durch den Rettungsdienst!).

10.3 Nasenbluten

Dabei platzen Blutgefäße in einem Venengeflecht der Nase.

Hilfe: Das sitzende Kind soll den Kopf zurücklehnen. Es bekommt kalte Kompressen in den Nacken. Man drückt den Nasenflügel des blutenden Nasenloches gegen die Nasenscheidewand. Bei anhaltender Blutung muß das Kind zum Arzt gebracht werden.

10.4 Fremdkörper

10.4.1 Fremdkörper in Nase und Ohr

Kinder stecken sich Knöpfe, Knete, Perlen, Erbsen oder Bohnen in den Gehörgang oder in die Nase.

Hilfe: Der Fremdkörper in der Nase kann durch Zuhalten eines Nasenloches und tüchtiges Ausschnaubenlassen manchmal entfernt werden. In allen anderen Fällen muß man das Kind zum Hals-Nasen-Ohrenarzt bringen, der den Fremdkörper mit Spezialinstrumenten entfernt. Vorsicht! Erbsen und Bohnen quellen.

10.4.2 Fremdkörper in Scheide und Darm

Auch in diese Öffnungen werden Münzen, Knöpfe usw. eingebracht. Liegen sie in der Scheide, so können sie zu blutigem Ausfluß führen. Aus dem Darm gehen sie auf natürlichem Wege ab.

10.4.3 Verschluckte Fremdkörper

Kleinkinder stecken alles in den Mund und schlucken dabei oft große Gegenstände, wie z. B. Schlüssel, Knöpfe, Legosteine. Sie gehen meist auf natürlichem Wege von alleine wieder ab. Eine Kontrolle des Stuhles in den nächsten Tagen bringt Gewißheit über den Abgang der verschluckten Gegenstände. Wurden spitze Teile, Nadeln, Glassplitter oder Nägel verschluckt, die sich im Verdauungskanal festsetzen oder ihn durchbohren könnten, sollte eine Klinik zur weiteren Beobachtung aufgesucht werden.

10.4.4 Fremdkörper in den Atemwegen

Viel gefährlicher sind Fremdkörper in den Atemwegen, da sie bei Verschluß der Stimmritze oder der Luftröhre zum Ersticken führen können.
Das Kind hat beim Eindringen eines Fremdkörpers in die Atemwege plötzlich einen starken Hustenreiz. Es hängt von der Größe und Lage des eingedrungenen Gegenstandes ab, ob durch das Husten der Fremdkörper aus der Luftröhre wieder herausbefördert wird, durch die Stimmritze in einen Bronchus fällt, oder ob unter zunehmender Atemnot und Blaufärbung das Kind erstickt.

Hilfe: Zur Entfernung des Fremdkörpers sind höchstens 3 Minuten Zeit vorhanden. Man muß sofort versuchen, den Fremdkörper mit dem Finger zu entfernen; dabei wird gleichzeitig die Zunge herausgezogen.

Ist das ohne Erfolg, muß das Kind an den Beinen hochgehoben werden, Kopf nach unten hängen lassen und kräftig auf den Rükken schlagen. Unterdessen sollte eine zweite Person den Krankenwagen benachrichtigen. Das Kind muß bei erfolglosen Entfernungsbemühungen auf dem schnellsten Weg in die Klinik. Dort wird eine instrumentelle Entfernung des Fremdkörpers vorgenommen. Das ist auch nötig, wenn der Fremdkörper die Stimmritze passiert hat und in einen Bronchus gerutscht ist. Dabei haben Husten und Atemnot plötzlich nachgelassen und zunächst sind keine krankhaften Erscheinungen mehr vorhanden.

Verhütung: Vorbeugend sollte man kleine Gegenstände aus der Umgebung des Kleinkindes entfernen. Kinder unter 3 Jahren sollen keine Erdnüsse bekommen, da sie sich damit besonders leicht verschlucken.

10.5 Ersticken

Säuglinge können unter dicken Deckbetten oder in Bauchlage in einem weichen Kopfkissen ersticken.

Kleinkinder können sich an Klapper- oder Schlafsackschnüren und Bändern, die am Bettchen sind (an denen z. B. der Schnuller befestigt ist), oder an Gardinenschnüren erhängen.

Größere Kinder ersticken beim Versteckspiel in Kühlschränken oder durch Plastiktüten, die sie sich über den Kopf ziehen. Durch die Feuchtigkeit der Atemluft legt sich die Plastiktüte eng an Hals und Gesicht.

Der Sauerstoffgehalt nimmt durch die Atmung ständig ab, der Kohlendioxydgehalt zu. Die Kinder werden dadurch schläfrig und benommen und haben nicht mehr die Kraft, sich den Beutel über den Kopf zu ziehen.

Hilfe: Beim Auffinden eines erstickten Kindes sofort Schnüre, Bänder oder Plastiktüte entfernen. Künstliche Atmung. Krankenwagen benachrichtigen.

10.6 Ertrinken

Das Ertrinken ist die zweithäufigste Unfallart mit Todesausgang. Das gefährdetste Alter ist zwischen 2–3 Jahren. Die beste Möglichkeit, das Ertrinken zu verhindern, ist das sorgfältige Abdecken von Regentonnen, Bottichen und die Überwachung beim Spiel im Planschbecken. Außerdem soll das Kind möglichst frühzeitig Schwimmen lernen.

Das Ertrinken als Badeunfall beruht oft auf dem Versagen der Schwimmhilfen (aufblasbare Armreifen, Gummitiere, Luftmatratzen), durch Sprung in zu flaches Wasser, durch Überschätzen der eigenen Schwimmfähigkeit, durch ein Loch im Trommelfell (s. S. 199) durch den Einfluß unbekannter Strömungen und Gezeiten.

Vorschriften über das Schwimmen mit einer Gruppe:

1. Der Erzieher muß mit der Gruppe eine öffentliche Badeanstalt aufsuchen (mit Bademeister).
2. Die Gruppe soll nicht größer als 8 Kinder sein.
3. Es muß eine schriftliche Badeerlaubnis der Eltern vorliegen.

Hilfe: Das Kind sofort künstlich beatmen (10 Atemstöße). Dann Kind in der Taille anheben, Kopf nach unten hängen lassen, Schleim, Wasser und Schlamm entfernen. Danach sofort wieder künstliche Beatmung. Das Kind erwärmen und so schnell wie möglich in die Klinik abtransportieren.

10.7 Verbrennungen, Verbrühungen, elektrische Unfälle

Verbrühungen kommen häufiger vor (90 %) als Verbrennungen. Besonders gefährdet sind 1–2jährige Kinder, die Töpfe und Kannen vom Tisch ziehen. Auch auslaufende Wärmflaschen, zu heißes Badewasser oder der Fall in die heiße Waschlauge können Ursachen für Verbrühungen sein.

Verbrennungen treten durch leichtsinnigen Umgang mit Feuer, durch Zündeln, durch Entzünden von explosiven Stoffen und als Grillunfälle auf (Spiritus- und Benzinflaschen, Sprengkörper,

Feuerwerkskörper). Besonders gefährlich ist das Brennen von Kunststoffkleidung. Es entwickeln sich auf der Haut Temperaturen von 800–900° C. Beim Verbrennen der Kunststoffe werden Chemikalien freigesetzt, die zusätzlich als Säuren ätzend wirken (Salzsäure, Phosgen).

Durch *elektrischen Strom* können Verbrennungen (durch den sogenannten Flammenbogen, meist Verbrennungen III. Grades) und Herzstillstand mit Todesfolge ausgelöst werden. In allen Kindergärten müssen, in allen Wohnungen mit kleinen Kindern sollten, kindsichere Steckdosen vorhanden sein. Elektrische Schnüre und elektrische Geräte, die defekt sind, dürfen nicht benutzt werden.

Besonders gefährlich ist der Gebrauch von elektrischen Geräten in der Badewanne. Lebensgefährlich ist das Baden und gleichzeitige Föhnen der Haare oder die Unsitte, einen Heizofen, Radio oder Telefon auf dem Badewannenrand stehen zu haben. Beim Abrutschen der Geräte in das Badewasser kommt es durch den guten Leiter Wasser zu tödlichen Unfällen.

Eine noch größere Gefahr sind *Hochspannungsleitungen,* die durch Drachen oder Drachenschnüre berührt werden. Der Erzieher darf keinesfalls erlauben, in der Nähe von Hochspannungsleitungen Drachen aufsteigen zu lassen.

Man unterscheidet:
Verbrennungen I. Grades = Hautrötung
Verbrennungen II. Grades = Blasenbildung
Verbrennungen III. Grades = Gewebszerstörung, Verkohlung.

Hilfe: Steht ein Kind in Flammen, sofort das Feuer mit Decken oder großen Tüchern ersticken, das Kind auf der Erde wälzen. Nicht erst noch versuchen, Wasser zum Löschen zu holen.

Bei Verbrühungen und Verbrennungen den Körperteil sofort unter kaltes Wasser halten, etwa 10–20 Minuten lang, dann erst Kleider entfernen. Auf die geschädigten Stellen kein Mehl, Öl, Puder oder Salbe auftragen. Ein steriles Tuch auflegen, das Kind vor Auskühlung schützen und es je nach Ausmaß der Schädigung zum Arzt in die Praxis oder in die Klinik bringen. Die Gefährlichkeit hängt von der Größe der geschädigten Fläche ab. Bei einem Säugling ist eine Verbrühung oder Verbrennung in siebenfacher Größe der Säuglingshand schon gefährlich. Bei größeren Kindern besteht Lebensgefahr, wenn $1/3$ der Körperoberfläche geschädigt ist.

Bei einem *Unfall durch elektrischen Strom* wird man sofort die Stromzufuhr unterbrechen, oder das Kind mit Hilfe von schlechten Leitern (Holz, Papier, Gummi) aus dem Stromkreis ziehen.

Bei *Berührung von Hochspannungsleitungen* (Drachen, auf Maste klettern) wird man nur noch die Polizei oder direkt das Elktrizitätswerk verständigen können, die eine Stromabschaltung vornehmen müssen. Berührung des Kindes würde auch für den Helfenden den Tod bedeuten.

10.8 Hitzschlag

Durch zu starke und zu lange Sonneneinwirkung, aber auch durch Wärmestauung und Überwärmung in geschlossenen Räumen, kann ein Hitzschlag auftreten. Das Kind klagt über Schwindelgefühl, hat einen blauroten Kopf, Erbrechen, Schweißausbruch und wird schließlich ohnmächtig. Die Körpertemperaturen können bis auf 41° C steigen.

Hilfe: Das Kind in den Schatten legen, Kopf hoch lagern, kalte Umschläge auf Kopf und Brust machen, mit Wasser besprengen. Den Arzt benachrichtigen oder das Kind mit dem Krankenwagen in die Klinik bringen lassen.

10.9 Schlangenbiß

Bei einem Biß durch die giftige Kreuzotter soll man oberhalb der Bißstelle einen Abschnürverband anlegen. Bißstelle nicht ausschneiden, aussaugen oder ausbrennen. Das Kind liegend zum Arzt transportieren. Es erhält ein Serum (vom Pferd) gegen das Schlangengift.

10.10 Vergiftungen

Jährlich treten 10 000 Vergiftungen in der BRD auf, davon 51 %
Vergiftungen durch Medikamente. In 8 % der Fälle haben Erwachsene Schuld durch Verwechseln oder Überdosierung, bei den übrigen 92 % der Vergiftungen gelangt das Kind an Arzneimittel und
ißt sie auf. 62 % aller Vergiftungen treten zwischen dem 1. und
3. Lebensjahr auf, dabei vergiften sich mehr Jungen als Mädchen.

Alle Vergiftungen können nur durch Unachtsamkeit und Leichtsinn
Erwachsener auftreten. Medikamente und Gifte aller Art müssen für
ein Kind unerreichbar aufbewahrt werden. Das gilt nicht nur für
Räume und Familien, in denen Kinder ständig leben, sondern besonders für Großeltern und Verwandte (alte Leute müssen häufig
Arzneimttel einnehmen), die vorübergehend Besuch von Kindern
haben. Vor der Ankunft der Kinder sollen deshalb Nachttischschub-
laden, Schränke und Auszüge kontrolliert werden. Medikamente
gehören in einen verschlossenen Schrank.
Die Zahl der Vergiftungen hat in den letzten 15 Jahren so stark zugenommen, daß jetzt die Klinikaufnahmen zehnmal so viel betragen als vor diesem Zeitraum.

10.10.1 Vergiftungen durch Medikamente

Entdeckerfreude und Naschsucht (Verwechslung mit Bonbon oder
Schokolade) veranlassen Kinder, Medikamente zu essen. Auch
beim „Doktor spielen" werden Arzneimittel eingenommen. Die
Pharma-Industrie hat in den letzten Jahren Sicherheitsverschlüsse
eingeführt, die das Öffnen der Arzneiflaschen für Kinder erschweren.

10.10.2 Vergiftungen durch Haushaltschemikalien

Im Haushalt, natürlich auch im Kindergarten, Hort und Heim, finden
sich in der Küche, Toilette und Nebenräumen zahlreiche Gifte.

Ätzende Substanzen: Säuren (80 % aller Ätzschäden entstehen
durch Essigessenzen) und Laugen (alle Mittel zur Reinigung von
Toiletten und Röhren) rufen starke Verätzungen hervor. Da Kinder
diese Sachen „probieren" oder durch unsachgemäße Aufbewah-

rung verwechseln (Säuren in Bierflaschen oder Laugen in Sprudel-flaschen), treten die sehr schmerzhaften, lebensgefährlichen Ver-ätzungen im Bereich der Mundhöhle, der Speiseröhre und des Magens auf.

Giftige Substanzen: Desinfektionsmittel, Terpentin, Fleckenmittel, Petroleum, Feuerzeugbenzin, Möbelpolitur, Düngemittel, Insekten-spray, E 605, Geschirrmaschinenspülmittel, Alkohol und Nikotin. Für 5–6jährige Kinder sind 70 ccm Branntwein (2 Kognakgläser) eine tödliche Dosis. Auch das Essen von einer Zigarette oder vom Aschenbecherinhalt kann tödlich sein. Erzieherinnen sollten des-halb Zigaretten nicht in Handtaschen oder anderen, für die Kinder leicht erreichbaren Orten, aufbewahren. 7–10 bittere Mandeln sind für Kinder lebensgefährlich durch die enthaltene Blausäure.

10.10.3 Vergiftungen durch Pflanzen

In Wald, Feld und Schutthalden, in Anlagen und an Spielplätzen wachsen Pflanzen, deren Blätter oder Früchte giftig sind.
Bei der Bepflanzung von Spielplätzen im Kindergarten, Heim oder Hort sollen giftige Pflanzen nicht angepflanzt werden. Das sind: Sadebaum, Seidelbast, Eisenhut, Eibe, Oleander, gemeiner Bocks-dorn, Herbstzeitlose, Goldregen, Fingerhut und Maiglöckchen.

Wild wachsende giftige Pflanzen: Wasserschierling, Stechapfel, Bilsenkraut, Tollkirsche und verschiedene Pilze. Der Erzieher soll diese Pflanzen kennen und verhindern, daß Kinder sie berühren, abpflücken oder essen.

Allgemeine erste Vergiftungserscheinungen: Übelkeit, Schwindel-gefühl, Magenschmerzen, Atemnot, Blausucht, Bewußtlosigkeit, Pupillenstarre. Fast die Hälfte der Vergiftungen zeigt in den ersten 30 Minuten Vergiftungserscheinungen.

10.10.4 Hilfe bei Vergiftungen:

1. Abwarten kann den Tod des Kindes bedeuten.
2. Sofort Krankenwagen anrufen. Telefon: 110.
3. Gift oder Erbrochenes mitnehmen, damit in der Klinik entspre-chende Gegenmittel gegeben werden können.

4. Bis der Abtransport erfolgt, und wenn das Kind bei Bewußtsein ist, kann man das Kind erbrechen lassen bei: Pflanzlichen Giften, Medikamenten, Haushaltchemikalien, soweit es keine Säuren oder Laugen, kein Benzin oder Petroleum ist.

Erbrechen wird ausgelöst durch: Finger oder Löffelstiel bis an die Rachenhinterwand bringen. Brechreflex wird ausgelöst. Oder man löst das Erbrechen aus durch das Trinken von warmem Salzwasser. 1–2 Eßlöffel Salz auf ein Glas Wasser.
Grundsätzlich kein Öl oder Rizinus geben, da manche Gifte fettlöslich sind und folglich beschleunigt im Magen-Darmtrakt resorbiert werden. Man kann nach dem Brechen 10 in Wasser aufgelöste Kohletabletten trinken lassen.

Bei *Säure- und Laugenvergiftungen* reichlich Wasser trinken lassen, um die Ätzwirkung abzuschwächen. Bei oberflächlichen Verätzungen im Bereich der Mundhöhle oder der Haut laufend mit klarem Wasser spülen. Neutralisierung bei Laugenverätzungen durch Milch oder Zitronenwasser, bei Säureverätzung durch Milch.

10.10.5 Vergiftungen durch Gase

10.10.5.1 Kohlendioxyd

Der normale Kohlendioxydgehalt der Luft beträgt 0,02 %. Ist die Konzentration in der Luft höher als 1 %, so treten Beklemmungen auf. Bei Konzentrationen von 2–5 % machen sich Ohrensausen, Kopfschmerzen und Schwindel bemerkbar, bei Anstieg auf 10 % tritt der Tod ein.

Diese lebensgefährlichen Konzentrationen können in Gärkellern, Brunnen, Schächten, aber auch in abgeschlossenen Räumen (wie Eisschränke und Plastiktüten) vorkommen.

10.10.5.2 Kohlenmonoxyd

Kohlenmonoxyd ist zu 7 % im Leuchtgas, zu 4–7 % in den Auspuffgasen der Autos. Es entsteht auch bei schlecht ziehenden, undichten Öfen und entwickelt sich in den Rauchgasen bei Bränden.
Das Kohlenmonoxyd ist so gefährlich, weil es 300mal stärker als

Sauerstoff das Hämoglobin bindet. Die roten Blutkörperchen sind für den Sauerstofftransport durch das Kohlenmonoxyd besetzt, was bei entsprechender Konzentration (0,2 %) den Tod bedeutet.

10.10.5.3 Hilfe bei Gasvergiftungen:

Eine sofortige Entfernung des Kindes aus der Giftgaszone. Frische Luft. Bei Atemstillstand Atemspende. Rettungswagen alarmieren.

Bei allen Rettungsmaßnahmen Vorsicht mit Feuer und elektrischem Funken. Explosionsgefahr!

10.11 Der „sichere" Kindergarten, Hort und Heim

1. Feststellen, welche giftigen Stoffe in den Räumen vorhanden sind. Desinfektionsmittel, Medikamente, Alkohol, Toilettenreiniger, Geschirrspülmittel, Blumendünger, Terpentin, Zigaretten verschließen und nur für das Personal zugängig machen.

2. Den Garten kontrollieren, ob giftige Pflanzen angepflanzt sind. Gegebenenfalls müssen sie entfernt werden.

3. In allen Räumen nur Kinderschutzsteckdosen. Defekte elektrische Kabel und Geräte zur Reparatur geben.

4. Keine Gefäße mit heißer Flüssigkeit in erreichbare Nähe kleiner Kinder bringen. Beim Einlassen von Badewasser, Wasser immer gleich gemischt einlaufen lassen. Bevor das Kind in das Wasser gesetzt wird, Temperatur kontrollieren.

5. Kleine Kinder nicht unbeaufsichtigt in Badewannen oder Planschbecken spielen lassen. Durch unglückliche Stürze können Kinder auch in Badewannen und Planschbecken ertrinken.

6. Kleinkindern keine kleinen Gegenstände zum Spielen geben, die sie verschlucken oder an denen sie ersticken können.

7. Größere Jungen auf die Gefahren beim Umgang mit Benzin, Spiritus, Feuerwerkskörpern und offenem Feuer hinweisen.

8. Zersplitterte Kinderschaufeln, zerbrochene Sandformen aus dem Sandkasten entfernen. Kinder können sich daran schneiden oder hineinfallen.

10.12 Rechtliche Unfallfolgen

Bei allen Kindern im Kindergarten besteht Unfallversicherungs-
schutz, da der Kindergarten zur ersten Stufe des Bildungswesens
gehört.
Nach einem Unfall kann der Erzieher wegen mangelnder Aufsichts-
pflicht § 832 BGB und fahrlässiger Körperverletzung oder fahrlässiger Tötung nach § 222, 230 StGB zu Gefängnis oder Geldstrafe
verurteilt werden (Näheres darüber in Schleicher, Jugend- und
Familienrecht, Kap. 4, Bardtenschlager Verlag).

Erklärung einzelner Ausdrücke

Aceton
: Ketonkörper. Tritt bei Zuckerkrankheit und Acetonämischem Erbrechen auf. In der Ausatmungsluft Aceton = obstartiger Geruch. Spezifischer Nachweis auf Aceton ist im Urin möglich.

Astheniker
: Mensch mit einem schmächtigen Körperbau und schwacher Muskelentwicklung.

Athletiker
: Mensch mit einem kräftigen Körperbau und einer gut entwickelten Muskulatur.

Bilirubin
: Gallenfarbstoff. Entsteht beim Abbau der roten Blutkörperchen. Befindet sich in der Galle, zu einem gewissen Teil auch im Blut. Bei bestimmten Erkrankungen ist der Bilirubinspiegel im Blut und im Harn erhöht. Dann Nachweis im Urin möglich.

Chlorophyll
: Grüner Farbstoff der Pflanzen. Mit Hilfe des Chlorophylls und des Lichtes findet die Photosynthese statt.

Chromosomen
: Schleifenförmiger Bestandteil des Zellkerns. Chromosome enthalten die Gene = Träger der Erbsubstanz.

dB = Dezibel
: Einheit des Schalldrucks. Messung in der Akustik.

Fingerbeere
: Endglied jedes Fingers enthält in der Fingerbeere für jeden Menschen charakteristische Hautlinien. Beim Fingerabdruck werden die Hautlinien der Fingerbeere dokumentarisch festgehalten.

Fontanelle
: Knochenlücke am Säuglingsschädel. Große Fontanelle zwischen Stirnbein und Scheitelbeinen. Viereckig. Schließt sich mit 16–18 Monaten.

Fötaler Kreislauf
: Der Körperkreislauf des ungeborenen Kindes.

Gamma-Globulin
: Teil der Eiweißkörper im Blut. Träger der Antikörperfunktion. Anwendung als Prophylaktikum bei Virus-Erkrankungen (z. B. Hepatitis).

Gaumensegellähmung
: Tritt bei der Diphtherie auf. Lähmung des weichen Gaumens, Zäpfchen wird beim „A"-Sagen nicht angehoben. Näselnde Sprache.

Glykogen
: Polysacharid = Mehrfachzucker = Leberstärke. Wird besonders in Muskel und Leber gespeichert.

Herzbeutel	Das Herz befindet sich im Herzbeutel. Zwischen Herz-außenhaut und Herzbeutel befindet sich etwas Flüssig-keit.
Kieferklemme	Die Öffnung des Mundes ist nicht mehr möglich.
Kontraktion	= Zusammenziehung.
Pathogenität	= Krankheitserzeugend.
Pykniker	Mensch mit stämmigem Körperbau.
Reizleitungs-system	Am Herzen befindet sich ein Reizbildungs- und -leitungs-system. Die Reizbildung erfolgt im Sinusknoten am rech-ten Vorhof. Von hier läuft der Reiz über bestimmte Ner-venbündel zur Herzmuskulatur, die sich entsprechend zusammenzieht und den Herzschlag bewirkt.
resorbieren	= aufsaugen; z. B. werden die abgebauten Nahrungs-stoffe durch die Darmwand resorbiert.
Unterzungen-, Unterkiefer- und Ohr-speicheldrüse	Speicheldrüsen im Bereich des Mundes. Sie sondern ihr Sekret, den Speichel, in den Mund ab. Täglich 1–2 Liter. Der Speichel enthält das Stärke spaltende Ferment Ptyalin.
vegetative Labilität	= Fehlregulierung von Vagus und Sympathicus. Funk-tionsstörungen machen sich besonders an Herzgefäßen und Kreislauf bemerkbar. Keine nachweisbare Organ-schädigung.
Vegetatives Nervensystem	Nervensystem, das unserem Willen nicht unterliegt und vom Vagus und Sympathicus gesteuert wird.
Wundrevision	Die bestehende Wunde wird operativ korrigiert; z. B. wer-den zerfetzte Wundränder abgetragen.
Zerebral geschädigt	= Hirngeschädigt.
Zytologischer Test	Zelltest. Zellen werden z. B. auf krebsige Entartung un-tersucht.

Literaturverzeichnis für den Erzieher

Barthel u. A.: Gesundheitskunde für junge Mädchen; Verlag Handwerk und Technik. Dr. Felix Büchner, Hamburg.

Bergemann: Leibeserziehung im Vorschulalter; Bardtenschlager Verlag, München 1975².

Borneff: Hygiene; Thieme Verlag, Stuttgart. 1971.

Bösel u. Hartung: Praktikum des Infektionsschutzes. Verlag H. Hoffmann, Berlin. 1970.

Blenk u. A.: Kindergärten baut man heute anders; Bauverlag Wiebaden u. Berlin. 1973.

Betke u. A.: Elementare Pädiatrie. Thieme Verlag, Stuttgart. 1974.

Coriat u. Erlich: Gesundheit von A–Z. BLV München, Bern, Wien.

Deutsche Gesellschaft für Ernährung: Richtig gekocht, vollwertig ernährt. Deutsche Gesellschaft für Ernährung, Frankfurt. 1975.

Ewerbeck u. A.: Kinderheilkunde. Lehr- und Lernbuch für Kinderkrankenschwestern. Urban u. Schwarzenberg, München, Berlin, Wien. 1971.

Fröhlich: Einführung in die Heimpädagogik. Bardtenschlager Verlag, München. 1975³.

Fiebig: Vorbeugende Gesundheitspflege in der täglichen Praxis. Hippokrates Verlag, Stuttgart.

Gedicke: Sozialhygiene. Band 2. Gesundheitshilfen für Kinder und Jugendliche. Luchterhand Verlag, Neuwied. 1972.

Gärtner u. Rebloh: Lehrbuch der Hygiene. Fischer Verlag, Stuttgart.

Glatzel: Verhaltensphysiologie der Ernährung. Urban u. Schwarzenberg, München, Berlin, Wien. 1973.

Grassl: Krankheiten unserer Kinder. Don Bosco Verlag, München. 1969.

Grigat: Psychologie für Erzieher. Bardtenschlager Verlag München. 1975.

Hartung: Praktikum der Schutzimpfungen. Verlag H. Hoffmann, Berlin. 1962.

Helfer Handbuch. Deutscher paritätischer Wohlfahrtsverband. Frankfurt.

Hertl: Kinderheilkunde und Kinderkrankenpflege für Schwestern. Thieme Verlag, Stuttgart. 1975.

Holzgreve: Die steigende Suchtgefährdung insbesondere bei jungen Menschen – ein internationaler Überblick. Neuland Verlags Gesellschaft.

Joppich: Lehrbuch der Kinderheilkunde. 23. Auflage. Fischer Verlag, Stuttgart. 1975.

Jungk u. Mundt: Weltgesundheits-Report. Verlag Kurt Desch.

Köhnlein u. A.: Erste Hilfe. Thieme Verlag, Stuttgart. 1975.

Linder, Hübler: Biologie des Menschen. Metzlersche Verlagsbuchhandlung, Stuttart. 1969.

Matthes C. u. D.: Plagegeister des Menschen. Kosmos Bibliothek. Band 282. Franckh'sche Verlagshandlung Stuttgart. 1974.

Möse: Hygiene u. Mikrobiologie. Verlag Styria, Graz, Wien, Köln. 1971.

Redies: Kinderkrankheiten. Goldmanns Gelbe Taschenbücher, Band 2464/65. Goldmann Verlag, München.

Schäfer u. Blohmke: Sozialmedizin. Thieme Verlag, Stuttgart. 1972.

Schleicher: Jugend- und Familienrecht. Bardtenschlager Verlag, München. 1975.

Steuer: Gesundheitsvorsorge. Thieme Verlag, Stuttgart. 1971.

Schmidt W.: Gesundheitserziehung des Kindes im Vorschulalter. Verlag Volk und Wissen V.E.B. Berlin-Ost. 1970.

Vaughan: Kinderkrankheiten. Ein Econ Bildbuch.

Deutsche Ausgabe v. Harnack: Econ Verlag, Düsseldorf. 1973.

Venzmer: 5000 Jahre Medizin. Goldmann Verlag München.

Stichwortverzeichnis

254

Sozialpädagogische Studienreihe

Margot Bergemann
Leibeserziehung im Vorschulalter
Theoretische Grundlagen und Anleitungen für die Praxis in
Kindergarten und Vorschule

Gert Beyer / Maximilian Knötzinger
Wahrnehmen und Gestalten
Eine Anleitung zur Kunst- und Werkerziehung

Manfred Fröhlich
Einführung in die Heimpädagogik

Rolf Grigat
Psychologie für Erzieher
Ein Arbeitsbuch

Josef Hederer / Marlis Köth
Praxis- und Methodenlehre
Teil 1: Institutionskunde

Josef Hederer
Praxis- und Methodenlehre
Teil 2: Methodenlehre

Josef Hederer
Evolution der Sozialpädagogik
Quellen und Kommentare

Erwin Herrmann
Politische Bildung

Norbert Huppertz / Engelbert Schinzler
Grundfragen der Pädagogik
Eine Einführung für sozialpädagogische Berufe

Ingeborg Meckling
Kinderbuchtexte
Mit einem Arbeitsprogramm

Hannelore Noll
Das sportliche Spiel
Eine Anleitung für das Schulspiel und die außerschulische
Freizeitgestaltung

Hans Schleicher
Jugend- und Familienrecht

Imogen Seger
Soziologie und soziale Praxis

BARDTENSCHLAGER VERLAG MÜNCHEN